"十四五"国家重点出版物出版规划项目

国家社科基金抗日战争研究专项工程项目"满铁资料整理与研究"（项目编号：17KZD001）成果

李雨桐 著

满铁对中国东北矿产资源的调查与掠夺

满铁研究丛书

主　编　邵汉明
副主编　武向平

中国社会科学出版社

图书在版编目(CIP)数据

满铁对中国东北矿产资源的调查与掠夺／李雨桐著.
北京：中国社会科学出版社，2025.8. --（满铁研究丛
书）. -- ISBN 978-7-5227-5324-9

Ⅰ. K265.610.7

中国国家版本馆 CIP 数据核字第 202567QK24 号

出 版 人	季为民	
责任编辑	李凯凯	
责任校对	郝阳洋	
责任印制	李寡寡	

出　　　版	中国社会科学出版社	
社　　　址	北京鼓楼西大街甲 158 号	
邮　　　编	100720	
网　　　址	http://www.csspw.cn	
发 行 部	010-84083685	
门 市 部	010-84029450	
经　　　销	新华书店及其他书店	

印刷装订	北京君升印刷有限公司
版　　次	2025 年 8 月第 1 版
印　　次	2025 年 8 月第 1 次印刷

开　　本	710×1000　1/16
印　　张	18
字　　数	281 千字
定　　价	89.00 元

凡购买中国社会科学出版社图书，如有质量问题请与本社营销中心联系调换
电话：010-84083683

总　序

南满洲铁道株式会社，简称"满铁"，一个名称上看似专营铁路业务的民营企业，在日本侵华史上是一个特殊的存在，它实际上是一个集殖民统治、经济掠夺、情报搜集等活动于一体的巨无霸企业，不仅在日本史上独一无二，在世界史上也是罕见的。

满铁在近代中日关系史上占有重要地位。它成立于日俄战争后的1906年，是根据日本特殊立法而设立的"国策会社"，首任总裁是曾经担任中国台湾民政长官的有着"殖民地经营家"之称的后藤新平。他主张"举王道之旗行霸道之术"，提出"文装的武备"的殖民主义统治政策。九一八事变前，满铁是近代日本推行大陆扩张政策的中枢机构；九一八事变后，满铁更是凭借其雄厚的实力以及在中国东北特殊的地位，积极地配合关东军侵略东北。可以说，九一八事变是关东军与满铁共同作用的结果。

此后，伴随着日本侵略范围的扩大，满铁经营的范围也迅速向中国华北、华东、华南地区扩张，几乎控制了中国东北、华北的主要经济命脉，广泛涉及铁路、水运、煤炭、钢铁、森林、农牧、金融、学校、医院、旅馆等各个领域。满铁垄断了中国东北铁路网，掠夺了中国东北及华北大量的国防能源和经济资源，将中国东北变成了日本工业原料供应地，是日本对华经济掠夺和经济侵略的中心组织。

满铁在中国东北盘踞40年，发展规模达40亿日元，从业人员近50万人，其直接统治的满铁附属地近500平方公里。从九一八事变到1945年日本战败投降，满铁几乎参与了日本全部侵华活动。它是日本对中国进行全面侵略的重要工具，是在华时间最长、侵害最大的侵略会社。

　　情报搜集是满铁的一项重要职能，满铁调查部直属专业调查人员有2500余人。数十年间，满铁对中国的地质、矿产、土地、森林、港湾、农业、海运等展开了全面调查，并形成了庞大的调查报告书，广泛涉及当时中国的政治、经济、军事、法律、历史、文化、教育、民族、宗教、地理、自然科学等各个领域。1945年日本战败投降后，满铁档案资料除了部分被焚烧以外，绝大部分留在了中国东北。这些满铁资料包括文书档案、往复电报、调查报告、指令、命令等，涉及日本侵华的各种机密文件。这些资料分散于十几家档案馆、图书馆及研究机构中，其中，吉林省社会科学院所藏满铁资料最为丰富。这些当年服务于日本侵华的资料，成为今日确证日本侵略行为的罪证，成为历史研究的珍贵的第一手资料。

　　吉林省社会科学院长期以来致力于满铁资料的整理与研究。20世纪50年代末，满铁研究作为经济学重大课题被纳入国家科学发展规划。其后历经曲折，直到改革开放后的1987年，八卷本1000万字的《满铁史资料》终于面世。20世纪90年代，吉林省社会科学院正式建立满铁资料馆，该馆收藏满铁资料总计3万余册，大幅图表近3000幅。2016年，在吉林省社会科学院和中国社会科学院近代史研究所的共同主导下，满铁研究中心成立了，这是国内首个满铁研究实体机构。此后，满铁研究中心在满铁资料抢救、整理、研究方面发挥了重要的推动作用。为便利学界研究，满铁研究中心出版了大量馆藏的满铁对华"调查"资料，其中，由时任院长邵汉明发起并亲任主编的《近代日本对华调查档案资料丛刊》迄今已陆续有六辑出版面世，多达490册。

　　吉林省社会科学院不仅是国内的满铁资料中心，也是满铁研究重镇。前辈解学诗是中国满铁研究的重要奠基人，他先后出版了《满铁与中国劳工》《评满铁调查部》《满铁与华北经济》，并主编了《满铁内密文书》（30卷）、《满洲交通史稿》（20卷）。在他的带领下，满铁研究的后起之秀纷纷崛起。近年来，武向平著《满铁与国联调查团研究》、李娜著《满铁对中国东北的文化侵略》、王玉芹著《日本对中国东北医疗卫生殖民统制研究》等陆续面世，进一步丰富了满铁研究。

　　此次，吉林省社会科学院集结了满铁研究的精兵强将，以本院研究骨干为主体，吸纳东北相关高校和研究机构的研究者参与，组成了强有力的项目团队。该丛书对满铁展开了系统研究，涵盖满铁活动的众多面相，内容包括满铁对附属地的统治、满铁与日本关东军、满铁与"满洲"扩张论、满铁对东北矿产资源林业资源的调查与掠夺、满铁对铁路煤矿的垄断经营，以及对满铁重要人物、战后满铁会的研究等。通过这些研究，丛书比较完整地描绘出满铁的基本面貌，揭示了满铁在日本向中国东北扩张中的急先锋作用，与日本军方的紧密关系及其在日本对华各类资源掠夺中的重要作用。

依托吉林省社会科学院得天独厚的满铁资料收藏，这些研究建立在丰富而扎实的史料基础上。大量的第一手史料的发掘与使用，使得这些著作体现出浓郁的原创性。这一系统性的研究，将满铁研究又推向了一个新的阶段，在满铁研究的学术史上必将留下浓重的一笔。

祝贺丛书的出版，期待有更多的优秀成果面世，将满铁研究推向新的高峰，将日本侵华史研究推向新的高峰。

王建朗

2025 年 6 月 6 日

目　录

绪　　论

矿产资源属于不可再生资源，是国家发展的重要物质来源。煤、铁、石油、有色金属等战略性资源的储备与利用情况，在一定程度上可以左右一个国家的发展。中国疆域辽阔，矿产资源丰厚，但近代清政府对矿产资源的开采、利用匮乏。与此同时，资源极度匮乏的日本，面临国家发展的资源瓶颈，中国便成为其觊觎的目标。中日甲午战争后，日本势力逐渐侵入中国，窥探中国的矿产资源。日俄战争后，日本从沙俄手中接管它在中国东北的势力范围，并以此为契机，开始对中国特别是东北地区，针对矿产资源开展了大规模的调查与掠夺。

南满洲铁道株式会社（简称"满铁"）是近代日本对中国进行侵略的重要机构之一，在清光绪三十一年（1905）日本取得帝俄控制的中东铁路南段（长春到大连）的权益和财产后设立，于1907年开业。总社设在中国大连，在日本东京设分社。满铁主营包括长春到大连、安东（今丹东）到沈阳线路在内的东北地区主要铁路线路及抚顺煤矿，兼营航运、码头、农场、仓库，同时还经营炼铁、煤气、电力等事业。满铁在东京分社设有东亚经济调查局，在大连总社设有调查部，同时在奉天（今沈阳）、哈尔滨、吉林、上海等地设有事务所，广泛搜集政治、军事、经济情报。1931年，满铁公司一再增资，并在九一八事变后，侵占了东北地区的全部中国铁路。1934年，又通过伪满洲国占有了中苏合办的中东铁路北段。1937年以后，满铁所经营的主要重工业均移交给"满洲重工业开发株式会社"。满铁会社在中国的经营于1945年抗日战争胜利后停业。1950年，中苏合营中国长春铁路公司成立，接管该社一切权益和财产。1952年，苏联政府根据1950年《中苏关于中国长春铁路的协定》和 1952 年《中苏关于中国长春铁路移交给中华人民共和国政府的公告》，将中国长春铁路的一切权利以及属于该路的全部财产移交给中国政府。

本书就满铁对中国东北矿产资源的调查与掠夺问题进行系统论述，希望我们的研究能够促进中日两国人民正确地总结历史经验教训，启发当代人，教育后代人，激发中国人民的民族意识和爱国精神，同时也为中日关系健康发展以及中日人民的世代友好相处，尽一份绵薄之力。

一

矿产资源问题一直是经济学、地质学研究的重点内容，且多侧重于解决资源的勘查开发、保护与利用等问题；满铁问题的研究热点主要聚焦在满铁的性质、满铁附属地的经营、对东北交通的垄断等方面，基本属于中国近代史、中日关系史领域。近年来，随着中日关系的变化，在历史学范畴，将两个热点相结合的研究也不乏经典之作。

（一）国内研究状况

1. 学术著作

这一时期对矿产资源的研究主要属于经济学与历史学的交叉领域，所以有相当一部分著作属于经济领域。涉及的论著主要有：《中国经济史略》（孔经纬，吉林人民出版社 1958 年版）、《帝国主义在旧中国的投资》（吴承明，人民出版社 1956 年版）、《日本在旧中国的投资》（杜恂诚，上海社会科学院出版社 1986 年版）、《东北的资源》（詹自佑，东方书店 1946 年版）、《日本利用所谓"合办事业"侵华的历史》（张雁深，生活·读书·新知三联书店 1958 年版）等。这些著作主要从经济学的视角来阐述相关历史问题。

在历史学方面，研究该问题且具有指导意义的著作则属《满铁史》（苏崇民，中华书局 1990 年版）最为重要。此外，还有《六十年来中国与日本》（王芸生，生活·读书·新知三联书店 1982 年版）、《满洲开发四十年史》（上、下卷）（满史会著，辽宁编写组译，新华出版社 1988 年版）、《中日关系全书》（关捷、谭汝谦、李家巍，辽海出版社 1999 年版）、《中国铁路发展史（1876—1949）》（金士宣、徐文述，中国铁道出版社 1986 版）、《日本侵略中国东北史》（陈本善，吉林大学出版社 1989 年版）、《日本帝国主义侵华档案资料选编·东北经济掠夺》（中央档案馆、中国第二历史档案馆、吉林省社会科学院合编，中华书局 1991 年版）等。

虽然尚无关于日本掠夺东北矿产资源的研究专著，但以上这些著作对我们的研究也具有极高的借鉴价值。下面选取代表性的著作予以介绍。

苏崇民的《满铁史》对满铁的兴亡进行了系统的论述，涵盖了满铁从成立到灭亡的全过程。满铁，曾被称为"日本侵华的大本营"，是日本帝国主义推行其大陆侵略政策特别是满蒙政策的主要工具，在中国持续存在长达 40 年之久。满铁实行"综合经营"，以南满铁路和抚顺煤矿为重点，伺机插手任何可扩大日本侵略势力和有利可图的领域，有"满铁王国"之称。该书是研究满铁及其附属势力的必读书目之一。书中用了大量篇幅叙述满铁在东北攫取矿权及扩大掠夺抚顺煤和石油资源的侵略行径，给本书的研究提供了重要的参考资料。

金士宣、徐文述的《中国铁路发展史（1876—1949）》论述了近代中国铁路的发展史，认为近代中国铁路的发展具有两面性。一方面，铁路兴建和发展的根本目的是帝国主义列强要抢夺中国资源，夺取中国主权，铁路的发展史也是资源被掠夺、人民被压迫、主权被侵犯的血泪史；另一方面，铁路运输作为当时先进的工业化运输方式，其建设和发展客观上促进了中国资本主义因素的增长，铁路对发展中国经济起到一定的推动作用。书中详细记述了 1863—1949 年中国铁路发展的全貌，以及各国列强对中国铁路及铁路沿线各矿区的侵犯和掠夺。新兴的日本帝国主义认为，"有铁路权，即有一切权"。满铁不是一般商业性质的铁路公司，而是日本帝国主义对中国东北在外交、经济、军事等方面进行侵略活动的指挥中心。满铁的资本总额定为两亿日元，其中一亿日元由日本政府以"已建成的铁路和附属于铁路的一切财产以及抚顺、烟台两煤矿"抵充，另一亿日元则为日本在英国发行的由满铁负担还本付息的两次债票所得的款项。

陈觉在《东北路矿森林问题》（商务印书馆 1933 年版）中记述东北矿产中的煤、铁两项为近代工业国家的日本所迫切需要的原料，日本人凭借政治力量和交通上的便利，掠夺了东北各地众多的矿产资源。据满铁调查课调查，1926—1927 年东北各矿的产出量分别为铁矿：1926 年 1117215.20 元，1927 年 70000 元；硫化铁：1926 年 3307 元，1927 年 2290 元；铅及铅矿：1926 年 2823 元，1927 年 462 元；铜矿：1926 年 495 元；煤炭：1926 年 6866822 元，1927 年 7250324 元。全书史料丰富，思路缜密，分析透彻，有一定的参考价值。

杜恂诚在《日本在旧中国的投资》一书中论述了矿业投资在日本在华投资中的重要地位。1931 年前后，日本在华的投资总额约为 8 亿日元，其中矿业投资仅次于铁路投资，居第二位，金额约为 1.8 亿日元。作者将日本对华的矿业投资划分为四个时期：第一期（1905—1918 年），奠定基础时期；第二期（1919—1925 年），以借款为主的时期；第三期（1926—1936 年），在东北继续扩张而在关内相对收缩的时期；第四期（1937—1945 年），全面扩张时期。这是与其他著作的不同之处，开拓了我们研究的思路。但是，著作中涉及的日本在华投资的调查统计资料并不包括日本在中国东北和中国台湾的资本输出。这是我们在参考数据时需要注意的问题。

2. 资料汇编

1958 年国家规划项目满铁史料编纂，并于 2011 年出版《满铁档案资料汇编》，在分卷《掠夺东北煤炭石油资源》中对煤炭尤其是抚顺煤炭的相关交涉文件进行了翻译与整理，在两个章节中对石油资源也有所涉及。另外，吉林省社会科学院满铁资料馆资料类别齐全，类型多样，包括纸质载体 3 万余件、缩微胶片 776000 多页、各种地图 2672 幅。但目前我们对满铁档案的利用还存在空白，如对已有资料研究不够，对历史档案发掘较为欠缺等。

对于吉林省社会科学院满铁资料馆拥有的大量翔实档案和日文资料，我们进行了大量的查阅和摘录，掌握了很多有重要价值的档案和史料。现将有代表性的资料做简要介绍。

《南满洲铁道株式会社十年史》将"矿山业"作为重要一章，详细地叙述了抚顺炭矿沿革、日本人占领后的经营、地势、地质、炭层及矿产开采情况，并附有抚顺炭矿和烟台炭坑矿区图。同时，它对1907—1916年抚顺和烟台矿区的收入与支出逐年做了统计。

《东北矿产物之分布》是作者的手稿，其中先概述了东北矿产物的分布，之后对东北各地重要煤矿的推定储煤量及产煤量做了详细的记录。

《满洲的矿业》对东北的地质及矿床做了详细的分析，并记录了1912—1921年各省采掘矿区的数目及总亩数，为我们的研究提供了重要资料。

《抚顺炭矿概要》详细记述了抚顺煤矿、烟台煤矿、蛟河煤矿、老头沟煤矿的矿量、采掘方法及运输情况，有重要的参考价值。

《北支铁矿·硫磺矿资源》概述了"北支那"铁矿和硫磺矿资源的总体情况，并附有中国的矿产资源图、"北支那"各省（河北、山东、山西、陕西、甘肃、青海、宁夏、绥远、察哈尔）的矿产资源表，并以表格形式记载了重要省份的煤炭储量及矿区面积。

《吉林省的矿产》是一本史料价值极高的参考资料。作者巨细靡遗地论述了吉林省内各矿产的所在地、方向、里数、公司名称、矿区面积及登记的年月日等。

满铁资料馆藏有大量的原始资料、手稿和图书，有关矿产资源方面的藏品亦不胜枚举。我们在今后的研究中还将继续查阅和参考。

3. 期刊论文

以矿产资源角度为切入点的论文研究成果多集中于对矿产个案的探讨，尤其是煤炭资源领域的成果较为突出，如中国煤矿发展简述、清代东北地区工矿业述略、早期矿业史资料探析等。王林楠的博士学位论文《近代东北煤炭资源开发研究（1895—1931）》是其中翘楚，它以梳理东北煤炭发展为主线，论述了具有地域特色和时代特征的煤炭资源开发的历史及空间格局。[1]

---

[1]　王林楠：《近代东北煤炭资源开发研究（1895—1931）》，博士学位论文，吉林大学，2010年。

以满铁为切入点的论文研究成果多集中于满铁对东北的文化侵略、经济侵略，满铁在中日战争中的角色，以及日本对满蒙政策的演变等方面。解学诗在《论满铁"综合调查"与日本战争国策》一文中直言，"满铁综合调查课题是直接关乎日本帝国主义侵略战争前途的重大调查项目"，满铁为日本解决战时经济问题献计献策。① 郭洪茂的《"九一八"事变中的满铁》论述了满铁作为"国策会社"，协助关东军调查东北，全力支持日本侵略中国。②

有关满铁资料的研究，也出现了一些论文成果。有学者就以满铁资料的整理为基础，浅析满铁资料的价值与利用，但这些文章均未涉及矿产资源的问题。

(二) 国外研究状况

国外研究多集中在日本、韩国，美国和欧洲也存有少量研究成果。国外学者的研究主要分为两类：一类是从战争角度研究满铁及日本，不详述中国东北的资源问题。如宇佐美乔尔《啊！满铁》，用大量篇幅解析日军的战斗精神与中国的社会形态，只在"物资的掠夺与工业的破坏"一章中谈到资源掠夺的问题。又如满史会著、辽宁编写组译的《满洲开发四十年史》，对"满洲的矿业"有所研究。作者认为，日俄战争后成立的满铁除了经管铁路外，还负责"经营"和"开发"东北的矿业，着重叙述了鞍山铁矿和本溪湖煤矿的发展始末，以主要矿产物为线进行纵向分析，无视满铁调查与掠夺的侵略性质。另一类是从投资角度论述满铁及日本在中国东北的资源调查活动。如雷麦著、蒋学楷与赵康节译的《外人在华投资》，阐述了外国在华投资及中国在国际上的经济与金融地位，并梳理了1897—1930年日本在华投资的过程。作者将日本投资的种类分为企业投资、日本对中国政府的放款及日本所持中国政府或政府机关的债券，并以大量的统计数据揭露了日本对中国经济的侵略本性。但作者将列强在中国的资本投入全部定义为"投资"，忽视了经济侵略的政治背景，这一点是我们需要注意的。

---

① 解学诗：《论满铁"综合调查"与日本战争国策》，《社会科学战线》2007 年第 5 期。
② 郭洪茂：《"九一八"事变中的满铁》，《社会科学战线》2005 年第 5 期。

　　综上可知，关于满铁对中国东北矿产资源调查的研究存在以下不足：第一，目前的研究对史料的利用还不够充分，原始档案及日文文献中有关中国东北矿产资源方面的数据没有被充分发掘和利用，对数据的整理与统计十分匮乏。第二，研究尚不系统、不全面、不深入。仅在满铁机构本身、满铁档案整理、日本对东北经济掠夺等方面有所涉猎，对东北的矿产资源、满铁的调查活动以及掠夺东北资源问题等方面则研究较少，成果匮乏。第三，研究角度单一、陈旧。已有研究通常从史学角度研究满铁的调查活动与东北的资源问题，而没有从历史学和经济学相结合的角度，将矿产资源作为日方经济掠夺的目标进行一以贯之的全面研究。

　　本书在参阅前人有关论著、吸收前人优秀研究成果的基础上，对大量的原始资料进行分析与整理，梳理出满铁在存续期间对中国东北矿产资源进行调查与掠夺的过程，并通过对"日本侵入东北与矿产资源的调查""东北矿产资源各机构的形成及发展""满铁各机构对东北煤、铁、石油、金等矿产资源的调查""满铁矿产资源掠夺对中日两国产生的影响"等问题的论述，揭露满铁对东北矿产资源掠夺的全部过程以及资本总额与利润去向，进而深刻剖析资源掠夺对中日两国产生的政治、经济及社会影响。

　　本书也力图以满铁侵占东北矿产资源的过程为主线，以主要矿产及相关企业的形成与发展为依托，将日本掠夺东北矿产资源的内容及方式完整地呈现出来，从而获得准确的经济数据，分析资本输出背后隐藏的政治根源。

二

　　自 19 世纪以来，帝国列强到处争夺殖民地。19 世纪 60 年代，在西方资本主义工业化的影响下，日本打破了封建闭关锁国的状态，迅速发展资本主义，开始全面西化的资本主义改革运动——明治维新。大力推行工业化的明治维新运动把日本建成了当时亚洲唯一独立自主的资产阶级国家，使日本跻身世界强国之列。然而，明治维新后的资本主义改革虽推动了经济转型，但半封建的土地所有制、等级制观念与军国主义意识形态仍在政治和社会领域持续发挥作用。这也使得明治维新改革后的日本国家政权走上了带军事封建性的帝国主义道路，具有特殊的侵略性。19 世纪末，日本明治政府蓄意对外扩张，军事预算急剧增加，开始实行军国主义，武士道精神盛行，并逐步形成对外军事扩张的侵略政策。在这一政策的引导下，明治政府确定当时积贫积弱的中国为其首要的侵略目标之一。1894 年，日本以朝鲜东学党起义、朝鲜政府向中国请兵为契机，倾其国力派大军进入朝鲜，并挑起了中日甲午战争，强迫中国政府签订《马关条约》。清政府因无力抵御，被迫接受日本提出的侵略要求。《马关条约》给近代中国社会带来了严重的危害，大大加速了中国半殖民地化的进程，更加深了民族危机。《马关条约》签订 6 天后，沙俄因日本占领辽东半岛，阻碍它向中国东北扩张势力，便联合法国和德国进行干涉，促使日本被迫放弃辽东半岛，但要中国以白银 3000 万两将其"赎回"，史称"三国干涉还辽"。此后，日本立即加紧对俄战争的准备。

清政府自从被日本击败后，它的弱点逐渐暴露，成为各帝国瓜分的对象。为反抗侵略，中国国内相继发生改革内政、救亡图存等运动，其中以起于山东的义和团最有名。义和团以"扶清灭洋"为口号，1899 年起在华北攻击教堂、教民及外国设施。1900 年 6 月，清廷默许义和团进入北京并围攻东交民巷使馆区，同时向列强宣战。英、法、德、俄、美、日、意、奥八国组成联军镇压，其中日军出兵约 2.2 万人（占联军总数 40% 以上），在攻占天津、北京的战役中承担主要作战任务。俄国趁机以义和团事件为借口，侵占中国东北，威胁清政府缔结《中俄密约》，并动工修筑西伯利亚铁路。日本担心这是俄国侵占朝鲜的企图，英国也有同感，在地理上，"英国要在远东驻军是困难的，它必须找合作者"。1902 年，英日缔结同盟，这让俄国颇感威胁。俄国非但没有撤回驻东北的士兵，反而增强兵力并扩充军事设施，导致 1904 年 2 月以中国东北为战场的日俄战争爆发。

1904 年 2 月 5 日，日本同俄国断交的同时就开始采取军事行动。2

月 8 日，日本发动日俄战争。战争的陆地主战场在中国东北，战争期间当地人民经受了极大的苦难，生命财产遭受空前的损失。1905 年 8 月，日俄两国代表在美国朴茨茅斯开始议和谈判。9 月 5 日，日俄两国无视中国主权，签订《朴茨茅斯条约》，并强迫中国政府同意条约中涉及中国东北的条款。为把从《朴茨茅斯条约》中所获得的特殊权益与中国政府进行法律上的确定，日本政府还强迫清政府签订了《中日满洲善后条约及附属协定》，由此获得了比俄国更多的扩张权益。

根据《朴茨茅斯条约》，日本帝国主义的势力范围从朝鲜进而扩大到中国东北的南部。日本以新获得的旅大租借地和南满铁路为基地，着手实行对中国东北南部的"经营"。1905 年 10 月末，日本在辽阳设立关东总督府，管辖关东州内外的一切军政要务。1906 年 1 月，日本内阁将"满洲经营"计划提上日程。日本政府于 1 月中旬设立以儿玉源太郎（管理参谋次长事务）为委员长的"满洲经营调查委员会"，致力于以日本新获取的利权为中心，研讨如何"经营满洲"。1906 年 5 月，日本召开了"满洲问题协商会议"。此次会议之后，日本政府决定在大连设立侵略中国的巨型机构——南满洲铁道株式会社。该机构虽说是股份公司，但其股份的一半是由政府出资，总裁、副总裁由政府任命，并拥有铁路附属地的执行权。1906 年 11 月 26 日，日本政府召开成立"南满洲铁道株式会社"大会，宣布南满洲铁道株式会社正式成立，1907 年 4 月 1 日正式营业。满铁是日本"满洲经营"政策的主要执行机构，在中国持续存在长达 40 年。

为对东北进行大规模的调查，满铁于 1907 年设立满铁调查部。调查机构设立后，各部门立即投入工作，制订立案调查计划，确定矿业权设定关系，明确权益归属等。其调查的首要任务是明确该地区矿产地质、矿物类型、矿层及矿质，然后进行矿量统计并确定采掘方法，为接下来的掠夺活动做好充足的准备。调查机构的调查人员遍布东北各地，立案调查地区大到东北所有矿产，小到某村某矿，调查人员主要根据其具体需求和方便资源掠夺而确定调查目标。各调查机构在严密的组织下展开各项调查，从而形成详细的调查报告。满铁调查部以东北为基地，调查了大量信息并出版发行。这些调查报告数量大，种类丰富，调查的对象或是单一矿区，或是东北全部矿产，不仅针对性强，而且对日本的掠夺行动有极高的应用价值。满铁前期调查的筹备工作详细至极，从调查机构的设立到调查方案的实施，再到每一部调查报告的形成，在精密计划的背后反映的是日本对中国东北矿产资源掠夺的野心。

（一）煤炭资源方面

煤炭工业属于国民经济重要的基础工业，它关系着火力发电、交通运输等一系列相关产业的发展，并极大地影响着中国铁路的布局与发展，以及我国由农业社会向工业社会转型的进程。然而，日俄战争结束后，日本逐步独霸东北丰富的煤炭资源。随着日本对外侵略战争规模的不断扩大，东北的煤炭业完全成为日本殖民主义经济体制的重要组成部分，服从于日本对外军事侵略的总目标。随着在中国东北势力的不断扩大，日本侵略者对东北的煤炭资源也进行了最大限度的掠夺。

日本对东北煤炭的矿权攫取主要采取武力手段和"中日合办"煤矿企业的形式。日俄战争后，日本帝国主义取代俄国，陆续强占了吉林省宽城子、石碑岭、陶家屯煤矿。1905 年 3 月 10 日，日本以武力占领了抚顺煤矿，开始对矿山实行军事经营，对矿工严加管制。1909 年，日本帝国主义通过签订《中日条约》攫取了吉林省铁路沿线煤炭资源开采权。帝国主义的侵略和资金渗透，严重打击了东北民族煤炭工业的发展。1915 年，日本又强占了吉林五道口煤矿。1920 年，日本自导自演制造了"珲春事件"，武力占领了延吉、珲春、和龙等煤矿。日本侵略者不仅使用武力夺取东北的煤矿公司，而且通过"中日合办"煤矿企业的形式攫取东北煤炭的矿权。1905 年之前，东北地区还没有中日合办煤矿企业，全中国也只有少数几家，主要集中在上海、安徽、重庆等地。日俄战争后，中日合办事业扩张到东北地区，日本方面主要出资者为满铁和大仓财阀。

1910 年 5 月 22 日，中日签署《中日合办本溪湖煤矿合同》，确定将"本溪湖炭矿"改称"本溪湖商办煤矿有限公司"。1914 年 3 月 31 日，中日合办企业"大兴煤矿有限公司"（日本称为"搭连炭矿"）在奉天成立，经营抚顺县搭连嘴子的煤矿。1914 年 10 月，大仓财阀用中国人周圭璋和日本人今井邦三的名义成立了"大新公司"，又用中国人顾志康和日本人河野久太郎的名义成立了"大兴公司"。两家公司对外是两个公司，对内则视为一个公司，都归属于大仓财阀。1915 年 7 月，在奉天省（今辽宁省）本溪县成立了"日华合办彩合公司"，经营牛心台（红脸沟及大小南沟）无烟煤采掘、销售及其附属事业。1915 年 11 月 14 日，在奉天省成立了"杉松岗煤矿公司"，经营奉天省辉南县杉松岗煤矿。1918 年 4 月 27 日，"中日合办大顺大有煤矿公司"在奉天省成立，公司主要开采本溪县雷霹砬子及八盘岭的煤矿。同年 6 月，在奉天省成立了"中日合办天顺煤矿有限公司"，主要经营抚顺县石门寨煤矿。9 月 21 日，在吉林省延吉县成立了中日合办老头沟煤矿公司。12 月，"德兴煤矿公司"在奉天成立，经营锦西县沙锅屯的采煤业。12 月 27 日，安川敬一郎在奉天又成立了三个由中国人挂名的"合办"企业：泰信煤矿公司、健兆煤矿公司和健元煤矿公司。1919 年 3 月 16 日，在奉天省本溪县成立了"田师傅沟中日商办煤矿公司"。4 月 9 日，"天兴煤矿公司"在奉天成立，经营抚顺县得古吉子煤矿。4 月 18 日，"中日官商合办福泉煤矿公司"成立，经营本溪县寨黎寨至泉水河子的矿山。6 月，"抚溪煤矿有限公司"成立，经营本溪县李家窝棚高台子河字堡子煤田。[①] 10 月 20 日，在本溪县成立了东杉松河随家堡子等地方煤矿厂，资本金只有小洋两万元，中日各半，属于小资本中日合办企业。1919 年还有两家煤矿小企业"大利煤矿有限公司"和"大中煤矿厂"成立。1921 年 6 月，在奉天省成立了"中日合办华兴煤矿股份有限公司"，经营本溪县红脸沟关家坑南山、北山及大深沟子等处矿山。中日合办企业双方出资比例一般的情况是中日各半，但在实际经营中都会受到日本的部分或全部操控。

日本对中国东北煤炭资源的调查是以满铁为中心的。经过满铁调查部的调查，这一时期东北煤炭的相关情况为：黑龙江省内的煤炭资源虽然丰富，但分布很不均衡，较大煤田集中分布于东部及牡丹江地区。其中有烟煤出产量，1926 年为 195400 吨，1927 年为 410250 吨，1928 年为 370400 吨，1929 年为 308500 吨，1930 年为 177800 吨，1931 年为

---

① 张雁深：《日本利用所谓"合办事业"侵华的历史》，生活·读书·新知三联书店 1958 年版，第 104 页。

320926 吨。吉林省的煤炭矿区以吉林市（府）为中心，东部蛟河煤田有 6 处煤矿并设有煤矿分局，东北部舒兰煤田有 7 处煤矿，西北部营城煤田和西南部长春煤田有 5 处煤矿。吉林省官营和民营矿区总计 38524.013 亩，官营矿区主要集中在吉林、桦甸、磐石、东宁、额穆、密山、双阳、宾县、和龙等地，民营矿区集中在舒兰，共 408 亩。满铁对吉林火石岭子裕东煤矿的地质、煤层、煤质等具体情况进行了详细调查。调查结果显示："1928 年出煤 64941.50 吨，其日平均产煤量为 185.02 吨。1929 年自六月份三坑遇水灾后产煤量严重下降，之后仅第四坑能够出煤，但每日平均只有数十吨而已。"[①] 该矿区地理位置不佳，交通不便，也严重影响了煤炭的销售。奉天省的煤炭蕴藏量为东北之最。抚顺煤矿、本溪湖煤矿、烟台煤矿、五湖嘴煤矿和炸子窑煤矿发展最好，也是日本侵略者觊觎的主要对象。抚顺煤矿在开业第一年度的出煤量为 225858 吨，到 1913 年就增至 2046815 吨，创造了开业后十年间的最高纪录。另外，烟台煤矿从 1910 年 10 月开始采煤，这一年出煤量为 15231 吨，四年后的 1914 年就达到了 96185 吨。1918 年，抚顺煤矿日产煤 7000 吨。1919 年，日本制订了十年计划加紧对该矿的开发。1923 年，抚顺矿区年产量 5929523 吨，价值达 44318198 日元。1926—1927 年，日产量高达 25000 吨以上，位居全国各矿之首。抚顺、烟台两地煤矿产量占东北产煤总量的三分之二以上。东北地区资源富饶，但在日本帝国主义的长期侵占下，从 1926 年起，日本在中国的煤矿业投资已占据压倒性优势，1926 年日本资本额已占全国煤矿总投资的 56.7%。[②] 到 1931 年止，满铁对东北煤矿业的资本输入高达 11787.2 万日元。

随着满铁调查的进行，日本的掠夺行动也相继展开。东北地区尤其是奉天省产煤量巨大，该省承担了东北煤炭生产的主要任务，也因此成为日本掠夺东北煤炭的首要目标。1907 年至 1931 年，奉天省产煤量共计 10852.9 万吨，而这些煤矿当时被日本全权控制。抚顺炭是东北地区炭质最优的炭种，通过满铁售出的抚顺炭数量也居各炭种之首。逐年统

---

① 虞和寅：《东北矿产物之分布》，东北矿业记手稿，1928 年，吉林省社会科学院满铁资料馆藏，资料号：23594。

② 杜恂诚：《日本在旧中国的投资》，上海社会科学院出版社 1986 年版，第 167 页。

计为：1914 年为 2172830.38 吨，1915 年为 2018662.74 吨，1916 年为 2231972.10 吨，1917 年为 2312086.47 吨，1918 年为 2639620.15 吨，1919 年为 2788267.70 吨，1920 年为 2485245.70 吨，1921 年为 3184213.54 吨，1922 年为 4163422.51 吨，1923 年为 4812142.88 吨，1924 年为 5452978.03 吨。① 由大仓财阀开采的本溪湖煤矿所产生的焦煤是冶炼低硫低磷铁的必需原料，因此日本将大部分焦煤经过洗透炼成焦炭，供给本溪湖煤铁公司和鞍山昭和制钢所等使用，然后将所炼钢铁用于东北地区的军工和机械制造工业或运往日本，其余部分焦煤则运往朝鲜的兼二浦和日本国内的八幡制铁所等企业供它们使用。"1904—1945 年，日本帝国主义从本溪湖煤矿掠夺煤炭达 2236 万吨，榨取利润 3962 万银元。"② 日本通过满铁掠夺的煤炭，按照需要，有的就地使用，有的售往关内和境外，换取资金用于其他事业的发展。其中，满铁内部用炭量已相当惊人：1914 年为 582042.64 吨，1915 年为 581027.84 吨，1916 年为 586785.86 吨，1917 年为 763128.95 吨，1918 年为 1037363.63 吨，1919 年为 1314673.50 吨，1920 年为 1218296.75 吨，1921 年为 987357.31 吨，1922 年为 891424.37 吨，1923 年为 983191.73 吨，1924 年为 1140442.61 吨。③ "奉天省自 1913 年至 1921 年每年出口煤炭量大约 90 万吨左右，1926 年至 1931 年出口煤炭超过 400 万吨，是奉天省煤炭出口最多的时期，主要销往日本、朝鲜、新加坡、菲律宾和香港等国家和地区。"④ 从 1908 年开始，满铁输往日本、朝鲜及海外的中国东北煤炭量有详细的数据统计：1908 年为 20635 吨，1909 年为 162953 吨，1910 年为 324440 吨，1911 年为 244715 吨，1912 年为 568638 吨，1913 年为 1231485 吨，1914 年为 1005015 吨，1915 年为 742668 吨，1916 年为 939631 吨，1917 年为 811237 吨，1918 年为 803923 吨，1919 年为

---

① 《自大正三年度至大正十三年度石炭贩卖高累年比较表》，满铁兴业部贩卖课，吉林省社会科学院满铁资料馆藏，资料号：20374。

② 辽宁省地方志编纂委员会办公室编：《辽宁省志·煤炭工业志》，辽宁民族出版社 1999 年版，第 301 页。

③ 《自大正三年度至大正十三年度石炭贩卖高累年比较表》，满铁兴业部贩卖课，吉林省社会科学院满铁资料馆藏，资料号：20374。

④ 辽宁省地方志编纂委员会办公室编：《辽宁省志·煤炭工业志》，辽宁民族出版社 1999 年版，第 290 页。

770709 吨，1920 年为 746953 吨，1921 年为 976479 吨，1922 年为 1578671 吨，1923 年为 1940012 吨，1924 年为 2414338 吨，1925 年为 2738649 吨，1926 年为 3198149 吨，1927 年为 3400659 吨，1928 年为 3633992 吨，1929 年为 3800208 吨，1930 年为 3646323 吨，1931 年为 3731222 吨。[1] 根据以上数据，1921 年满铁无论内用还是外售，各项煤炭量较之前都有明显增加。这说明，从 1921 年开始，满铁就已经扩大了在东北地区生产和销售煤炭的规模，而且对东北煤炭的控制力量也逐渐增强。

（二）铁矿资源方面

中国是用铁最早的国家，矿产储量十分丰富。根据 1935 年满铁调查的统计，中国铁矿埋藏量约为 12.06 亿吨，其中东北地区约为 8.83 亿吨，占总数的 73.2%。东北的铁矿产地主要集中在奉天、吉林两省，黑龙江省的铁矿产量暂没有资料记载。东北铁矿区主要有鞍山铁矿、庙儿沟铁矿、弓长岭铁矿、歪头山铁矿、千西沟铁矿、七道沟铁矿、鞍子河铁矿、八盘岭铁矿、矿洞子铁矿。其中，矿洞子铁矿属于吉林省，在磐石北 30 千米，矿种属磁铁矿，铁质良好。吉林省铁矿主要集中在桦甸、磐石和伊通三地，都属于民营铁矿。奉天省铁矿埋藏量居东北首位，其中以鞍山铁矿最为著名。日本为岛国且国土面积狭小，资源匮乏，铁矿也是日本主要稀缺矿产之一。除较大的釜石铁山蕴藏 300 万吨之外，其他仅有几处贫矿而已。根据资料记载，当时日本国内的铁矿出产量 1905 年为 102702 吨，1906 年为 124626 吨，1907 年为 104043 吨，1908 年为 117776 吨，1909 年为 109860 吨，1910 年为 113299 吨，1911 年为 124695 吨，1912 年为 152983 吨，1913 年为 153101 吨，1914 年为 121636 吨，1915 年为 118955 吨，1916 年为 139953 吨，1917 年为 229457 吨，1918 年为 359902 吨，1919 年为 363000 吨。[2] 据日本财政经济调查，依照当时的生产设备，到

---

① 《南满洲铁道株式会社三十年略史》，满洲日日新闻社印刷所，1937 年，吉林省社会科学院满铁资料馆藏，资料号：10234，第 453 页。

② 陈世鸿：《我国煤铁矿与日本国防及工业之关系》，《东方杂志》第 19 卷第 18 号，1922 年 9 月。

1924 年，日本铁矿生产最多可得生铁 1039000 吨，钢材 1288325 吨，仍有 60 万吨生铁及 40 万吨钢材短缺。①

受明治政府对外侵略扩张政策影响，日本通过满铁调查部的调查窃取了东北铁矿资源的相关信息。满铁在系统调查东北铁矿资源的同时，通过政治经济双重手段逐步控制开采。其方式不同于早期殖民者的武力强占，而是借助日本政府的外交施压，以"中日合办"为名义，由满铁实际操控铁矿企业（如鞍山制铁所、本溪湖煤铁公司）。1909 年，满铁地质调查相关人员勘查时发现，奉天省鞍山附近的铁石山、东鞍山、西鞍山等处铁矿埋藏量极为丰富，于是收买了奉天交涉特派员于冲汉，与其狼狈为奸，不仅取得了鞍山地区的探矿执照，还探得樱桃园山地、关门山山地、王家堡子、鞍山站鞍山山地、鞍山站对面山山地、甸池沟铁石山山地等 8 个铁矿矿区，并于 1916 年 7 月 22 日成立了受满铁控制的"中日合办振兴铁矿无限公司"。同时，在鞍山地区设立了鞍山采矿所、大孤山采矿所和樱桃园采矿所，开始开采该地区的铁矿，并以"卖矿"或"租矿"的形式将矿石供给满铁直属的鞍山制铁所及后来的昭和制钢所。"中日合办振兴铁矿无限公司"自成立以来，资金、经营及人事管理等完全处在满铁控制之下，它和满铁可以说是异名同体。振兴公司经营至 1940 年 12 月 7 日宣布解散，后并入昭和制钢所。奉天本溪地区铁矿储量大，品质上乘，具有发展钢铁工业得天独厚的条件。1910 年 5 月 22 日，在日本强迫下，"中日合办本溪湖煤矿公司"在奉天本溪成立。1912 年 10 月，日本大仓财阀胁迫东三省总督签订《中日合办本溪湖煤矿有限公司附加条款》，实行煤铁联营，公司改称"中日合办本溪湖煤铁有限公司"。1931 年九一八事变后，本溪湖煤铁有限公司被日本大仓财阀独占。《本溪矿业调查》记载，1915 年，本溪湖煤铁有限公司从业人员共计 4072 人，占当时本溪地区员工总数的 79.4%。随着生产发展逐渐壮大，公司的工人数量也急剧增多。到 1944 年时，公司从业人员已发展到 6 万余人。1918 年 12 月 23 日，奉天省代表与日本商人饭田延太郎联合成立"中日官商合办弓长岭铁矿无限公司"。1921 年 12 月 24

---

① 陈世鸿：《我国煤铁矿与日本国防及工业之关系》，《东方杂志》第 19 卷第 18 号，1922 年 9 月。

日，北洋政府农商部正式对该公司颁发执照，但一直未大量开采。1933年，该公司转让给昭和制钢所，并于3月31日签约成立"中日合办弓长岭铁矿无限公司"，开始开采富矿。到1945年日本侵略者投降为止，共开采富矿745.4万吨。①

铁与国防及工业的关系极其密切。20世纪初，日本政府已经确立对外扩张的殖民性发展战略，需要大量的铁资源来满足其发动侵略战争的需求。有资料记载，当时中国输入日本的铁矿统计为：1905年95690吨，价值672151元；1906年107021吨，价值764473元；1907年104321吨，价值753242元；1908年133287吨，价值913257元；1909年88906吨，价值590672元；1910年107712吨，价值710563元；1911年122849吨，价值716356元；1912年195625吨，价值1100748元；1913年277883吨，价值1537012元；1914年297183吨，价值1671428元；1915年308074吨，价值1789324元；1916年279216吨，价值1642467元；1917年295688吨，价值2382011元。② 1905年至1917年，中国输入日本铁矿总计2413455吨，价值15243704元，而其中大部分来自东北地区。日本对东北铁矿资源的掠夺虽然没有煤炭程度高，但数量仍然巨大。1905—1931年，东北数百万吨铁矿全部被日本占有，而且多数被运往日本国内。八幡制铁所是当时日本国内重要的制铁企业，它是在战争需要的背景下成立的，其生产所用原料正是满铁源源不断地从中国东北输送而得。就掠夺手段而言，日本虽没有使用武力强行掳获东北铁矿资源，但是通过一系列不平等条约、合同攫取了东北的铁矿资源，对目标企业形成最大限度的控制，从中谋取巨额利益。

东北的矿产资源除了煤与铁，金、石油、铜、石灰石、铅、滑石、苦土矿、耐火黏土、苦灰石、锰、银、石英等矿产储量也相对丰富，矿物出产量相对较多。黑龙江省内蕴含的矿产主要是煤和金。该省金矿产区主要沿黑龙江和松花江分布。"1914年全省金产量为8.6万余两，是

---

① 鞍山市史志办公室编：《鞍山市志·鞍钢卷》，沈阳出版社1997年版，第81页。
② 陈世鸿：《我国煤铁矿与日本国防及工业之关系》，《东方杂志》第19卷第18号，1922年9月。

中华民国时期的最高纪录。"① 吉林省内主要有金、铜、锰、银、铅、石英等矿产，其中金矿蕴藏量最多，主要分布在吉林、伊通、濛江、农安、舒兰、桦甸、磐石、延吉、宁安、珲春、东宁、额穆、汪清、和龙、依兰、密山、绥远、桦川、穆棱等地。奉天省内矿产主要集中在辽河流域，有色金属矿产有铜、铅、锌、金等，此外还有银、锡、锰、铬。

在日本势力侵入东北之前，清政府曾开展过东北金矿储备情况的调查，于 1905 年在奉天省境内勘测出通化与怀仁两处金矿。然而，这一时期清政府对东北地区的关注有限，调查活动草草了事，调查结果也并不详细。加上当时国力衰弱，清政府无力对东北的金矿进行大范围开发，东北金矿的主要资本来自华商，仅有少数矿场为官商合办。这就为日本侵略者提供了可乘之机。满铁作为日本操纵中国东北金矿资源的实施机构，为掠夺东北金矿制定了如下实施纲要："1. 为了鼓励产金通常给予大量的贷款，大力进行探矿，增加金矿石的供应。2. 根据需要贷给凿岩机，支援探矿及采掘。3. 在矿业课（后来为调查部矿山调查）增配采金技术员，对中小产金业者进行技术上的全面现场指导。4. 适当考虑请求铁路总局支援搬运矿石。5. 关于新设和扩充冶炼所选矿场，因需要特殊援助所以要考虑提供资金和技术。"② 有资料记载，当时全中国的金矿主要由东北供应。"1915 年全国产金额为二十万盎斯，其中十二万盎斯采自东北。"③ 这些金矿资源几乎全部被日本控制。

第一次世界大战前后，中国的铜产量比日本少很多，而所产皆被日本占有。东北官办铜矿（包括官商合办及官督商办）主要在吉林省，有磐石石嘴山和延吉天宝山两处。商办铜矿主要在奉天省，在本溪和凤城两地。东北南部的铜矿产地主要有铜矿岭、皮州哨子、三道沟、盘岭、磐石、马鹿沟、大寨子、天宝山。马鹿沟铜矿是奉天本溪

---

① 《黑龙江省志·总述》，黑龙江人民出版社 1999 年版，第 203 页。
② 满史会：《满洲开发四十年史》（下卷），辽宁编写组译，新华出版社 1988 年版，第248—251 页。
③ 愈之：《中国之矿产》，《东方杂志》第 14 卷第 9 号，1917 年 9 月。

地区开发最早的铜矿，"1915 年马鹿沟铜矿由日商大仓财阀采用机械开采，至 1930 年累计采掘金、银、铜伴生矿石 8287 吨"①。东北石灰石资源主要集中在奉天本溪湖，另外还有火连寨、文家屯、张台子等处。1915 年，满铁在本溪湖北山开采石灰石矿，年产石灰石原矿 2.54 万吨。1915—1945 年，共生产石灰石原矿 244.8 万吨。东北铅矿产地多集中在南部，主要有青城子、店南沟、祁家堡、小奠子沟、老人沟、二棚甸子、黑鱼沟杨家杖子、松树卯、关门山小河沟等地。但矿林状态多不规则，并且膨缩断续无常，不适合大规模采掘。奉天省凤城县青城子有规模较大的铅矿，矿林为胚胎结晶质石灰岩中之裂隙充填矿林，品质良好。1924 年曾出产铅矿 2600 余万吨，炼成粗铅 950 吨，后因生产前景不佳，停止采掘。② 滑石也是东北重要矿产物之一，多产自奉天海城一带山地，主要产地有圣水寺、大岭、宋家堡子、贾家堡子、窨子峪、麻耳峪、马家堡子、杨家甸子等。20 世纪初，东北每年所产滑石多运销日本。"1927 年共开采矿区 11 处，产量共约 25000 吨，大部分经日本人之手以原石运至日本，一部分则供给满洲滑石制铁粉会社及满洲矿业株式会社工厂。"③ 东北的油页岩主要产于奉天抚顺，被覆于抚顺煤田主要煤层之上，预想矿量约有 55 亿吨。满铁发现此矿后迅速做出掠夺计划，欲将此矿资源全部霸占。苦土矿主要分布于奉天满铁沿线太平山、大石桥、海城各站东部一带，其中牛心山、白虎山、官马山、圣水寺、火石岭子、麻耳等处为其重要产地。东北的苦土矿资源多运至日本八幡及其他制铁所，为制造特殊耐火炼砖而用。东北的苦灰石分布广泛，储量丰富。仅就奉天省属海城、盖平两县及旅大租借地一带计算，其储量就十分大。受地理位置影响，日本在旅大租借地内的海猫岛及其附近海岸采取的苦灰石多运送至日本国内八幡制铁所及各工厂。据统计，1927 年就有 5 万吨苦灰石输出，其他在"大连南满矿业有限公司"和大连苦灰石合资公司的工厂制成水

---

① 本溪市党史地方志办公室编：《本溪市志》，大连出版社 1998 年版，第 406 页。

② 虞和寅：《东北矿产物之分布》，东北矿业记手稿，1928 年，吉林省社会科学院满铁资料馆藏，资料号：23594。

③ 虞和寅：《东北矿产物之分布》，东北矿业记手稿，1928 年，吉林省社会科学院满铁资料馆藏，资料号：23594。

性涂料或墙壁涂料，以满足建筑方面的需要。① 东北的耐火黏土主要产区位于奉天烟台和复县五湖嘴，矿量丰富，品质上乘，其他地区还有董家沟、寒坡岭、土们岭等地。当时烟台所采的耐火黏土专供鞍山制铁所使用，复县五湖嘴耐火黏土则由"中日合办复州磁土公司"采掘。1927 年产量约 4 万吨，多运至日本八幡制铁所及其他重要工厂。② 除此之外，硅石主要产地为东北南部的将军石山、伏见台、梁家沟、七里庄、老铁山、柏岚子、岭后屯、大耗岛、幡龙山、大孤山等处。满俺矿集中在东北南部的黑松林和小黄旗两处。方解石主要产自东北南部战家屯、茶叶沟和傅家甸子三处。东北的石棉主要产自南部和尚屯、大荒沟两处。长石产地主要位于尾子沟、凉水湾、石塔山、营城子、杨家南沟、上鹰窝。东北的萤石主要产地为南部的上隋家屯、卢家屯、崔家屯、沙岗台、老母沟。关于东北铜、苦灰石等矿产的出产量统计还不够完善，可查阅的史料中记载不够全面，以奉天省资料最多，吉林及黑龙江省的数据统计较少。如苦灰石和铅矿，史料记载中偶有缺失。

满铁出售从东北掠夺的这些矿产及相关制品所得的矿业收入占满铁公司总收入的 35% 左右，是仅次于铁路收入的第二大资金来源，由矿业所得的年收益占公司总收益的 15% 左右。1907 年至 1926 年上半年，矿业收益逐年统计为：1907 年 572266 日元，1908 年 1042756 日元，1909 年 1245819 日元，1910 年 1667288 日元，1911 年 2178102 日元，1912 年 1846662 日元，1913 年 1800551 日元，1914 年 2224265 日元，1915 年 2015558 日元，1916 年 2083460 日元，1917 年 5330056 日元，1918 年 7122571 日元，1919 年 12477805 日元，1920 年 11374366 日元，1921 年 5560554 日元，1922 年 10585275 日元，1923 年 12451873 日元，1924 年 11743686 日元，1925 年 9028493 日元，1926 年上半年 5128361 日元。③

① 虞和寅：《东北矿产物之分布》，东北矿业记手稿，1928 年，吉林省社会科学院满铁资料馆藏，资料号：23594。
② 虞和寅：《东北矿产物之分布》，东北矿业记手稿，1928 年，吉林省社会科学院满铁资料馆藏，资料号：23594。
③ ［日］佐田弘治郎：《南满洲铁道株式会社二十年略史》，南满洲铁道株式会社 1927 年版，吉林省社会科学院满铁资料馆藏，资料号：10233，第 220 页。

中国东北是天然产物丰富的区域，"每年满蒙贸易总额不下七八万万日金，这些贸易品当中，每年纯粹运往日本的矿产物达四五千万元"①。在这一历史时期，日本对中国东北的矿产资源大肆侵夺，对其大规模经济侵略和军事占领全东北起到了助推作用。

三

从20世纪初叶到30年代初，日本政府支持满铁、大仓财团等强占并经营抚顺、烟台、本溪等煤矿，日本的中小资本家也强占与夺取了牛心台、田师傅、阜新、新邱、大窑沟、西丰、老头沟等80余处煤矿。②这些日本人经营的煤矿除占去东北的大片土地外，还通过增设新井、强占与收买附近煤矿等办法，不断扩大矿区，并进行疯狂的开采，掠夺了大量的煤炭，获取了高额利润。

满铁在日本政府的操控下，调查和掠夺了中国东北大量的矿产资源，以"经济开发"之名行侵略之实。1914—1924年，满铁售出煤炭量每年都在百万吨以上。随着日本政府军备扩大的需要，日本从东北掠夺煤炭的数量也在逐年大幅度增加，在东北地区就地使用和运往日本的煤炭量也逐年增长。1914—1924年，满铁共售出东北煤炭总量近4000万吨，其中37.36%为满铁内部自用，10.77%运往朝鲜和中国台湾，10.34%掠往日本国内，这些部分加起来已经超出了总数的一半。东北的铁矿每年也有数百万吨流向日本国内，多数用于支持日本国内军工企业的发展。如在东北铁矿储量居首位的鞍山铁矿，在被满铁控制期间，所产铁矿石完全被日资企业鞍山制铁所收购。日方通过假合办的铁矿企业对奉天省鞍山和本溪地区的铁矿进行了疯狂掠夺。鞍山地区的铁矿自1930年扩大生产规模后，每年出产生铁达21万吨。③仅抚顺、本溪、烟

---

① 中美新闻社：《中国对外贸易之矿产》，《东方杂志》第16卷第5号，1919年5月。

② 孔经纬：《新编中国东北地区经济史》，吉林教育出版社1994年版，第351页。

③ ［美］雷麦：《外人在华投资》，蒋学楷、赵康节译，商务印书馆1959年版，第367页。

台等煤矿，1930 年的产量就达 746.4 万吨，是 1912 年的 4.3 倍、1919 年的 2.2 倍。仅抚顺煤矿，1907—1931 年，共盈利 11900 万元，掠夺原煤 8823 万吨，而每吨投资只用 1.30 元。① 日方强占与经营的东北铁矿，在 20 世纪 20 年代已有 30 余处，主要有 1911 年由大仓财阀以中日合办形式经营的本溪湖煤铁有限公司、满铁通过于冲汉于 1916 年在鞍山成立的中日合办振兴铁矿无限公司、1918 年成立的中日合办弓长岭铁矿公司等。据统计，1931 年，日本在奉天省境内共有 15 个铁矿区，占地 21915 亩。② 同时，还夺取了海城与本溪的 8 个石灰石矿，复县（五湖嘴）、辽阳（烟台）、本溪（牛心台）3 个耐火黏土矿，以及海城、大石桥等处的菱镁矿。进而又在本溪湖煤铁公司和 1918 年设立的鞍山制铁所分别设立 4 座高炉开始炼铁，并相应成立发电、选矿、烧结、炼焦、耐火材料、化工等附属工厂，使这两个企业分别成为庞大的煤铁联合企业与以产铁为中心、种类齐全的钢铁联合企业。两企业于 1919 年共生产生铁 11 万吨，到 1930 年增至 37.3 万吨。③ 此外，日本人夺取与经营的金、银、铜等矿还有 30 余处，其中较大的有延吉天宝山银铜矿、和龙三道沟砂金矿、本溪马鹿沟铜矿等。

中日合办本溪湖煤铁公司 1915—1920 年累计销售生铁 3 万吨，1924 年由于开发新技术，生铁销量由 1923 年的 2.35 万吨增至 5.23 万吨。到 1930 年，对外销售的焦炭数量达 12.9 万吨，生铁 7.36 万吨，铁矿石 14.1 万吨。④ 金、铜、石灰石等其他矿产合计每年也有数十万吨落入满铁手中。更卑劣的是，日本侵略者在攫取矿产资源时采取破坏性开采的方式，造成这些不可再生资源出现极大程度的破坏，不仅使东北的矿产资源遭到严重浪费，也阻碍了战后东北矿产行业的复苏及可持续发展。日本还通过满铁买卖各种矿产资源，攫取高额的垄断利润。以本溪湖煤铁有限公司为例，1925 年，售往日本的煤炭单价为每吨 5.7 银圆，售往东北及朝鲜的单价为每吨 8.4 银圆；1930 年，售往日本的煤炭单价为每

---

① 张福全：《辽宁近代经济史》，中国财政经济出版社 1989 年版，第 189 页。
② 张福全：《辽宁近代经济史》，中国财政经济出版社 1989 年版，第 218 页。
③ 张福全：《辽宁近代经济史》，中国财政经济出版社 1989 年版，第 220 页。
④ 本溪市党史地方志办公室编：《本溪市志》，大连出版社 1998 年版，第 180 页。

吨 4.3 银圆，售往东北及朝鲜的单价为每吨 6.1 银圆。满铁实行"因地制宜"的政策，对日本国内销售的价格远低于其他地区。不仅如此，日本侵略者在疯狂掠夺矿产资源的同时，还残酷压榨中国矿工。在工资待遇上，日本侵略者对中国矿工和日本矿工实行差别对待。1921 年，本溪湖煤矿中国工人日工资最高为小洋 0.754 元，最低为 0.376 元；日本工人日最高工资为 2.083 元，最低为 2.072 元。在中国东北，"日满人劳动者的工资比率虽因汇率的变动、供给关系的差异、劳动者的素质、调查时期的差异而发生变化，但大体上还是相当于四比一以至三比一之间"①。尽管如此，中国矿夫所占的比重仍远大于日本人。日本侵略者通过种种手段，掠夺我们宝贵的矿产资源，造成中国经济发展的滞后，使原本贫困的东北人民陷入了更深重的苦难命运。

日本方面，资源匮乏，加上半封建农业造成的市场狭隘，促使日本资产阶级向殖民地半殖民地寻求原料和市场，满铁正是它们手中的工具。日本侵略者以满铁为中心进行掠夺活动，并依凭铁道附属地的行政权和各种企业的所有权以及驻扎在东北的军队和独立守备队的军事力量进而扩大侵略。满铁利用铁路和港口将东北的矿产资源运往日本和世界各地，同时又为日本商品倾销创造出一个广大的市场。东北丰富的矿产资源极大地补充了日本资源的不足，使日本国内制造武器及军需用品的工厂得以迅速发展，为战争做了充足的准备。

通过掠夺矿产资源，满铁得以发展壮大，急速扩充。满铁营业后实行增产政策，随之满铁矿业的收益也有所增加。有了丰沛的资金支持，满铁进而在工业、商业、电气业、航运业等方面都有所发展。并且，掠夺这些矿产资源极大地缓解了日本国内能源紧张的状况。1919—1931 年，抚顺煤炭运往日本共计 1533.7 万吨。1926—1931 年，鞍山和本溪湖运往日本生铁共计 1230185 吨。除煤炭外，在能源工业方面，日本经济势力还扩展到电力与石油等领域。据记载，1930 年，全东北共有发电业 4 巨 9 家，其中日本经营的有 31 家，占 63.3%；发电容量，日本占 80%，是中国（占 19%）的 4 倍多；电灯数日本占 67%，是中国（占

---

① 满铁经济调查会编：《满洲经济年报》，改造社 1933 年版，第 439—440 页。

32%）的两倍多。① 可以说，日本基本上控制了东北的电力工业。1923年，日本又攫取了鸭绿江的水力发电权。至于掠夺石油资源方面，主要是在抚顺利用油母页岩进行炼制，并逐年增加。1929 年、1930 年、1931 年的产量分别为 13517 吨、57791 吨、63059 吨。② 其他矿产方面，以 1927 年为例，运往日本的滑石约 25000 吨，耐火黏土约 40000 吨，苦灰石约 50000 吨。据资料记载："东北输入日本贸易总值 1914 年 31277000 日元，1916 年 33954000 日元，1918 年 100518000 日元，1919 年 162394000 日元，1920 年 196861000 日元。"③ 这些矿产资源多运往日本国内的八幡制铁所及其他重要工厂。这些资源不仅助力了八幡制铁所等军工企业的发展，也为军事战争提供了武器原料支持。这些军工企业的存在，也是日本政府进一步发动侵略战争强有力的后盾。

《战国策·赵策一》："前事之不忘，后事之师。"历史是现实的一面镜子。为了吸取历史教训，还原历史本来的面貌，本书以历史学基本理论为基础，在分析和借鉴国内外既有研究成果的基础上，以大量的历史档案资料为依据，运用历史学方法、图表分析法和统计学方法等多种研究方法，多层面、多视角地对满铁调查与掠夺中国东北矿产资源的过程进行全面、系统而深入的探讨和研究，力求全面、准确地反映日本对中国东北资源掠夺的全部过程以及在此过程中对中、日两国产生的影响，以此来揭露日本帝国主义对中国的侵略罪行，批驳日本右翼分子和反动学者"侵略有功"的谬论，并启示今人，教育后人，澄清史实，勿忘历史。

---

① 孔经纬：《新编中国东北地区经济史》，吉林教育出版社 1994 年版，第 252 页。
② 张福全：《辽宁近代经济史》，中国财政经济出版社 1989 年版，第 208 页。
③ ［日］守屋典郎：《日本经济史》，周锡卿译，生活·读书·新知三联书店 1963 年版，第 196 页。

第一章

东北矿产资源概况

矿产资源是不可再生的自然资源，在地壳上的储藏量是有限的。矿产资源是在地壳形成以后，经过几十亿年、几亿年、几千万年，最短也需要几百万年的综合地质作用形成的。几千年来，人类的文明有了突飞猛进的发展，对矿产资源的需求，不仅数量越来越大，而且种类越来越多。可以说，保护矿产资源是人类进步的必然目标。中国东北地域辽阔，地质条件复杂，矿产资源十分丰富，是满族的发祥地。清朝入关后，清政府一直把东北视为"龙兴之地"，实行"封禁"政策严禁开发，力图保有其根基。沙俄入侵后，东北丰富的资源落入俄人之手。1905 年日俄战争后，日本从沙俄手中继承了东北的一切权益。日本为全面掠取东北的资源，在大连成立了满铁。除了经营从沙俄手中继承的铁路以外，满铁还设立了矿工业、调查、拓殖、相关公司经营等 5 个所属部门。自此，东北地区丰厚的矿产资源逐步落入满铁及日本手中。

第一节 自然环境

中国东北地域辽阔，富饶美丽，有着丰富的地下资源和宝藏。东北地区包括松嫩平原、辽河平原和三江平原，土地肥沃，面积广阔，是中国农业资源禀赋最好的地区，也是重要的商品粮和农牧业生产基地。东北地区森林资源丰富，用材林蓄积量约占全国总量的 1/3，是中国目前森林资源最为集中的地区。东北地区矿产资源丰厚，存量大，种类全。主要金属矿产有铁、锰、铜、铝、铅、锌、金以及稀有矿物等，分布在鞍山、本溪一带的铁矿，储量约占全国总量的 1/4，目前仍是全国最大的探明矿区之一。非金属矿产有煤、石油、油页岩、石墨、菱镁矿、白云石、滑石、石棉等。东北地区农业资源、矿产资源、能源资源都异常丰富。

近代东北因其特殊的地理位置、历史背景和政治环境，成为远东地区的战略要冲，在政治、经济和军事上都占有十分重要的地位，一直是各帝国主义列强争相掠夺的目标。中国与俄国在东北有着长达 3000 多千米的边界，东北首先受到沙俄的染指。通过《瑷珲条约》《中俄北京条约》《中俄密约》，俄国势力一步步深入东北腹地。到 19 世纪末，日本对外扩张的野心膨胀，急于在东北的土地上分一杯羹。20 世纪初期，日本和俄国在东北的土地上，通过战争划分两国的势力范围。1905 年日俄缔结《朴茨茅斯条约》，日本从而取代了俄国在中国东北的势力范围。从此，东北丰富的自然资源、肥沃的土地以及质朴的东北人民皆被日本侵略者无情地践踏与蹂躏，直至日本宣布战败。

第二节　地质条件及矿产品质

一　煤炭方面

据资料统计，东北全境煤矿埋藏量共约 1456243000 吨，其中奉天省约 6.8 亿吨（46.7%），吉林省约 4.2 亿吨（28.9%），黑龙江省约 3.6 亿吨（24.4%）。奉天省已立案的煤矿数计 387 处，吉林省计 270 处，黑龙江省计 26 处。据 1930 年的统计，所有开采各矿出煤之总数为 10040652 吨。[1] 除去由日本独营的抚顺、烟台煤矿及中外合办之本溪、穆棱、扎赉诺尔及老头沟各煤矿外，其余所有煤矿完全由中国自办。

---

[1] 《参与国际联合会调查委员会中国代表处说帖》，商务印书馆 1932 年版，第 230 页。

（一）东北矿务局

它为当时东北最大采矿机关。1919 年接办八道壕煤矿，1928 年接办复州湾煤矿，1931 年接办西安煤矿。三矿合并之后，改组为股份有限公司。1931 年，东北矿务局所办煤矿资本与产量统计如表 1-1 所示。①

表 1-1　　　　　　　　1931 年东北矿务局煤矿资本与产量统计

矿别	资本/万元	日产量/吨
黑山县八道壕煤矿	117	250
复县复州湾煤矿	200	600
西安县煤矿	220	700
总计	537	1550

（二）金沟煤矿

矿区共计 1405 亩。最初由商人周文贵创办，后因资本缺乏与沈海铁路合办，双方共出资本 135 万元，改设公司。1927 年，产量增至95430 吨。

（三）尾明山煤矿

矿区共计 1332 亩，由商人李顺清开采。中日甲午战争后，改为官办，定名为"天利煤矿公司"，资本 12 万元，每年采煤 4 万吨。

（四）奶子山煤矿

矿区共计 5 万亩，1909 年由商人李茗改领采照。每年出煤 3000 吨。1928 年改组，定名为"奶子山煤矿公司"。添招新股，增加资本 150 万元，添置新机，并由吉敦路兴修蛟奶支路，以利于运输，每日采煤约 300 吨。

（五）火石岭煤矿

分为两部分：一部分由裕吉煤矿公司开采，面积 1600 亩，资本 30 万元，每日采煤 50 吨；另一部分由裕东公司开采，资本 100 万元，每日产煤 200 吨。

---

① 黄曾元：《东北矿务局与冀北金矿公司》，中国人民政治协商会议吉林省委员会、文史资料研究委员会编：《吉林文史资料选辑》（第四辑），吉林人民出版社 1983 年版，第 137 页。

（六）鹤岗煤矿

矿区共 9058 亩，由鹤岗煤矿公司开采，煤质极佳。畅销吉、黑两省，公司资本为 3115327 元，有自运煤铁路及车辆。

二 铁矿方面

东北铁矿蕴藏丰富。日本独营的鞍山铁矿、中日合办之本溪湖煤铁公司及弓长岭铁矿公司已占去东北逾半的铁矿，据专门矿学家调查，其余主要各铁矿如表 1-2 所示。

表 1-2　　　　　　20 世纪 30 年代东北部分铁矿统计①

矿产地	埋藏量/千吨	含铁百分率/%	含铁吨数/千吨
海城锅底山	2000	29.31	600
复县瓮城子	300	36	100
凤城千西沟	120	40	48
敦化七道沟	1200	40	480
盖平许家屯	300	33	99
临江大栗子沟	13500	40	540
阿城小岭站	10500	40	420

三 金矿方面

东北的金矿富甲全国，以黑龙江省的采金业成绩最为显著，获利颇丰，吉林次之，奉天又次之。吉林设有采金局 7 所。黑龙江省金矿产地最多，有逢源、德源、振兴、裕平、源利、古溪、吉诚、洪裕、大成、兴安、古源、广信、裕兴和、新华、太平、漠河、三姓、梧桐河、延和及棱川各矿。据专门矿学家调查，估计东北金矿产量如表 1-3 所示。

---

① 《参与国际联合会调查委员会中国代表处说帖》，商务印书馆 1932 年版，第 231 页。

表 1-3　　　　　20 世纪 30 年代东北金矿产量预估统计①

省别	产金区域	产量/千克
黑龙江	瑷珲	5000
	呼玛	1801
	漠河	338
	宝韦及奇乾河	700
	嫩江	100
	小兴安岭	328
	松花江上游	820
吉林	三狄	820
	牡丹江及穆棱河	328
	绥芬河及图们江	500
总计		10735

四　铜矿方面

20 世纪初，东北发现不下 30 处铜矿，但已开采仅有 3 处矿地。

（一）吉林磐石县青石嘴山铜矿

该矿埋藏铜量约 7 万吨，于 1908 年开采，初为官办，后改商办，再由吉林永衡官银号接办。

（二）吉林延吉县天宝山铜矿

该矿面积 60 平方里，又产银砂，1889 年开始试办。在最初三年，采银 16 万两。后因日俄战争，停顿一时。至 1916 年，改由天宝山银铜矿公司接办。自 1917 年至 1920 年，共出铜块 1320295 吨，铅块约 100000 吨。

（三）奉天本溪县马鹿沟铜矿

该矿于 1916 年开采，但因铜价跌落，停止开采。1923 年由王聘之接办，每年出铜六七百吨。

五　其他矿产

东北铅银各矿，在政府立案的，奉天省 56 处，吉林省 31 处，黑龙

---

① 《参与国际联合调查委员会中国代表处说帖》，商务印书馆 1932 年版，第 231 页。

江省 7 处。在已开采各铅矿之中，以奉天青城子铅矿、八字沟铅矿、吉林官马嘴子铅矿成绩为最佳。滑石矿在奉天省岫岩等县发现颇多，尤以海城东南为最多。已经立案的滑石矿计 53 处，以大岭滑石矿为最佳。该矿于 1916 年由私人创办，至 1919 年由大岭滑石矿公司接办，每日采出滑石 30 吨。苦土矿以奉天省海城、盖平两处矿床地最为知名，长约 35 千米，深达 900 米，由信爱公司及其他两公司开采，已立案的矿床计 11 处。每年产量为：1917 年 1800 吨，1920 年 6900 吨，1921 年 2940 吨，1922 年 4510 吨，1923 年 2700 吨，1924 年 10142 吨，1925 年 13773 吨，1926 年 20000 吨，1927 年 21400 吨，1928 年 25454 吨，1929 年 31628 吨。[1] 黏土矿已立案计 49 处，其中开采约 1/5，以奉天复县五湖嘴黏土矿成绩最佳。矿区面积 6000 亩，埋藏量约 28128000 吨，由同益、义合、天合成、大东、福源、大华及同和隆各公司开采，后由东北矿业公司接办。1923—1928 年产量如下：1923 年 25119 吨，1924 年 38505 吨，1925 年 25796 吨，1926 年 34371 吨，1927 年 38353 吨，1928 年 53763 吨。[2] 清末辽宁地区开办矿山的民营资本见表 1-4。

表 1-4　　　　清末辽宁地区 25 家民营资本开办矿山统计[3]

矿山名	矿山所在地	清政府许可时间	开采矿种	资本金（白银）/两
大窑沟煤矿	锦县	1905 年 12 月 30 日	原煤	10000
营盘堡煤矿	铁岭县	1906 年 6 月 22 日	原煤	10000
崔家沟煤矿	法库县	1907 年 4 月 17 日	原煤	5000
康家东沟金矿	辽阳县	1907 年 5 月 7 日	砂金	20000
高丽沟煤矿	新宾县	1907 年 9 月 4 日	原煤	10000
罗家西沟小煤岭子	岫岩县	1907 年 5 月 10 日	原煤	8000
马家子煤矿	新宾县	1907 年 5 月 7 日	原煤	5000
打虎庄煤矿	开原县	1907 年 5 月 31 日	原煤	10000
牧养正平石门煤矿	铁岭县	1907 年 6 月 21 日	砂金	50000

①　《参与国际联合会调查委员会中国代表处说帖》，商务印书馆 1932 年版，第 233 页。
②　《参与国际联合会调查委员会中国代表处说帖》，商务印书馆 1932 年版，第 233 页。
③　关东都督府民政部：《满蒙经济要览》，1917 年，第 244—246 页。

续表

矿山名	矿山所在地	清政府许可时间	开采矿种	资本金（白银）/两
牛头崖小南沟煤矿	辽阳县	1907 年 8 月 23 日	原煤	10000
北太平洋煤矿	义县	1907 年 7 月 22 日	原煤	10000
缸窑沟煤矿	义县	1907 年 9 月 22 日	原煤	10000
偏道沟煤矿	兴城县	1907 年 9 月 18 日	原煤	2000
尖山子煤矿	兴城县	1907 年 9 月 1 日	原煤	1000
白相木沟煤矿	锦西县	1907 年 10 月 5 日	原煤	1000
头道沟煤矿	兴城县	1907 年 10 月 16 日	原煤	10000
搭连嘴子煤矿	抚顺县	1907 年 10 月 15 日	原煤	10000
张家沟煤矿	辽阳县	1907 年 12 月 11 日	原煤	10000
尖山子煤矿	锦西县	1907 年 12 月 30 日	原煤	1000
杂树沟煤矿	锦西县	1908 年 1 月 1 日	原煤	1000
李树沟煤矿	本溪县	1911 年 3 月	原煤	10000
小南沟煤矿	本溪县	1911 年 4 月	原煤	10000
红莲沟煤矿	本溪县	1911 年 4 月	原煤	5000
小飘屯煤矿	抚顺县	1911 年 9 月 5 日	原煤	20000
黑油沟煤矿	锦西县	1911 年 9 月	原煤	10000

　　清政府对东北的"龙兴之地"长期实行封禁政策，限制汉民迁入和开发，但至 19 世纪 60 年代，东北地区并非完全与外界隔绝。俄国、日本等列强已通过条约、贸易和探险活动逐步渗透该地区。在不平等条约保护下，西方人等相继来到中国东北，开展了一系列实地考察、探险、游历。考察的范围广泛，包括河流、森林、矿产等，其中以矿产资源为考察重点，英、俄、日三国的考察尤其具有代表性。

　　英国探险家的活动较早，从 19 世纪 60 年代就已开始。在他们的考察中，有的甚至深入长白山及东北腹地。他们对于矿产的记载向世界展现了东北的富有矿藏，认为世界上除了美洲，不会再有任何一个地区像中国东北一样有如此多的煤和铁，并且记录了探查到的矿产地。

俄国在东北查勘路矿的活动，虽然开始时间相对较晚，但表现最为积极。1898 年 1 月，俄国照会时任黑龙江将军的恩泽，希望能够在黑龙江右岸中方境内十里范围内勘查煤矿，但被恩泽婉言拒绝。官方请求被拒后，俄国遂将矿产资源勘查工作转为地下，俄国驻东北各地区领事请求地方官保护"游历"人员的文件屡见不鲜。俄国国家地理学会也曾计划派员至东北勘查煤矿。华俄道胜银行与俄国采金公司合组中国矿业公司，拟自勘矿入手，以攫取勘得的各矿。

日本从中日甲午战争后开始对中国东北地区进行地质调查，巨智部忠承、冲龙雄等人于 1895 年在辽东半岛开展了地质矿产调查，调查较为简单。到日俄战争时期，日本对东北地区的地质矿产调查逐步全面系统化。战争期间，日本政府就派了很多矿师跟着部队前进，凡是日军所过的地方，矿师均广泛调查，四处寻觅矿苗。战争后期，为了系统规模化开展地质调查，在关东州特别设立了"满洲产业调查会"。"满洲产业调查会"最早开展的调查项目是对抚顺、烟台和五湖嘴等地煤矿的调查，具体工作由以京都大学名誉教授小川琢治为首的调查队执行。调查队分为五个调查班，规模达数十人。此后成立的满铁又进行了一系列广泛的调查。矿产地质调查始终是日本对东北地区调查活动的重点，他们"把满洲视为世界矿藏宝库，主要依据是近代外国人进行科学考察的结果"。

随着中国开放外资办矿权，清政府也对东北开展了勘矿行动。因自身不具备勘矿的能力，就委托外人。"1896 年，英国著名矿商摩赓（Pritchard Morgan）抵华，其先在上海与盛宣怀商议路矿事宜，不久即北去直隶，受李鸿章之命，勘察热河及山东金矿，并派遣同来的美籍矿师绍克莱（Shockley）至奉天勘矿，足迹遍及盛京、辽阳、凤凰城、通化间的广大地区。"[①]

列强欲实现经济掠夺，必须先搞清资源情况。况且东北矿业的开发制约因素诸多，土法开采和资本主义国家的先进开采技术无法竞争，连

---

① 关捷等总主编，刘恩格、王珍仁、于耀洲主编：《中日甲午战争全史》第 4 卷《战后篇》，吉林人民出版社 2005 年版，第 533 页。

勘矿技术都不具备，何谈更好地开发？列强擅自勘查加上清政府的委托，使列强更加清楚地掌握各主要矿产的地理位置、储藏量、矿产质量等，进一步地掠夺更加不可避免。其实，清政府勘矿委以外人之举虽属无奈，但列强的这种勘查，不难预测矿权的丢失现象。同时，这种勘矿行为，引起了东北地方官的普遍不满。他们大声疾呼：“俄国矿师络绎来吉，日于深山穷谷中，到处堪寻，专以采觅矿线为事，他如英、德各国托名游历而来者，亦均系留意矿产，阴蓄诡谋。”① 呼吁设法维护东北的路矿利权。

第三节　历史背景及社会环境

中国东北地区矿产资源（如煤、铁、金、油页岩等）极为丰富，但开采权几乎被日本帝国主义垄断。日本因本土资源匮乏（耕地仅占14.1%，工业原料依赖进口），自明治维新后，随着工业发展和市场扩张，对中国东北资源的掠夺日益加剧，并采取各种手段控制东北矿权。满铁成立后，它十分注意调查和搜集情报的活动，尤其是对中国东北。其所设立的调查和情报机关主要如下。

（一）1907年4月，在大连本部设立调查部，1908年缩编为调查课，其任务是在“满洲”及附近地区从事一般经济及惯例调查。该调查课还担当各种情报搜集工作。从成立到1932年撤销，出版过《满蒙全书》《满铁调查资料》《满铁调查月报》等大量书刊。

（二）1908年11月，在东京支社成立东亚经济调查局，担任搜集世界经济材料，以供满铁制订经营方针参考。

（三）1908年1月，在东京支社内设立“满洲及朝鲜历史地理调查部”，从学术上为日本推行“大陆政策”提供根据。

（四）1927年4月，把调查课的情报系扩大为情报课，下设情

---

① 《吉省矿务拟次第与办由》，“中研院”近代史研究所藏档案，02-04-039-02-018。

报系和弘报系，担当搜集情报及宣传活动。该机构仅存在一年多。

（五）1927年11月，设立临时经济调查委员会，为公司事业提供直接有效的资料，到1930年撤销，出版了《临经资料》35编。[①]

满铁的调查、情报机关的活动不限于东北，甚至扩展到全中国和世界各地。经满铁调查："中国铁矿石灰之丰富，石油之有望，棉花之栽培，羊之饲养，及其他物质，举凡我国国民经济所必要者，与实行国防计划所必要之原料物质，皆能求之于中国。"[②]

为了缓解资源需求膨胀的局面，日方在中国将资金集中投到采掘、初级原料和半加工品等领域。在日本的进出口贸易中，中国占有很大的比重。其中进口贸易，中国占日本进口总额的14.1%，超过了从整个欧洲地区的进口贸易额；从商品结构看，日本从中国进口物资多为粮食、工业原料和燃料，中国日益成为日本原料和燃料的生产基地。以煤炭为例，从20世纪开始，中国对日本的煤炭出口量持续增长近30年，这反映了当时日本对中国煤炭的需求量是巨大的。事实上，近代中国生产的煤炭几乎全部出口到了日本，其他矿产、初级原料等的情况亦是如此。这也使得中国的矿业、初级原料和基础出口加工等行业，成为日本对华资本输出的重点。

然而，日本对华的资本输出，是把对中国的"投资"与其对东南亚的"投资"相结合。"投资"与军事掠夺相结合，与日本对华基本国策和在华经济实力紧密相连。早在明治维新时期，日本政府就制定了五步征服世界的大陆政策，依次为中国台湾（第一步）、朝鲜（第二步）、中国东北（第三步）、全中国（第四步）、全世界（第五步）。日本对华的资本输出和其势力范围扩张发展也是以台湾为基地，由南向北进行的。甲午战争后，日本强迫清政府割让台湾、澎湖列岛，在台湾成立台湾"总督府"，开始了对台湾地区的投资。日据当局在日本财政的支持下，

[①]　赵冬晖、孙玉玲：《苦难与斗争十四年》（上卷），中国大百科全书出版社1995年版，第22页。

[②]　杜恂诚：《日本在旧中国的投资》，上海社会科学院出版社1986年版，第3页。

统一了台湾币制和度量衡，并加大交通和工业，特别是制糖工业的投资。据统计，1902—1912 年，台湾总产值由最初的 7175.2 万日元激增至 14637.4 万日元，增长了 1 倍多，工业产值所占比例也几乎翻了一番。台湾在地理位置上与福建省隔台湾海峡相对，包括本岛、澎湖列岛及其他大小岛屿 70 多个，具有极其重要的经济地位和战略地位。日本利用台湾作为基地向福建省逐渐进行渗透扩张，并于 1898 年 4 月 22 日强迫清政府承认福建为其势力范围。同时，日本又先后在杭州、苏州、天津、汉口、福州、厦门等地设立租界（其中福州、厦门两地虽订立了开辟租界的租约，但未真正开辟租界）。日本在其势力范围内进行了广泛的投资活动，包括开采矿山、修筑铁路公路、开设工厂等。由于当时东三省、蒙古以及长城以北为俄国的势力范围，日本对东北的控制尚且薄弱。截至 1901 年，日本对华资本输出的重点在华南地区。

日本对中国东北地区的大规模侵占始于 1905 年日俄战争以后。日本作为日俄战争的获胜方，与俄签订《朴茨茅斯条约》，条约规定俄国将租自中国的旅大租借地（旅顺口和大连湾）并其附近领土领水、长春至旅顺口的中东铁路和支线及其他有关的权益全部"转让"日本，日本从俄方手中夺去了俄在中国东北势力范围的南半部。条约签订后不久，它又与清政府交涉"东三省善后事宜"，强迫清政府签订《中日会议东三省事宜》正约及附约。清政府除承认日俄《朴茨茅斯条约》中给予日本的各项权利外，还被迫同意在东三省内增开 16 处商埠（奉天省 6 处，吉林省 6 处，黑龙江省 4 处），允许在营口、安东、奉天划定日本租界，日本继续享有改建和运营战时擅自铺设的安东（今丹东）至奉天的铁路并转为商用，允许日本采伐鸭绿江右岸森林等。自此，日本在东北开辟了一个大面积的"投资"基地，开始了更大规模的掠夺活动。东北的豆类、棉花、杂粮、矿产、木材等被大量运往日本。1914 年，日本在中国直接"投资"38501.9 万日元，东北地区就达 26516 万日元，约 70%用在东北。[1] 东北的矿业中，煤和铁占重要的地位，可惜经营实权基本操纵于日本资本家的手中。中国民间资本家除采金事业稍有势力外，其他

---

① [美] 雷麦：《外人在华投资》，蒋学楷、赵康节译，商务印书馆 1959 年版，第 322 页。

重要矿业简直没有插足的余地。

日本侵占东北后，为其大规模掠夺东北地区的矿产资源消除了障碍。从 1936 年开始，日伪一方面实行统制经济，规定凡是与国防和国策相关的重要产业都必须纳入日伪的统制体系中，民间资本不允许涉足相关产业；另一方面，不择手段占有东北地区各种矿产资源的所有权，彻底清除中方民间资本，从而为全面掠夺资源奠定了基础。

有学者研究指出："在东北的帝国主义资本家，除日本外，在前尚有俄帝国主义者，但经过日俄战争及俄国革命后，俄国已放弃一切，其利益全被日本帝国主义资本家所接收。对于中国投资占第二位的英帝国主义资本家，它投资的大部分都在长江流域及南华，在东北除北宁铁路有借款的投资，英美烟公司及汇丰银行等设有支店外，似乎站在一个不重要的地位。对中国投资占第三位的美帝国主义资本家，挟其过剩的资金，久欲染指东北，但因日本帝国主义资本家露骨地反对，成效很少，不过它决不因此灰心，仍非常积极与东北当局暗中接洽，可惜无记录可凭，不足确说。而东北统治权既为日本帝国主义者所夺，这对于美帝国主义资本家的雄心，当然是一个最大的打击。"①

（一）帝国主义资本家对中国的经济掠夺已经根深蒂固，它们在中国投资的总量共有 62.5 亿元，这数目约当中国富力的十七分之一。日本占投资第一位，英国第二，美国第三。日本投资的大本营在我东北。

（二）日本在我东北投资的总数约 14 亿元，最重要的是南满铁道会社，余若矿山、银行及林业等，无不有其大量的投资。

（三）英、美帝国主义资本家的东北投资，远不及日本之多，而且因为日本的阻挠，收效甚微，但它们在我东北的金融势力，也足以支配我国东北的金融界。②

---

① 王正雄：《东北的社会组织》，中华书局 1932 年版，第 17 页。
② 李文海主编：《民国时期社会调查丛编》二编《社会组织卷》，福建教育出版社 2014 年版，第 8 页。

日本帝国主义为了最大限度地掠夺资源，降低掠夺成本，就从劳动力入手。他们疯狂地掠夺劳动力，除了诱骗当地中国人充当劳工，还不惜动用武力抓捕劳工。随着日本对掠夺资源需求的增加，它对劳工的需求也激增。特别是在太平洋战争爆发后，日伪政府使用的劳工数量急剧增加，每年抓捕的劳工就达 200 万人之多。这些劳工中的大部分人被送去修筑军事工事，开采矿山，其余一小部分被送往日本本土。据关东军资料记载，1942 年军方所需劳动力约 40 万人。在为侵略战争服务的"重要产业"中（以矿山居多），使用奴役劳工的数量更是达到了总数的一半以上。这些劳工的处境与结局都十分悲惨。日本关东军在修筑兴安岭的一项军事工程中，抓捕奴役的劳工达 15000 余人，其中死难者达6000 余人。[①] 在矿山中，劳工们不仅劳作环境极其恶劣，在武力威胁下进行无休止的强度高到无法忍受的体力劳动，而且穿不暖、吃不饱，生存环境也极其艰难。劳工们累死、饿死的数量不计其数。凡是使用奴役劳工数量较多的地方，都有埋葬劳工尸骨的"万人坑"。"万人坑"中也留下了劳工们遭受惨绝人寰、非人待遇的罪证。在辽源的一个"万人坑"里，就发现有的尸骨双腿被铜丝死死绑在一起，还有许多尸骨上有被刀砍的痕迹。也就是说，除了伤病、事故，很大一部分劳工是死于日伪统治者的残酷迫害。送往日本本土的另一小部分劳工的处境也异常艰难，首批送往日本的 4 万余名劳工中，就有 1 万人死于日本，其死亡原因也可想而知。这些只不过是日伪劳工惨状的一隅，日伪政府对中国劳工的残害与屠杀难以统计。事实证明，日本统治下的东北根本不是什么"王道乐土"，而是地地道道的人间地狱。他们所谓的"开发东北"完全是掩人耳目，其目的是实行疯狂的殖民掠夺。

---

① 吉林省文化厅、伪皇宫陈列馆编：《勿忘"九一八"》，吉林美术出版社 1992 年版，第 86 页。

第二章

日本侵入东北及其对矿产资源的调查

日本对中国东北的侵略与其矿产资源调查密切相关。自 19 世纪末至 20 世纪上半叶，日本通过军事扩张与经济渗透，逐步控制东北地区，并系统性开展地质勘探与资源调查。由于日本本土矿产资源匮乏，其工业发展严重依赖外部原料供应，因而东北丰富的煤、铁、金及油页岩等战略资源成为日本重点调查与掠夺的对象。明治维新后，日本政府及满铁等殖民机构派遣大量地质学者和调查团，对东北矿产资源进行详细勘测，所获数据资料为后续殖民经济体系的建立提供了重要支撑。

第一节 日本势力侵入东北与“满洲经营”政策

一 日本势力侵入东北

日本自明治维新以后确立的天皇制的专制主义政权，不仅推动了日本资本主义的发展，让其走上了资本主义道路，而且逐步形成一条对外穷兵黩武的侵略扩张路线。明治维新在政治、经济和文化思想等领域保留了较多的封建残余。在国家政权中，封建贵族和武士出身的军阀有很大的权力，他们直接统率军队，并掌握着军事工业。由于农业中还保持着半封建的土地所有制，广大农民穷困不堪，国内市场狭小，而且依靠不平等条约享有最惠国待遇的外商和日本商品进行着激烈的竞争。因此，在国家扶植下发展起来的工商业资产阶级便和军阀勾结在一起，积极推行军国主义政策，以直接向邻国的军事扩张来力图获得高额利润并缓和国内的阶级矛盾。

随着日本向帝国主义过渡，资产阶级侵略扩张的贪婪欲望和从前武士阶级的冒险主义结合起来，把日本推上了军国主义道路。日本在其本身尚未摆脱对欧美国家的屈从地位时，便走上了对外侵略扩张之路。明治时期形成的日本军国主义，在日本近代资本主义形成的过程中，使日本从被压迫民族变为压迫民族。它无法与西方资本主义列强匹敌，便避强求弱采取"失之欧洲、取之亚洲"的方针。一方面，与西方资本主义列强为伍，充当它们的伙伴；另一方面，又向亚洲邻国大肆推行侵略扩张政策，以牺牲亚洲各国人民利益为代价，使日本资本主义迅速成长和发展起来。

由于地理位置关系，19世纪末20世纪初，日本军国主义对外侵略的主要对象是朝鲜和中国，目的是在太平洋上建立霸权，称霸亚洲。随着日本经济的迅速发展和国防地位的不断提高，日本侵略者准备独占朝鲜，并进而加快大规模侵略中国的步伐。1890年12月，日本首相山县有朋首次发表施政演说，大肆鼓吹日本扩军备战，宣布日本的大陆政策要以"'征服满洲'和'经营满洲'为重点，实现征服中国，最后征服世界的伟大目标"①。在帝国主义侵略扩张本性与日本盛行的军国主义思想的双重作用下，日本发动了震惊世界的中日甲午战争。

日本帝国主义在日俄战争后继承了沙俄在东北的利权。为了扩大对东北经济和矿产资源的掠夺，1907年设立满铁，在矿业部内设地质课。为了掠夺抚顺煤矿，在该矿设立了事务所，对抚顺煤矿进行地质调查。1907年10月，抚顺煤矿调查工作结束后，事务所迁往大连，进行广泛的矿产地质调查，其工作范围逐渐扩展到内蒙古东部。此时，事务所改称地质研究所。1919年7月，改称地质调查所。所内设4科系，即一般地质科、矿产地质科、物理探矿科、研究科和庶务系。先后共有日本地质技术人员115人。该所第一任所长为木户忠太郎；1923年，第二任所长为村上钣藏；1931年，第三任所长为木村六郎；1937年，第四任所长为福田连。1938年4月1日，该所移交给伪满当局，为伪国务院大陆

---

① 陈本善主编：《日本侵略中国东北史》，吉林大学出版社1989年版，第12页。

科学院下属的地质调查所，所址由大连市迁往长春市。自 1907 年满铁地质调查所成立至 1938 年 4 月 1 日移交给伪满当局止，该所调查了各类矿产地，同时还进行了一般地质、工程地质、水文地质等调查。在此期间，该所还测制了一些地质图幅。1915 年，完成了关东州 1∶20 万地质图；1917 年，完成 1∶100 万南满洲地质预察图。从 1919 年开始，进行测制全东北的 1∶40 万的地质图，到 1938 年该所移交时，仅完成了 6 个图幅。1928 年，进行 1∶10 万地质图幅调查，完成了铁岭等 21 幅。1931 年，进行测制大连地区的 1∶5 万一般地质及有用矿产调查的地质图，完成了 41 个图幅。1933 年，出版了 1∶100 万满洲地质、矿产分布图及满洲地质和地志。在该所移交后，1938 年，满铁在大连重新组建了矿床地质调查室（1941 年以前称满铁调查部第四调查室），前后共有 43 名地质技术人员参与调查工作。调查工作的重点仍在东北，但也延伸到华北、华中各省乃至海南岛。自 1940 年 1 月至 1943 年 2 月，调查室共调查了奉天省境内的矿产地 33 处。①

满铁在中国东北采取多种组织形式和经营管理方法进行经济侵略。例如，对于构成满铁主要物质经济基础、需要大量投资的铁路、港湾、煤矿、铁厂等，实行直接经营；对于其他需要较多投资的运输和工商部门，设立子公司，实行间接经营；对于其他部门，则指导日本资本家经营，满铁通过认股、贷款、补贴等形式，进行扶助和幕后操纵。这样就形成了一个以满铁为核心的、包括日本在东北的大部分企业在内的金字塔式的企业结构，并通过这个结构垄断铁路交通、通信、工矿等经济命脉，掠夺战略资源，剥削中国人民，破坏中国民族经济，使东北沦为殖民地，并把侵略魔爪伸向华北、华中以至华南。满铁的侵略活动以经济为主，但不限于经济方面。在铁路沿线，特别是在重要车站，它霸占了大量土地，以铁路附属地为名，非法行使行政权，驻军设警，实行殖民统治，迫害中国人民。满铁的鞍山制铁所，就是以铁路附属地的名义，霸占了大片工厂用地。

中东铁道厅是沙皇俄国在中国东北设立的以经营铁路为主、进行全

①　辽宁省地方志编纂委员会办公室主编：《辽宁省志·地质矿产志》，辽宁科学技术出版社 1997 年版，第 254 页。

面侵略的殖民机构。日本帝国主义讳莫如深，实际上它设立满铁就是效仿沙皇俄国，并以英国的东印度公司为模板。满铁是一个半官半民的组织，既要盈利，又要贯彻日本政府的"国策"，负有双重任务，故有"国策会社"之称。这里所说的"国策"，无非是日本帝国主义梦寐以求的灭亡中国、独霸亚洲、征服世界的大陆政策。因此，满铁一直被视为"日本向大陆发展的先锋队"。日本帝国主义步沙皇俄国和英国的后尘，用开设公司的形式进行侵略，并妄图灭亡一个国家。"满铁是日本最大的殖民侵略机构，初建时资本为 2 亿元，临近垮台时，连同社债，资本达 40 亿元，拥有职工近 50 万人。它由日本政府直接控制，不仅总裁、理事由日本政府任命，而且诸如攫取鞍山铁矿、设立鞍山制铁所等活动，都受日本政府的指挥。"① 日本以侵占东北南部为据点，采取种种手段，先将东北南部地区，后将整个东北变成势力范围，为军事占领全东北做了充足的准备。伴随着军事侵略，无休止的资源掠夺更是让东北雪上加霜。日本对中国东北的资源掠夺不仅严重地削弱了中国的国力，而且延缓和阻滞了东北及全中国经济的发展。

二　日本"满洲经营"政策

1906 年 6 月 7 日，日本公布了《南满洲铁道株式会社设立之件》，宣布"南满洲铁道株式会社"成立。7 月 13 日，日本政府任命了儿玉源太郎为"南满洲铁道株式会社设立委员会"委员长及 80 名委员。但上任不到 10 天的儿玉源太郎在 7 月 22 日暴毙，日本政府任命寺内正毅继任。儿玉源太郎曾任台湾"总督"，日俄战争期间任日本大本营参谋次长、伪满参谋总长，而寺内正毅时为日本陆军大臣。"南满洲铁道株式会社设立委员会"委员长首任和继任者均为军阀头目，可见日本对满铁的重视，以及满铁在日本帝国主义侵华过程中扮演的角色。

1906 年 8 月 14 日，日本内阁会议通过了"南满洲铁道株式会社章程"草案。8 月 18 日，获递信大臣批准。"章程"草案的主要内容，关于为方便铁路的运营所经营的产业方面如下：抚顺和烟台煤矿的采掘，

---

① 解学诗、张克良：《鞍钢史》，冶金工业出版社 1984 年版，第 10 页。

水运业、电器业、仓库业、铁路附属地的土地和房产的经营、其他得到政府许可的经营项目。

1906 年 11 月 26 日，日本政府召开成立"南满洲铁道株式会社"大会，宣布"南满洲铁道株式会社"正式成立，1907 年 4 月 1 日正式营业（见图 2-1）。该公司的组织体系极其庞大，公司设置总裁、副总裁、理事和监事（总裁、副总裁任期为五年），在总裁下设有总裁室、经理部、用度部、铁道总局、产业部、抚顺炭矿、地方部、中央试验所、东京支社、新京事务局、天津事务所、上海事务所、参

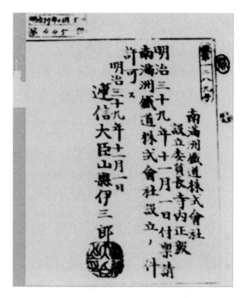

图 2-1　批准设立"南满洲铁道
株式会社"的许可证①

与、监察役、经济调查会、技术委员会。② 满铁第一任总裁为台湾"总督府"民政长官后藤新平。后藤新平于福岛须贺川医科学校毕业，曾历任医院院长、内务省卫生局局长等，被儿玉源太郎赏识。1898 年儿玉源太郎就任台湾"总督"时，提拔后藤新平为"总督府"民政局局长（后改称民政长官）。后藤新平在 1898—1906 年担任台湾"总督府"民政长官期间，建立了殖民地的卫生行政体系和土地调查制度。基于其在台湾的殖民治理经验，日本政府于 1906 年任命他为首任"南满洲铁道株式会社"总裁，负责中国东北地区的殖民开发。

满铁表面上是经营铁路的股份制企业，但实际上涉足政治、经济、军事、情报等各个领域，是对中国东北进行多方面侵略的特殊机构。而

---

① 伪满皇宫博物院、吉林省地方志编纂委员会主编：《伪满洲国殖民统治机构图志》，吉林人民出版社 2010 年版，第 104 页。

② 《南满洲铁道株式会社三十年略史》，满洲日日新闻社印刷所，1937 年，吉林省社会科学院满铁资料馆藏，资料号：10234，第 29 页。

且，"股份制"只限于名义上，日本政府占有一半股份，公司的实际经营者由政府任命，这使它具有国家机关的性质，与"关东都督府"及领事馆鼎足而立，在"满洲经营"问题上拥有极大的发言权。满铁实际负责经营日本政府制定的属于国家行政事务的各种公共事业，它成立的初衷及终极目标就是用经济掠夺方式把中国东北变成日本的军事、物资基地，进而变成其独占的殖民地。

图 2-2　满铁大连本社全貌①

关于满铁在日本侵略中国东北中的地位，档案中有如下原始文件记载。

满铁总裁致拓殖总裁函②

拓殖局总裁台收

备忘录

一、关于关东州、附属地及领事管辖区内的行政，则以满铁为中心，以期达到统一。

现行都督府官制中，将军政和民政完全分辖，另设民政厅，其长官以满铁总裁充任之，至其他必要的职员由满铁职员兼任之。

总领事由民政厅的官吏兼任之，其他领事馆则作为分馆。

民政厅的会计，作为特别会计，拟将满洲的收入（包括洮线的缴纳金），备作将来独立经营。

取消政府前此对都督府的补助金，将之废去。同时也拟免除对政府

---

① 伪满皇宫博物院、吉林省地方志编纂委员会主编：《伪满洲国殖民统治机构图志》，吉林人民出版社 2010 年版，第 104 页。

② 辽宁省档案馆、辽宁社会科学院编：《"九一八"事变前后的日本与中国东北——满铁秘档选编》，辽宁人民出版社 1991 年版，第 319 页。

所有股份的满铁股息。

民政厅行政费用的亏欠由满铁负担之。民政厅预算，涉及讨论其他重要政务，因此设置评议员会，也可任命满铁理事、监事充任其委员，赋予其参预民政厅重要政务的权利，为有效的达到上述目的，赋予在满洲设立特设银行并发行金券的特权。

根据以上内容证据，提出备忘录各条，仰祈决定，谨呈。

满铁总裁①
大正二年一月十七日
（总体部 2534）

日本"经营满洲"的另一重要机构是"关东都督府"。1906 年 8 月 1 日，日本在旅大租借地公布了《关东都督府官制》（敕令第 196 号），从 9 月 1 日起替代以前的关东总督府，新设立"关东都督府"，"都督"由天皇亲任的陆军大将或陆军中将担任。按照《关东都督府官制》，"都督管辖关东州并执掌南满洲铁路线的保护及管理事宜，同时监督南满洲铁道株式会社的业务；统率所属军队，受外务大臣的监督统理诸般政务；依特别委任掌管与清国地方官宪的交涉事务；都督依据其职权或特别委任可以发布都督令，制定监禁 1 年以内或者罚款 200 元以内的处罚规则；为维护管辖区域内的治安秩序或保护、管理铁路线，都督认为必要时可以使用兵力等"②。"都督府"内设民政部和陆军部。民政部在民政长官指挥下，担任除军事行政以外的一切行政事务。陆军部依据条例，在"关东都督"管辖范围内执掌有关陆军的一切事宜。在地方行政方面，把关东州内分为大连、旅顺、金州 3 个行政区，各区设民政署，在铁路附属地设警务署及支署。"都督府"第一任"都督"由前"关东总督"大岛义昌担任，民政长官由前关东州民政署长官石冢英藏担任。③

"关东都督府"是日本政府在东北进行政治和军事侵略的指挥部，

---

① 当时的满铁总裁为中村是公，其任职期间为 1908 年（明治四十一年）12 月 19 日至 1913 年（大正二年）12 月 18 日。

② ［日］铃木隆史：《日本帝国主义对中国东北的侵略》，吉林省伪皇宫陈列馆译，吉林教育出版社 1996 年版，第 97 页。

③ ［日］铃木隆史：《日本帝国主义对中国东北的侵略》，吉林省伪皇宫陈列馆译，吉林教育出版社 1996 年版，第 97 页。

满铁则是在铁路公司的招牌下经营在中国东北的各种事业。在日本侵略东北的整个计划中，实际上是以满铁为中心。除旅大租借地的行政权之外，日本自沙俄手中夺来的一切设施和权益，基本上完全交给了满铁。日本重新从清政府手中索要的利权，如安奉铁路的改筑和经营权、抚顺和烟台煤矿的采掘权、吉长铁路的借款权等，也统统交给了满铁。① 满铁实质上就是日本在中国东北拥有的侵略权益的化身，它的一切行动都为日本政府服务，满铁的经营也为日后日本发动九一八事变和打造伪满洲国奠定了基础。

经过20多年的经营，至九一八事变前，满铁及日本在东北的势力处于绝对优势。日本对东北的资本输出占各资本主义国家的90%以上。② 这些资本半数以上出自满铁。东北地区尤其是南部完全被置于以满铁为主体的日本资本系统的支配之下，沦为日本经济的附庸。九一八事变前，日本帝国主义通过满铁将侵略势力渗透到了东北的各个层面，为日本帝国主义侵占全东北奠定了基础。

第二节　日本对东北矿产资源的调查

一　矿产资源调查机构的设立

为了对东北进行大规模的调查，满铁于1907年设立满铁调查部，1908年在满铁的东京支社设立了东亚经济调查局，1923年满铁在哈尔滨设立哈尔滨事务所调查课，1932年又在哈尔滨事务所调查课的基础上组成经济调查会，对东北的资源进行全面调查。关东军统治部成立后，为了制定各种政治经济政策，亟须对东北各地情况进行调查。满铁调查部便竭尽全部机能参加该项工作，日军所到之处，它形影相随，担当了各方面的调查和拟议。伪满洲国成立后，关东军为了加强对东北的殖民统治，决定继续利用满铁调查部的雄厚力量，设立一个大型的调查规划机构。1932年1月18日，它以关东军参谋长三宅光治少将名义写信给满铁副总裁江口条定说："为了建设新国家及其健全发

---

① 苏崇民：《满铁史》，中华书局1990年版，第850页。
② 苏崇民：《满铁史》，中华书局1990年版，第852页。

展，深感对于政治、经济、外交、文化等各种问题，必须给予周到的援助和指导。关于满蒙之各种情况调查，及其建设方案和计划之研究与制订，应当设立一个回答军方之咨询并与军方合作的有力的综合调查、起草的指导机关。"① 满铁根据这个要求，于20日召开首脑会议，决定成立"经济调查会"。其任务是"辅助关东军进行有关满洲平时及战时经济和军用资源的调查研究及业务规划"。其领导机构为由满铁各部门头目、经调会各部主查（满铁调查机关的一种职称）等组成的委员会。委员长由十河信二担任，副委员长为石川铁雄。经济调查会下设5个部，配备约970名调查员。第一部负责一般经济调查及综合拟议，主任为宫崎正义；第二部负责农业、牧业、林业、水产、矿业及移民问题的调查和规划，主任为奥村慎次；第三部以铁道、港湾、水道、道路、航空、通信等为主，制订交通关系的计划及治水、都市计划的拟议，主任为佐藤俟久；第四部负责有关商业、贸易、关税及金融的调查及规划，主任为中岛宗一；第五部负责财政、外交、教育、文化、社会设施的调查及计划制订，主任为冈田卓雄；第六部负责亚洲北部经济调查，主任为野中时雄。该会曾制订"满洲经济统制根本方针""满洲经济开发第一计划"，对东北资源进行普查，并对华北进行调查。

需要特别提到的是，在满铁的机构设置中，"抚顺炭矿"是重要分支机构之一。由此可见，满铁及日本觊觎东北煤炭资源的野心。1905年12月22日，日本强迫清政府订立《中日会议东三省事宜条约》，将俄国在东北南部的权益让与日本。但抚顺煤矿不属于俄国的权利范围，故不在此列。日本为了占有抚顺煤矿，先采取军事强占手段，直接掠夺煤炭，后又寻找种种借口交涉，力图永久霸占抚顺煤矿。

1907年4月1日，满铁接管抚顺煤矿。为了最大限度地掠夺资源，满铁制订了"开发计划"，增添设备，扩大生产。"到1912年，抚顺煤矿年产煤量猛增到上百万吨，是1907年产量的6.3倍。"② 抚顺煤矿的机构设置详见图2-3。

<hr>

① 马越山：《"九一八"事变实录》，辽宁人民出版社1991年版，第279页。

② 辽宁省档案局（馆）编：《辽宁风物（1）》，辽宁人民出版社2012年版，第99页。

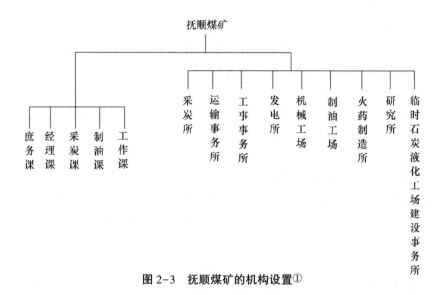

图 2-3 抚顺煤矿的机构设置①

　　满铁在成立之初便在日本大藏、外务等省的指示下将抚顺煤矿作为经营重点，"矿业尤应注意抚顺及烟台之煤矿"②。满铁控制下的抚顺煤矿利用资本、技术、交通、市场方面的优势，大肆侵占矿区，扩张市场，成为支撑日本殖民工业交通体系、巩固东北统治、发动扩大战争的重要资源基地。③

　　二　矿产资源的立案调查

　　资源调查是一切殖民者迈向经济侵略的第一步，日本帝国主义自然也不例外。满铁成立不久，就建立了"地质调查所"。满铁地质调查所是满铁在东北从事调查活动的重要机关，历任所长有木户忠太郎、村上钣藏和木村六郎等。自1907年满铁地质调查所成立至1938年4月1日移交给伪满当局止，该所调查了各类矿产地1019处，同时还进行一般地质调查等，并测制一些地质图幅。1938年该所移交后，满铁在大连重

----

① 《南满洲铁道株式会社三十年略史》，满洲日日新闻社印刷所，1937年，吉林省社会科学院满铁资料馆藏，资料号：10234，第37页。

② 《满铁事业概要》，《近代中国史料丛刊》三编第二十八辑，文海出版社1987年版，第24页。

③ 王林楠：《近代东北煤炭资源开发研究》，人民日报出版社2016年版，第156页。

新组建了矿床地质调查室。自 1940 年 1 月至 1943 年 2 月，调查室共调查奉天省境内矿产地 33 处。①

"在 1905 年至 1931 年间经过调查取证，发现了鞍山铁矿床，页岩油、菱镁矿和矾土页岩储量也极其丰富，还对主要做金矿、铁矿、煤矿等约 2200 个矿产地进行了勘测。"② 为了更好地了解矿产埋藏情况，1923 年，满铁地质调查所详细统计了 1918—1922 年大连、奉天、抚顺、本溪湖、鞍山等城市和地区的各项矿产，内容囊括各矿区面积、矿区数量、矿产价值、矿工数量（包括日本人数和中国人数）等，各项调查毫分缕析，所得数据价值极高。就抚顺煤矿而言，满铁调查机构在 1909年前就将其全部情况勘测清楚并出版成册。其内容大到营业状况，小到各工种人数，皆悉数通晓。对黑龙江省调查的矿产主要有金、银、铅、铁、水铅等，发现的产矿区有漠河、太平沟、库玛尔河、余庆沟、三姓、梧桐河等。煤矿发现地主要有甘河、大青山、穆棱、鹤立岗、密山等。对吉林省的矿藏情况，满铁调查机构亦了如指掌，甚至比当时中国政府掌握的资料更为详细。吉林省的矿产分为官营矿和民营矿。经过满铁调查，官营矿有桦川金矿、依兰金矿、磐石两处铜矿。调查还包括各矿所在地、方向、公里数、矿区面积等。吉林省民营矿区有 36 处，调查除矿别、所在地、方向、公里数、矿区面积外，还有代表人姓名及矿区登记年月。调查还涉及小矿业民营矿、试掘采掘许可取消矿区、实业厅设置后申请未许可的矿区、实业厅设置前申请未许可及发现未申请矿区等，各项数据十分详细。

其他立案调查还包括 "煤炭全部种类和东北地区煤炭内部用途及外销去向" "1914—1924 年各年份东北内部用煤量和满铁内部用煤及外销煤炭量" "金、铁、铜、铅、锌、硫化铁、煤炭在东北地区的分布情况" "烟台炭矿和蛟河炭矿的储藏量、产量等基本属性" "珲春县金矿地点及开采者和开采年月" 等。满铁调查部还对 1907—1926 年各年份矿产总收入、支出及所得利润进行了总体统计。由此可见，在满铁公司的掩护下，调查人员大肆勘探测量，最后形成的调查报告如地质地形图等，有些直接被日本军队采用，作为军事地图，为侵略战争服务。

---

① 梁波：《技术与帝国主义研究》，山东教育出版社 2006 年版，第 254 页。

② 梁波、冯炜：《满铁地质调查所》，《科学学研究》2002 年第 3 期。

满铁的调查活动，从总体上看，无论是目的、内容还是手段，都具有情报活动的性质。满铁不仅是日本对中国实行政治、经济、文化侵略的执行机构，也是日本政府制定侵华政策的情报组织。

三 矿产资源调查报告的形成

各调查机构在严密的组织下开展各项调查，从而形成详细的调查报告。调查报告的内容一般包括矿区的地理位置、交通、面积及矿藏量等基本属性，有的还涉及矿产销售去向及权利所属关系等。这些调查报告以手稿、图表、书籍等形式保存下来。最后形成的报告有的作为内部资料，有的被公开出版。

满铁成立后，满铁地质调查所便开始了对包括抚顺在内的全东北的地质矿产资源的调查，并绘制了1∶1000000的地质图和矿产图。1918年出版的《南满洲地质图》上，研究者在抚顺地区标出了太古代层、前寒武利亚纪层和寒武利亚纪层（即元古代层和早古生代层）以及中/晚古生代层、中生代层、新生代层。火成岩类划分出花岗岩、硅长岩、闪长岩、英云岩、玢岩、闪绿岩、玄武岩、粗面岩等。1924年出版的《南满洲矿产分布图》，在抚顺地区标出了：（1）小瓢儿屯——阿金沟及石门寨、营盘、董木匠沟一带的煤田；（2）石门岭、南杂木、王家大沟、董木匠沟、老虎林子、黑石木、大金厂、八家子、沙河子、湾甸子、石嘴子、五凤楼、平顶山、杉木场、大梨树沟、响水河子、香炉碗子、通天沟、金厂沟等地的砂金矿；（3）西川岭、小夹河、杨木林子等地的铁矿。[①] 满铁调查部在进行区域性调查的同时，还对相关矿产做了专项勘查。

由满铁"北满经济调查所"负责的《滨江省铁骊县神树附近黑铅矿调查报告》为"北满经济调查所"调查特第十六号。此调查报告分为七个部分：总括、位置及交通、地形及地质、赋存状态、品质及矿量、意见和附图。调查的区域属丘陵式山地，因调查时地面尚有一尺左右积雪，所以仅在废坑处尝试采掘一部分初探矿藏程度。黑铅矿床属于古生代，在丘陵山地的北侧，海拔300米左右，矿区面积约为12000平方米。神树附近的黑铅矿属于土状黑铅，呈粉状或颗粒状，有金属光泽，品质

---

① 抚顺市社会科学院、抚顺市人民政府地方志办公室编：《抚顺市志·工业卷》，辽宁民族出版社2003年版，第315页。

上乘。"预测矿量为 892.50 吨，依照当时采掘水平估计可采率 80%，可采矿量为 720 吨左右。"①

煤炭是东北重要的矿产物之一，自然也是满铁及日本觊觎的目标。满铁调查部在调查后对东北煤炭的种类进行了细分，分为抚顺炭、烟台炭、本溪湖炭、牛心台炭、裕信炭、古城子炭、淄川炭、抚顺二号炭、瓢尔屯炭、新邱炭等。

内蒙古东部及东北南部的矿产丰富多样，主要有金、铁、铜、银、铅、亚铅、硫化铁、煤炭、油母页岩、白云石、菱苦土、滑石、石棉、硬玉、重晶石、萤石、耐火黏土、长石、陶土、石灰岩、硅岩等。《满洲ノ矿业》中对各地质时代的煤炭总量也有所统计："二叠石炭纪 43900 万吨，侏罗纪地质时代 298200 万吨，第三纪 129300 万吨，合计 471400 万吨。"② 报告还对东北各省总体的矿区数量及矿区面积进行了统计。

表 2-1　　　　1930 年满铁立案调查东北南部重要炭田统计③

产地	地质时代	骸炭性	炭种	炭量/千吨
抚顺	第三纪	弱黏结	沥青	915700
本溪湖	石炭二叠纪	黏结	高度沥青	103201
烟台	石炭二叠纪	不黏结	高度无烟、半无烟	40000
大疙疸	侏罗纪	黏结、弱黏结	沥青	18230
牛心台	石炭二叠纪	不黏结	高度无烟、无烟	11000
田师傅沟	石炭二叠纪	不黏结、黏结	高度无烟、无烟、半无烟	19600
缸窑	第三纪	不黏结	褐炭	10000
五湖嘴	石炭二叠纪	不黏结	高度无烟、无烟、半无烟	7200
石门寨	第三纪	弱黏结	沥青	6423
寨马集	侏罗纪	黏结	无烟、高度沥青	6000

① 《滨江省铁骊县神树附近黑铅矿调查报告》，北满经济调查所，1939 年，吉林省社会科学院满铁资料馆藏，资料号：17341，第 8 页。

② 《满洲ノ矿业》，经济调查会第一部，1933 年，吉林省社会科学院满铁资料馆藏，资料号：14460，第 8 页。

③ ［日］中沟新一：《满蒙の石炭と我国燃料问题》，中日文化协会 1930 年版，吉林省社会科学院满铁资料馆藏，资料号：14663，第 26 页。

产地	地质时代	骸炭性	炭种	炭量/千吨
二佛庙	石炭二叠纪	弱黏结	无烟	3500
红螺岘	石炭二叠纪	不黏结	半无烟	3500
掏鹿	侏罗纪	黏结、不黏结	高度沥青、无烟沥青	3000
奶子山	侏罗纪	不黏结	沥青	2252
五龙屯	侏罗纪	弱黏结	沥青	2252
小市	石炭二叠纪	黏结、不黏结	高度无烟、高度沥青	2000
火石岭	侏罗纪	不黏结	沥青	2000
铁厂	石炭二叠纪	黏结、不黏结	高度沥青	1221
宽城子	侏罗纪	不黏结	沥青	1192
杉松岗	石炭二叠纪	黏结	高度沥青、沥青	1000
大窖沟	石炭二叠纪	黏结	沥青	1000
其他				4973

虞和寅的手稿《东北矿业记第八峡·吉林火石岭子裕东煤矿调查报告》，对吉林火石岭子裕东煤矿的位置及地势、矿地近状与交通、地质、煤层、煤质、矿区、沿革、资本、公司组织、各坑情形、采煤法、包工法、采煤工人数量、采煤额、工人用品、工人死伤数及抚恤金支出数、产煤量、矿场营城子车站间运输状况、成本、税捐、销路、煤价及销煤额、矿上设施、公司经费及盈亏情形、将来计划等进行了详细的记载和统计。火石岭子煤矿在吉林尚礼镇，位于吉林省西北部，附近交通便利，是吉林省较大的产煤矿区之一。"该矿仅 1928 年共产煤 64941.50 吨，每日平均产煤额为 185.02 吨。自 1929 年 6 月第三矿坑发生水灾后，产煤量大幅减少。"① 手稿还记载有 1928 年每月该矿销售煤炭数量及价值的数据，足见调查的详细程度。

1924 年，满铁调查机构对旅顺及大连地区矿业开发情况做了立案调查，形成了《关东厅第十八统计书（大正十二年）》。此报告对该地区

---

① 虞和寅：《东北矿业记第八峡·吉林火石岭子裕东煤矿调查报告》，1929 年，吉林省社会科学院满铁资料馆藏，资料号：22254，第 23 页。

的矿业相关情况做了详细的记载，如表 2-2 所示。

表 2-2　　　　　1923 年满铁对关东州内矿业开发分类统计①

矿物	铁		煤炭		苦灰石		石棉		铅	
	矿区	4	矿区	6	矿区	9	矿区	1	矿区	1
	价值/日元		价值/日元		价值/日元		价值/日元		价值/日元	
	1239121		49157902		72470		10210		72000	

土石类	花岗岩		石灰石		其他	
	数量/坪	6398	数量/坪	36724	数量/坪	65071
	价值/日元	14941	价值/日元	192991	价值/日元	118802

1923 年，关东州内铁、煤炭、苦灰石、石棉、铅、花岗岩、石灰石及其他矿产总价值为 50878437 日元。该报告不仅记载了矿产储备的相关情况，满铁调查部还调查了该地区各类矿产的服役矿工人数，包括中国工人数量和日本工人数量。该报告都是以表格的形式将各类数据呈现出来，并且数据非常精确。

1918—1927 年，满铁地质调查所对东北南部蕴藏的各类矿产的位置、矿石种类、品质、矿量、权利关系等进行了详细调查，形成了调查报告——《南满洲矿产地及矿产统计一览》。调查报告将该地区矿产分为金属矿物和非金属矿物两类。"金属矿物有铁、金、铜、铅及亚铅、硫化铁、满俺。非金属矿物有煤、菱苦土矿、苦灰石、石灰石、方解石、硅石、黏土、石绵、萤石、滑石、长石、石油页岩。据满铁调查，当时东北南部煤炭的矿产量占所有矿产的第一位，年产量约 920 万吨，而这其中大部分源于抚顺煤矿。"②

综上可知，满铁的调查报告种类繁多，内容丰富，涉及东北矿产的方方面面。它既有某一矿产地的详细信息，也有东北矿产资源全貌的统

---

① 《关东厅第十八统计书（大正十二年）》，关东长官官房文书课，1924 年，吉林省社会科学院满铁资料馆藏，资料号：19946。

② 《南满洲矿产地及矿产统计一览》，满铁地质调查所，1929 年，吉林省社会科学院满铁资料馆藏，资料号：14457。

计。这也从一个角度证明了满铁调查活动所具有的情报活动性质。1939年4月，调查部扩大规模，满铁建立起遍布日本及中国东北、华北、华中的"东亚"调查网。大调查部誓为"东亚新秩序"作"贡献"，几乎动员所有人员共同进行大规模的调查。如今，这些调查形成的报告已经成为不可多得的珍贵史料，更为日本侵略中国留下了铁证。

第三章

满铁对东北煤炭资源的调查与掠夺

东北的各种矿产物中，煤炭的储量最为丰富。煤储量约为230亿吨，年产量超过10万吨的矿山有30余个。日本对东北的煤炭资源觊觎已久。满铁成立后，其调查机关对东北的煤炭资源展开了大规模的调查，并强占了部分煤矿。至九一八事变前，日本几乎垄断了东北的煤炭业。伪满时期，满铁继续控制抚顺、烟台、奶子山等煤矿。为日本扩大侵略战争服务及促进国内军工业的发展，满铁加速开采东北的煤炭资源。日本通过满铁掠夺的煤炭资源，除东北地区自用外，其余大部分被运往日本国内，还有一部分销售到中国其他省份及海外。随着日本对外侵略战争规模的扩大，东北的煤炭资源悉数落入日本之手。

第一节 东北煤炭资源概况

一 东北煤炭资源的储量及分布

东北的自然环境十分优越，从地形方面观察，三面有高地环绕，西面是大兴安岭，北面是小兴安岭，东面是长白山地，东南是辽东丘陵，西南是热河丘陵，在这些高地之间是松辽平原。这种外高内低的地势状似盆地。

大兴安岭山脉位于黑龙江省西北部、内蒙古东北部，纵长800千米，平均宽度为200—300千米，海拔在1000—1400米。山地东坡陡峻，西坡平缓，构造方向主要为东北—西南走向。地质组成以海西期花岗岩和中生代火山岩为主。

小兴安岭纵贯黑龙江省中北部，山脉呈西北—东南走向，绵延约 500 千米，平均宽度约 150 千米，海拔大多在 500 米到 1000 米。岩石以云母、片岩、片麻岩和花岗岩分布最为广泛，埋藏着众多矿产资源。

长白山地为东北东部山地的总称，长达 1000 千米，海拔在 1000 米以上。长白山的主峰海拔 2740 多米，为东北第一高峰。东部山地的基层是由鼓期变质岩地层组成的。这种变质岩从辽东半岛南端起，一直延伸到松花江边，到第三纪和第四纪初有大量玄武岩喷出，其中玄武岩的熔岩台地分布最广，从白头山向东北直达密山附近。这种熔岩台地的面积为 200—300 平方米。在花岗岩发达地区有残存丘陵，所以，整个长白山地为起伏缓慢的高原性山地。在那些小向斜、局部的山间盆地或地堑中，散布有第三纪、侏罗纪和二叠石炭纪的地层，蕴藏着深厚的煤层。东北的煤田主要分布在南部和东北部，这里也正是小向斜、山间盆地和地堑较发达的地区。高山区有不少断层，把山块分成许多地沟，沿着构造线的脆弱带，往往喷出大片的新期火山岩。这些新期火山岩与这一带有色金属的分布有很大的关系。①

热河丘陵也是古老的结晶岩系造成的，西北部地势最高，海拔在 1000 米以上。热河的山有东北—西南走向的医巫闾山、松岭山脉与凌源山脉，以及西北东南走向的七老图山与燕山山脉。医巫闾山与松岭山脉之间为阜新盆地，蕴藏着丰富的煤矿。②

东北很早就开始利用煤炭资源。早在东汉中期（约公元 100 年）就有采掘。唐朝以来，就以煤冶炼铜铁，辽金时代用于烧制陶器。但由于中国是农业大国，东北地区薪材丰富，煤炭在人民生活中并不占重要地位，加之明末清初官方对煤炭开采的限制，东北煤炭的采掘规模一直很小，直到清末民国初年才开始发展，允许绅商开办矿山。随着帝国主义的入侵，为了掠夺中国的资源，煤炭生产有了进一步发展。③

---

① 王维屏：《伟大祖国的东北》，新知识出版社 1954 年版，第 13 页。

② 王维屏：《伟大祖国的东北》，新知识出版社 1954 年版，第 15 页。

③ 武衡：《东北区科学技术发展史资料·解放战争时期和建国初期·煤炭电力工业卷》，中国学术出版社 1988 年版，第 29 页。

日俄战争后，日本为了巩固和不断扩大其在东北取得的侵略权益，并进一步独霸中国东北，从 1906 年起，在东北境内陆续建立起一系列完整的侵略机构，满铁就是其中一个重要的机构组成。满铁成立后，加紧调查东北煤矿的各种信息。1932 年，据满铁地质调查所公布，他们推定全东北煤的埋藏量为 48 亿吨。伪满后期，据满洲炭矿株式会社调查，推测埋藏量超过 200 亿吨，占全国总埋藏量的 8.33%。九一八事变尤其是七七事变以后，日本帝国主义者对东北实行殖民地掠夺政策，普遍大规模开采煤炭，煤炭最高年产量达到 2600 多万吨（1944 年）。截至 1949 年 3 月，东北煤炭的已采量，据不完全统计，达 4 亿 7400 万吨，约占可采量的 4.74%。可见，煤炭资源是东北人民的财富源泉之一。

二　东北煤炭资源的勘测及开采

煤炭的开采方式有表面（即露天）开采与地下（即深井）开采两种。表面开采法适用于埋藏不深、厚度比较大的煤层，先把覆盖在煤层上面的土石全部挖去再采煤，也叫露天开采法。露天煤矿一般都低于地面呈凹陷状，从上到下分成许多台阶，一层层往下开采，每个台阶有 10 多米高。如东北抚顺露天煤矿，整个矿场像一个巨大的体育场，东西长 6500 米，南北宽 1500 米。露天开采成本低，可收率高达 80%—90%。地下开采法适用于埋藏较深的煤层。为了打开通路到达煤层，首先要从地面向下打井，再在井下开凿许多巷道，然后由井下将煤采出。纵横交错的巷道分割围起一块块煤层。开采时，对每个煤层区块分别开采。

东北煤炭开采历史悠久。在 2500 年前，《山海经》最早记载了煤炭，当时称为"石湟"。辽宁沈阳发掘的新乐遗址内，也发现许多煤雕制品，证实中国先民早在 6000—7000 年前的新石器时代，已经开始利用煤炭。在公元前 108 年汉武帝时，抚顺就有煤炭采掘。随后，经历各个朝代，采煤规模逐渐扩大，煤炭被广泛开采与利用，至唐朝开始用煤炼焦。至明清时期，煤炭开采及技术发展已经有了相当的进步。日本帝国主义入侵后，它垄断了东北的煤炭业，对煤炭资源进行了疯狂的掠夺。

日本为了控制中国东北的煤矿业，曾于 1934 年 3 月采纳关东军提出的开发煤矿办法，成立"满洲炭矿株式会社"。该会社对于伪满没收和满铁收买的各矿山采取直接经营的方式，对于商股未完全收买或没收的各矿山采取间接经营和委托管理的方式。

（一）直接经营矿山

1. 西安煤矿

位于奉天西安县北，从矿山至沈海路梅河口站有铁路支线。矿区面积为 8 平方千米，地质时代为白垩纪，有煤三层，总厚度 8—14 米，储量 1 亿吨。采取露天开采和斜坑并举方式，年产约 20 万吨，产煤能力每年可达 40 万吨。原为东北矿务局主办。

2. 八道壕煤矿

位于奉天黑山县北宁路打虎站北 30 千米，可采煤 6 层，各厚 4—8 米。煤质介于褐煤和烟煤之间，年产 7 万—8 万吨，产煤能力每年可达 15 万吨。

3. 复州湾煤矿

位于奉天复县五湖嘴，三面环海，矿山距南海码头 1.5 千米，筑有轻便铁路。矿区面积为 5 平方千米，地质时代为石炭二叠纪，煤层共 9 层，现开采者为第二、第三、第五层，第二层厚约 1 米，第三层厚 3—15 米，第五层厚 1—2 米。煤质为无烟煤，储量为 1900 万吨。年产 20 万吨左右，产煤能力每年可达 30 万吨。原为东北矿务局主办。

4. 昆明山煤矿

位于奉天辽阳县，年产 4 万—5 万吨，产煤能力每年可达 10 万吨。原为奉天省办。

5. 孙家湾煤矿

位于热河阜新县，矿区面积为 18 平方千米。地质时代为白垩纪，煤层总厚 6 米，煤质为烟煤，储量 1.4 亿吨，年产量 2 万吨左右。原为华商所办，继为满铁直属之日满煤矿公司所收买。

6. 米家窝铺煤矿

位于热河阜新县，矿区面积为 7 平方千米。地质时代为白垩纪，煤层总厚 4 米，煤质为烟煤，储量 3600 万吨，年产 1 万吨左右。原为东北矿务局主办。

7. 营口煤矿

位于吉林勃利县南。

8. 扎赉诺尔煤矿

位于黑龙江胪滨县（即满洲里）中东铁路扎赉诺尔县西 4 千米。该矿煤层极多，主要煤层厚 24 米以上，煤质为褐煤，采取露天和坑下开采并举方式年产煤 8 万吨左右，产煤能力每年可达 25 万吨。该矿原为沙俄控制下的中东铁路主办，资本 500 万卢布。"满洲炭矿株式会社"以 60 万日元购得。

（二）间接经营矿山

1. 北票煤矿

位于热河朝阳境内，北宁路锦（州）朝（阳）支线直达矿区，矿区面积为 25 平方千米。地质时代为侏罗纪，煤层总厚 70 米，煤质为烟煤，储量约 2.5 亿吨。采取留残柱法开采，年产 30 万吨左右，产煤能力每年可达 70 万吨。该矿由北宁路局与华商合办，资本为 500 万日元，实用资本 175 万日元。

2. 鹤岗煤矿

位于黑龙江汤原县北 100 华里，南至松花江岸运江口 56 千米，有铁路可通。矿区 10 平方千米，地质时代为侏罗纪，煤层 9 层，总厚 30—58.5 米。煤质可炼焦，储藏量为 5.47 亿吨，采用露天开采方式，年产 30 万吨左右，产煤能力每年可达 40 万吨。该矿由黑龙江省官商合办，资本 320 万元。

（三）其他

此外不属"满洲炭矿株式会社"而采用所谓"中日合办"方式者，尚有下列两矿。

1. 奶子山煤矿

位于吉林额穆县的奶子山，距吉敦路蛟河站 10 华里，有蛟奶支路相接，矿区面积为 93 平方千米。地质时代属侏罗纪，煤层 6 层，厚度为 3—9 米，煤炭不能炼焦。年产 7 万—8 万吨，产煤能力每年可达 10 万吨，由中国商办，资本 150 万元。

2. 南昌煤矿

位于奉天抚顺，因系日本南昌洋行投资，所以命名为南昌煤矿。总资本100万元，年产量30万吨左右，产煤能力每年可达35万吨。

以上矿山，就采煤能力估算，每年可达300万吨左右。[①] 详见表3-1。

表3-1　　　　　　　　　1929年东北较大煤矿统计[②]

省别	矿区地址	名称	开办者	资本额	年产量	备注
奉天省	辽阳尾明山	天利煤矿公司	官办		4.9万吨	1917—1920年兼并一些商办煤矿，扩大矿区
	抚顺阿金沟	金沟煤矿	沈海路与矿商合办	150万元大洋	6.0万吨	1930年矿商退股，全归沈海路经营
	黑山八道壕	八道壕矿务局	张作霖、吴俊升、孙烈臣等官僚合办	200万银圆	6.6万吨	1923年改为奉天省矿务局
	西安县境内	西安煤矿公司	奉天省政府与10家矿商合办	220万元大洋	15.4万吨	1931年并入东北矿务局
	复县境内	振兴煤矿公司	先商办后官办	120万元大洋	19.8万吨	1928年归东北矿务局经营
吉林省	额穆奶子山	奶子山煤矿股份有限公司	孟恩远、张作霖、杨宇霆等出资合办		6.8万吨	1930年兼并蛟河泥鳅沟等多矿，矿区扩大为93平方千米
黑龙江省	鹤岗	鹤岗煤矿	官商合办		19.8万吨	1922年中东铁路接办
热河省	北票县境内	北票煤矿公司	京奉路与矿商合办	500万元大洋	50.9万吨	1930年由张学良等人接办
	阜新县境内	孙家湾煤矿	官办		2.9万吨	1927年东北矿务局接办

"此外，在奉天省的煤矿还有30处，包括西安县7处，通化县6处，锦西、柳河两县各3处，兴城、临江、辉南等县各2处，铁岭、复县、西丰、抚松等县各1处。在吉林省的煤矿还有17处，包括额穆县4处，永吉县3处，延吉、和龙、伊通等县各2处，桦甸、舒兰、汪清、

---

① 张以诚：《中国近代矿业史纲要》，气象出版社2012年版，第66—68页。
② 刘信君、霍燎原：《中国东北史》第6卷，吉林文史出版社2006年版，第216—217页。

密山等县各 1 处。在热河省的煤矿还有 10 处，包括赤峰 9 处，凌源 1 处。在黑龙江省还有甘河煤矿等多处。其中锦西的通裕，复县的炸子窑，辉南的杉松冈，额穆的杉松，延吉的华利，永吉的裕东、裕吉，热河的凌源等煤矿，1929 年年产量都达万吨以上。"①

民国初年，吉林省的煤矿开采出现了一个小高潮。由于矿商对新政府抱有很大希望，矿章也做了有利于办矿的修改，民间报领煤矿的数量增多。1912 年 9 月，矿商钟谦筹集现银 10 万两，创设保吉公司，由劝业道填发勘矿执照，开采吉林县火石岭子煤矿。1916 年，保吉公司有矿夫 250 余人，排水夫 48 人，杂役 5 人。1914—1916 年，每年产煤分别为 6538 吨、9508 吨、5591 吨。1914 年 9 月，朱尧佐在火石岭子又创办裕吉煤矿公司。在此前后，吉林县马家沟、缸窑镇、石人山煤矿，额穆县奶子山，舒兰县韩家沟、二道河子、棒槌沟、小顶子、地局子煤矿，磐石县五道沟、天和屯、三道沟煤矿，桦甸县苏密沟煤矿，西安煤矿，通化县大石栅子煤矿，辉南县杉松岗煤矿，柳河县红旗捍沟、大四道沟、半截河煤矿，双阳县大顶山煤矿，洮南县黑顶山煤矿，和龙县汉王山煤矿，珲春县的庙儿岭、红旗河口、关门嘴子、骆驼河子煤矿等，都得到了开发。②

第二节　满铁对东北煤炭资源的调查与经营

一　满铁对东北煤炭资源的调查

日本国土面积狭小，资源极其匮乏。但在日本本土的矿藏中，煤炭储量相对来讲不算太少。自工业革命之后，煤炭成为主要能源来源之一。在 20 世纪 30—40 年代的战争期间以及战后经济恢复期间，出于军事、政治的需要，日本政府对煤炭工业实行了国家统一管理，煤炭为日本提供了 3/4 的能源。③ 随着日本侵略欲望的不断膨胀，对于东北量大质优的煤炭资源，尤其是抚顺煤，日本急切地想收入囊中。抚顺煤的品质极

①　刘信君、霍燎原：《中国东北史》第 6 卷，吉林文史出版社 2006 年版，第 218 页。
②　孙乃民：《吉林通史》第 3 卷，吉林人民出版社 2008 年版，第 247 页。
③　杜群：《能源政策与法律——国别和制度比较》，武汉大学出版社 2014 年版，第 44 页。

高，灰分少，溶滓也很少，且少硫黄成分、燃点高。1905 年 3 月，日本趁日俄战争的时机，占领了抚顺煤矿。满铁成立后，于 1906 年接管了抚顺煤矿，此后又借"中日合办"之名，侵占了本溪湖和新邱煤矿。以占东北煤矿总产量 73%、占日本输入煤 60%—70% 的抚顺煤为例，1931 年九一八事变前，煤产量总计达 7800 万吨，其中 1929 年为 851 万余吨，占东北煤炭总产量的 69%。① 据中国方面资料统计，1928 年输往日本的数量为 185 万吨，输往朝鲜、中国台湾的数量分别为 44.5 万吨和 0.93 万吨，共 230.43 万吨，占当年抚顺煤产量的 32%，其中 25.7% 运往日本（其余部分主要为满铁及日在东北使用，另有一些输往关内）。②

综观整个东北，满铁对煤炭的调查及掠夺主要集中在南部地区。"据满铁调查资料显示，1923 年东北南部煤炭矿区 6 个，共 35741212 平，停产矿区 1 个，180 万平（约 595 公顷），产值 49157902 日元。辽阳、本溪湖、抚顺三地 1918 年，合计产量 2516355 吨，价值 12676789 日元；1919 年，合计产量 3164001 吨，价值 39477745 日元；1920 年，合计产量 4173599 吨，价值 48948993 日元；1921 年，合计产量 3463305 吨，价值 48885109 日元；1922 年三地合计产量 4005509 吨，价值 42554558 日元。"③ 1923 年三地具体年产量及价值详见表 3-2。

表 3-2　1923 年辽阳、本溪湖、抚顺三地煤炭年产量及价值统计④

地方	年产量/吨	价值/日元
辽阳	83617	401361
本溪湖	406695	4438343
抚顺	5929523	44318198
合计	6419835	49157902

① 李振泉、石庆武主编：《东北经济区经济地理总论》，东北师范大学出版社 1988 年版，第 169 页。

② 陈真编：《中国近代工业史资料》（第三辑），生活·读书·新知三联书店 1961 年版，第 655 页。

③ 李雨桐：《日本对中国东北矿产资源的调查与掠夺（1905—1931）》，博士学位论文，东北师范大学，2015 年。

④ 《关东厅第十八统计书（大正十二年）》，关东长官官房文书课，1924 年，吉林省社会科学院满铁资料馆藏，资料号：19946。

产自本溪湖地区的煤炭质量上乘，是当时满铁调查部调查的主要目标之一。相关资料显示，本溪湖煤矿自1910年至1920年年底共采煤3164370吨。1910年平均每日产煤量不足200吨，至1920年，每日平均产量已达1300余吨。此11年间，它的产煤量增加约达8倍，逐年详细产量如下：1910年58000吨，1911年100352吨，1912年149463吨，1913年270782吨，1914年301014吨，1915年275777吨，1916年322626吨，1917年438009吨，1918年374964.88吨，1919年416994吨，1920年456388.90吨。[①]"1926年到1930年，东北地区煤炭产量约为873.6万吨，日资企业产量占81.7%，约713.8万吨。"[②]

在满铁控制的煤矿中，奉天省各煤矿的产煤数量颇高，尤数抚顺煤矿、本溪湖煤矿、烟台煤矿、五湖嘴煤矿和炸子窑煤矿发展最好，生产量也远高于其他煤矿。抚顺煤矿是当时东北第一大煤矿，西汉时即有人采掘。1901年，官僚王承尧等呈准组设华兴利煤矿公司开采。日俄战争后，日本方面组建抚顺采炭所，相继开掘7处新矿坑。"1911年5月12日，在奉天的日本总领事小池张造书名公文七十九号内称，我们须在抚顺矿区内，西则让出古城子河以西之地，东则让出打莺嘴子，在烟台煤矿则让出尾明山及接近尾明山之茨儿山南区及大窑口二矿区。"[③]

烟台煤矿位于奉天省辽阳县烟台，距南满铁路烟台车站约14000米，距辽阳车站约25000米，交通便利，煤质属于无烟煤，蕴藏量达4000万吨。1895年，英国人在烟台煤矿投资采煤。中东铁路建成后，烟台煤矿又被俄国人接手。1905年日俄战争后，该矿被日本强占，日本成立烟台采炭所。1907年，它由满铁接办。1909年，清政府与日本签订满洲《五案条约》，承认日本政府有开采烟台煤矿之权。1910年，烟台煤矿隶属于抚顺煤矿（见图3-1）。"日本人开始经营烟台煤矿时，仅有一个华子沟斜井采掘，日产量仅数千斤，工人500名。1926年开掘新坑，1936年煤产量达

---

① 虞和寅：《奉天本溪湖煤矿调查报告书》，矿业报告手稿，1928年，吉林省社会科学院满铁资料馆藏，资料号：22260。

② 杜恂诚：《日本在旧中国的投资》，上海社会科学院出版社1986年版，第151页。

③ 辽宁省档案馆编：《"九一八"事变档案史料精编》，辽宁人民出版社1991年版，第93页。

图3-1　满铁抚顺露天煤矿②

308758吨，较之1910年的15231吨增长了20多倍，其增长趋势在东北煤矿中仅次于抚顺煤矿。1910—1936年，烟台煤矿累计产煤约340万吨。"①

日本帝国主义强占东北后，东北沦为"日本侵略者的产业中心和屯兵要地"。日本通过满铁掠夺的大部分煤矿被外销或运回日本。抚顺煤炭的外销市场，几乎涉及"南洋、华南、华北等东亚各地，尤其马尼拉、新加坡、香港、上海是其四大市场"③。详见表3-3。

表3-3　　　　1928—1929年抚顺和烟台煤销售情况统计④　　　　单位：吨

销售地	1928年	1929年
中国东北	3540667	3492226
日本	1849427	1887287
中国北部	170626	166712
中国南部	967090	1101728
朝鲜	445190	404986
南洋	191861	223172
中国台湾	9798	10323
合计	7284659	7286434

① 张以诚：《中国近代矿业史纲要》，气象出版社2012年版，第51页。
② 每日新闻社：《别册一亿人的昭和史·日本殖民地史（2）·满洲》，（日本）每日新闻社1977年版，第133页。
③ 辽宁省档案局（馆）编：《辽宁风物（1）》，辽宁人民出版社2012年版，第100页。
④ 杜恂诚：《日本在旧中国的投资》，上海社会科学院出版社1986年版，第164页。

在争夺销售市场的角逐中，抚顺煤和一部分从日本进口的煤因成本低廉，开展大幅度的降价营销。"1931年销往上海的360余万吨煤中，抚顺煤和进口日本煤共133.7余万吨，占36.9%，超过开滦煤（36.6%）位居第一。"①

"在日本国内最大的海军军事工厂，其制造的战炮与军舰所用的钢板，必须用抚顺煤冶炼；八幡制铁所炼钢使用的煤气发生炉，只能用抚顺煤矿生产的中块煤，没有抚顺煤几乎就要全部停产；日本关西共同火力发电的锅炉，只有用抚顺煤才能将其火室温度提高到1500摄氏度以上。"② 满铁经营抚顺煤资源在支援日本侵略战争的同时，攫取了高额的利润。

近代吉林省煤炭开发历史悠久。早在清乾隆年间，在蛟河、舒兰、火石岭子等地，人们就发现了煤炭资源。嘉庆元年（1796年），有人在额穆县的烂泥沟及吉林市北的缸窑镇发现了矿苗。"嘉庆二十年（1815年）吉林将军富俊，曾以吉林山木缺乏、柴价昂贵为由，奏准开采缸窑、营盘沟、田家屯、丁家沟、胡家屯、波泥河等6处煤窑。后因坑崩出水先后封闭，这是吉林省官准开采最早的煤点。道光元年（1821年）先后开办缸窑附近的荒山子、胡家屯附近的三道沟、田家屯附近的下二台、营盘沟西南山坡等4处煤窑。至光绪二十三年（1897年）全省煤窑达30处，年产煤4.1万吨左右。"③ 中日甲午战争后，中国人民积极开发矿业，增强国力，开采煤窑。1901年，沙俄通过《改订吉林开采煤斤合同》攫取了中长铁路沿线15千米内矿山开采权以及其他煤矿的优先开采权，占领了陶家屯、石碑岭煤炭区。1905年日俄战争后，日本势力长驱直入。此后，日本利用满铁一步步侵占了吉林省的煤炭资源。

在吉林省，官营矿区占主要部分（见表3-4），还有几处民营矿区（见表3-5），主要集中在舒兰地区，矿区面积相对较小。

---

① 杜恂诚：《日本在旧中国的投资》，上海社会科学院出版社1986年版，第169页。
② 辽宁省档案局（馆）编：《辽宁风物（1）》，辽宁人民出版社2012年版，第100页。
③ 《中国煤炭志》编纂委员会：《中国煤炭志·吉林卷》，煤炭工业出版社1997年版，第4页。

表 3-4   **吉林省官营矿①**

地方	所在地	方向	里数	公司名称	矿区面积/亩
吉林	马家沟	西北	140	东原煤矿公司	754
	火石岭子	西北	140	裕吉煤矿公司	610
	石人山	东北	110		540
	前窑屯大主岭	东北	120		4105.53
桦甸	苏密沟	南	20	源兴煤矿公司	315
磐石	五道沟	东南	120	大亨煤矿公司	962.5
	四道沟	东南	110	天成煤矿公司	1603.3
	三道沟	东南	110		2695
东宁	大佛爷沟	西南	25		1080
额穆	望宝山	西	280	吉林煤矿公司	5380.033
	奶子山	西南	285		1028.7
	烂泥沟	西南	220		1495
密山	滴道沟	西	180		5287.5
	黄泥河北山	西南	140		5400
双阳	大顶子	西北	70		1060
宾县	虎头山	东北	80		549.45
和龙	二道沟里黑瞎子沟土山子沟	南	150		5250

表 3-5   **吉林省民营矿②**

地方	所在地	方向	里数	矿区面积/亩
舒兰	韩家沟	西南	30	29
	二道河子	西南	25	49
	小顶子	南	30	35
	地局子	西南	35	49
	棒槌沟	东南	90	246

---

① ［日］田中作:《吉林省の矿产》,东亚印刷株式会社 1922 年版,吉林省社会科学院满铁资料馆藏,资料号:14651。

② ［日］田中作:《吉林省の矿产》,东亚印刷株式会社 1922 年版,吉林省社会科学院满铁资料馆藏,资料号:14651。

吉林省官营和民营矿区总计 38524.013 亩，其中，满铁对吉林火石岭子裕东煤矿的地质、煤层、煤质等具体情况进行了详细调查。调查结果显示：1928 年出煤 64941.50 吨，其日平均产煤量为 185.02 吨。1929年自 6 月三坑遇水灾后产煤量严重下降，之后仅第四坑能够出煤，但每日平均只有数十吨而已。[1] 而且，该矿区地理位置不佳，交通不便，也严重影响了煤炭的销售。

在巨大的利益驱使下，日本侵略者疯狂地榨取中国人民的剩余价值，视中国工人生命如草芥，安全毫无保障，以致危险与事故频发，工人伤亡率极高。"据《矿业报告》记载，日本经营的抚顺煤矿，自诩'关怀劳动保险'，1907 年发生灾害事故 125 次，死伤工人 141 人；1913年事故就增加到 2794 次，死伤 3060 人；到 1919 年事故达到 4724 次，死伤 4799 人，占当时工人总数 46353 人的 10.4%。抚顺煤矿从 1907 年至 1919 年的 13 年间，共发生灾害事故 30632 次，死伤 32772 人，占1919 年的工人总数的 70.7%。"[2] 由于工作生活条件恶劣以及非人的待遇，许多矿工病死、饿死或冻死，还有许多逃离矿山。西安煤矿 1941年 5 月 5 日，一次坑内瓦斯爆炸就有 400 多名矿工被烧死，余下幸免烧死的 20 多人，挣扎着从主井绞车道爬到井口，但封建把头下令封闭井口，这些矿工被活活憋死在井口旁。日寇对中国工人实行苦役制，残酷压榨剥削。他们不顾工人死活，强迫工人乱采滥掘，冒险作业，经常发生重大死伤事故。[3]

综上所述，在日本帝国主义侵略东北的过程中，满铁的调查在日方掠夺东北资源方面起到了关东军和伪满洲国都不能代替的重要作用，满铁的调查报告也成为日本帝国主义进行经济掠夺的重要依据之一，满铁机构更是成为日本帝国主义发动侵略战争的重要支柱。

二　日本武力夺取东北煤矿公司

在日本势力进驻东北以前，中国东北的煤矿企业已有所发展。但

---

[1] 虞和寅：《东北矿产物之分布》，东北矿业记手稿，1928 年，吉林省社会科学院满铁资料馆藏，资料号：23594。

[2] 薛世孝：《煤海集尘》，煤炭工业出版社 2010 年版，第 8 页。

[3] 东北地区四史丛书编辑小组编：《矿工的仇恨》，辽宁人民出版社 1965 年版，第 6 页。

因受国力、技术、资金等的限制，华商开办的煤矿公司盈利极少；而日本方面又有大仓财阀做后盾，导致我们根本无法与日本企业抗衡。日本人为了达到侵吞的目的，起初也戴上扶植华企的面具与华商谈判，但是所有的面具都掩盖不了他们夺取矿产的真实目的。这种情况下的协商已不是"谈判"，而是"掠夺"。华商辛苦经营的企业当然不能轻易地拱手相让，于是日本采取武力手段强行夺取东北的煤矿公司。这也表明日本帝国主义对东北的资本输出是和军事战争紧密结合在一起的。

日本武力侵占东北煤矿公司主要集中在吉林和奉天两省。鸦片战争结束后，俄、日帝国主义将吉林省煤炭资源列入掠夺的重点。1901 年，沙俄帝国通过《改订吉林开采煤斤合同》12 条，攫取了吉林省铁路沿线 14 千米内煤炭资源的开采权，占领了陶家屯、石碑岭煤矿。日俄战争后，日本帝国主义取代了俄国，陆续强占宽城子、石碑岭、陶家屯煤矿。1915 年，日本又强占了吉林五道口煤矿。1909 年，日本帝国主义通过签订《中日条约》攫取了吉林省铁路沿线煤炭资源开采权。帝国主义的侵略和资金渗透，严重打击了东北民族煤炭工业的发展。1920 年，日本自导自演制造了"珲春事件"，武力占领了延吉、珲春、和龙等煤矿。在武力夺取煤矿后，日本侵略者对矿工实行劳动统治，残酷压榨工人。"这不仅涉及经济资源的掠夺问题，也关系到法西斯统治的政治问题。"[1] 矿工们经常被延长工作时间，降低工资，加大劳动强度。工人们的工资十分低下，还要被日本资本家和封建把头不断克扣。他们疯狂地榨取矿工的血汗，工人们根本无法过上正常的生活，更谈不上养家糊口。

奉天省内的煤矿公司虽多被日本通过不平等条约占有，但其中也不乏武力强占因素，尤以抚顺煤矿最为典型。抚顺煤矿开采起源于 1901 年 5 月，由王承尧、翁寿、颜之乐等中国人向奉天将军请愿，要求开采抚顺千金台等地方的煤炭。该将军批准由王承尧采掘杨柏堡以西的矿区。于是，抚顺煤矿由王承尧设立资本金为 10 万两白银的华兴利公司

---

① 陈本善主编：《日本侵略中国东北史》，吉林大学出版社 1989 年版，第 424 页。

与翁寿组织的资本金为 4.5 万两白银的抚顺煤矿公司共同出资筹建。同年 8 月 17 日试采，出煤量极高，[①] 但 1902 年被俄国占有。1904 年 2 月，沙俄趁日俄开战之机控制了抚顺煤矿的全部矿区，并且为了维持中东铁路运营，继续采掘。1905 年 3 月 9 日，俄军撤出抚顺煤矿的当天，王承尧就呈请盛京将军增祺向日本驻奉天官署声明华兴利公司的矿权性质，并亲自到日本军政署一再声明华兴利公司系属中国私人财产。但所有的努力都付诸流水。3 月 10 日，日本即以武力占领了抚顺煤矿，开始对矿山实行军事经营，对矿工严加管制。"日本方面从烟台采煤所派来大八木乔朵技师等人，着手整顿杨柏堡河以东的矿井，成立抚顺采煤所。此时，王承尧一面着手修复矿井和重新开采，一面呈请增祺将华兴利公司系属中国私人财产一事作了详细说明。尽管如此，日军还是不放过华兴利公司所有的河西矿区。4 月 11 日起，不准华兴利公司工作，日本方面小山田淑助、加藤喜助卫门、大八木等先后占据矿场。"[②] 至此，日本侵略者占据了抚顺煤矿的老虎台、杨柏堡和千金寨三处矿井。同年 10 月，王承尧及中国政府与日方多次交涉，但日本方面仍然蛮横，坚持不让。

"1906 年清政府两次要求日本交还所占该矿生产执照，日本置之不理，并于同年 7 月在辽阳和烟台派兵至大榆沟、大窑、张家沟等处，限 20 天将房屋、煤堆一并交由日本办理。"[③] 1906 年 9 月 4 日，日本兼任外务大臣西园寺公望明确指示驻华公使林权助："帝国政府必须留归我有的暂为抚顺、烟台二处。我方对该两矿的权利虽不乏疑问之点，但本省拟将该二矿在事实上视为我方所有进行经营，一俟良机到来，即采取把我方权利固定下来的手段。"林权助对此心领神会，他在报告中说："关于抚顺煤矿，我方断无容纳对方要求之余地。"[④]

1909 年 9 月 4 日，清政府迫于日本的压力，又与之签订了《东三省交涉五案条款》。从 1910 年 3 月至 1911 年 5 月，中日双方进行了 32 轮交涉谈判，围绕着抚顺、烟台两煤矿的矿产税、矿界、海口输出税、陆

①　[日] 铃木隆史：《日本帝国主义对中国东北的侵略》，吉林省伪皇宫陈列馆译，吉林教育出版社 1996 年版，第 136 页。

②　苏崇民：《满铁史》，中华书局 1990 年版，第 187 页。

③　苏崇民：《满铁史》，中华书局 1990 年版，第 188 页。

④　辽宁省档案局（馆）编：《辽宁风物（1）》，辽宁人民出版社 2012 年版，第 98 页。

路出口税以及对王承尧的赔偿问题展开了激烈争辩，但都以日方获胜而告终。1911 年 5 月 12 日，中日签订了《抚顺烟台煤矿细则》。从此，号称"东亚第一大矿"的抚顺煤矿完全落入日本之手。

由此可见，日本侵略者通过武力夺取东北的煤矿公司进而占有东北宝贵的煤炭资源。他们不仅依靠经济实力，更重要的是通过军事威胁、武装占领来达到占有资源的目的。日本侵略者疯狂地掠夺资源和实施残酷的政治压迫，极大地削弱了东北地区的经济实力，给东北人民带来了深重的灾难。

三　日本资本的输入与"中日合办"企业

日本采取武力的形式强占华商企业，一方面受到当地民众的强烈抵抗，另一方面还有中国政府及国际舆论的谴责。这种掠夺的形式阻力较大，也不便于日后发展。日本人开始寻求更隐秘的方式来达到侵吞东北煤矿企业的目的——"中日合办"。"日本资本输出有两个方式：一个是'借贷资本'，即借款给中国政府地方机关、银行；一个是'生产资本'，即在中国经营工、矿、铁路等的企业。"① 事实证明，"中日合办"是日本帝国主义对华资本输出的一个重要环节，是日本在中国进行经济渗透的重要形式。1905 年之前，东北地区还没有中日合办煤矿企业，全中国也只有少数几家，主要集中在上海、安徽、重庆等地。日俄战争后，中日合办事业扩大到东北地区，日本方面主要出资者为满铁和大仓财阀。

1905 年日俄战争结束后，日商大仓喜八郎乘势禀请"关东总督"准许，强占本溪湖煤矿并从事开采。中方对此极为关注，反复与日方交涉。日方初以该地系未撤兵之地为由，对中方要求置之不理，径自开采。1908 年，该矿（大仓炭坑公司）奉日本驻辽军政署指示，军队撤退后，在领事监督下，仍可经营矿业。于是，驻安东日领事据此照会中方，同年 5 月，中日重商合办该矿。1909 年，清政府奉天当局出面干涉。就本溪湖炭矿开采权的问题，中日双方进行了长达五年的交涉，终

---

① 张雁深：《日本利用所谓"合办事业"侵华的历史》，生活·读书·新知三联书店 1958 年版，第 7 页。

因清政府慑于日本军国主义的压力而妥协，并于 1910 年 5 月 22 日由奉天交涉司韩国钧与大仓喜八郎、日本驻奉天总领事小池张造达成协议，签署了《中日合办本溪湖煤矿合同》，确定将本溪湖炭矿改称"本溪湖商办煤矿有限公司"，合同期限为 30 年，资本双方各半，资本总额为龙银 200 万元。中方以矿产资源抵价 35 万元，另缴股金 65 万元。1912 年 10 月，日本大仓财阀胁迫东三省总督签订了《中日合办本溪湖煤矿有限公司附加条款》，实行煤铁联营，增加资本龙洋 200 万元，中日各半，攫取了在距离本溪湖 100 里内地区经营铁矿的合办权。因此，公司改称"本溪湖煤铁公司"。

本溪湖煤铁公司拥有本溪县本溪湖的煤矿，又有庙儿沟、八盘岭、通远堡等多处铁矿，并有采掘窑子裕等处矿山的优先权。公司经营采煤、采铁、制铁业务。资本金最初为北洋银 200 万元，经过两次增资合计 700 万元，到 1921 年资本达 1 亿元，双方各出半数。日方代表为大仓代表岛冈亮太郎，中方为政府代表巢凤冈，且双方约定排除第三国资本加入。① 日本大仓财阀来到本溪以后，先开采煤矿，后采掘铁矿冶炼钢铁，并设置统管煤铁的领导机构和管理部门，在其内部分设煤、铁专管机构，一些综合部门则统管煤、铁两方面业务。1911 年，日本大仓财阀与中国政府达成合办炼铁合同之后，将原本溪湖商办煤矿有限公司改为商办本溪湖煤铁有限公司。公司设总办和理事总揽公司大权，下设 3 部 11 科：营业部、制铁部、采炭部、秘书科、贩卖科、庶务科、会计科、熔矿科、原料科、采矿科、坑务科、制材科、机械科、修筑科。1915 年 5 月，北洋军阀袁世凯与日本签订了《关于南满洲及东部内蒙古之条约》，允许日本勘探和开采 9 个矿山，包括本溪地区的牛心台煤矿、田师傅煤矿，为日本侵略者恣意掠夺煤炭资源敞开了大门。1916 年，商办本溪湖煤铁有限公司第五次股东会议决定增设理事 2 人，由中日双方各出一人担任。此时公司内设总办、理事、采炭部（下设制材科、坑务科）、制铁部（下设采矿科、原料科、熔矿科）、营业部（下设庶务科、会计科、贩卖科、附属医院）、秘书科、机械科、修筑科等 17 个办、

---

① 张雁深：《日本利用所谓"合办事业"侵华的历史》，生活·读书·新知三联书店 1958 年版，第 38 页。

部、科。1920 年，国际市场铁价下跌，生铁产量被迫减产。为压缩开支，公司对其内部的管理机构进行了一次大的调整，将 3 部 11 科改为 1 处 4 科：秘书处、总务科、制铁科、采矿科、工务科。1922 年，公司第十次股东会议又决定废除理事职务。调整后的管理机构为总办下设工务科、制铁科、采矿科、总务科（下设医院、配给所）、秘书处等 8 个部门。调整后的管理机构一直延续到 1931 年。[1] 1921 年，日本又与中国政府签订了"附加条款"，攫取了距本溪湖 50 千米内地区经营铁矿的所有权。于是，中日合办本溪湖煤铁公司成立，且双方约定，不许第三国出资。日本从此侵占了本溪煤、铁两矿。本溪湖矿区投产后，当年开采原煤 300 吨。之后，随着生产规模的扩大，原煤产量由 1906 年的 300 吨增加到 5.8 万吨。1906—1910 年，日本大仓财阀从本溪湖煤矿掠夺原煤共12.13 万吨。[2] 从中日合办本溪湖煤铁公司时起，随着生产规模的逐渐壮大，工人数量急剧增多。《本溪矿业调查》记载，1915 年商办本溪湖煤铁有限公司有从业人员 4072 人，占当时本溪地区员工总数的 79.4%。1919 年增至 7729 人，其中职员 278 人，占总数的 3.6%；工人 7451 人，其中中国工人 6807 人，日本工人 644 人。除采炭夫 2515 人外，从事采矿、冶铁的工人和职员至少有 5000 人。它从 1915 年的 4000 余人发展到1944 年的 6 万余人。[3] 从 1910 年起，本溪湖煤矿逐步发展成为大规模的近代化煤矿。截至 1936 年，它共产煤 1100 万吨，1936 年产量达 70 多万吨，所产煤炭全由满铁垄断。

1914 年 3 月 31 日，中日合办企业大兴煤矿有限公司（日本称为"搭连炭矿"）在奉天成立，经营抚顺县搭连嘴子的煤矿。"满铁出资 4 万元，中方出资 6 万元。日本方面的契约法人是三好龟吉、高木陆郎、饭田义一和东洋炭矿株式会社。这个公司实际上不采掘煤矿，而是由日方合办的当事者对采掘进行包揽。"[4]

1914 年 3 月，日本大仓财阀将资本侵入东北南部的阜新县苇子沟。

① 本溪市党史地方志办公室编：《本溪市志》，大连出版社 1998 年版，第 11 页。
② 本溪市党史地方志办公室编：《本溪市志》，大连出版社 1998 年版，第 266 页。
③ 本溪市党史地方志办公室编：《本溪市志》，大连出版社 1998 年版，第 25 页。
④ 张雁深：《日本利用所谓"合办事业"侵华的历史》，生活·读书·新知三联书店1958 年版，第 56 页。

这是东北一处重要的煤矿——新邱煤矿，也就是如今的阜新煤矿。阜新煤矿区位于京奉铁路厉家窝铺站西北约 60 英里，地处东土默特王领地内。煤田由新邱至清门河，呈东北—西南走向，全长大约 60 千米。1908 年 2 月，满铁地质调查所所长木户忠太郎和抚顺煤矿矿务课长田岛犹吉二人，曾到该地做了实地调查并写成报告书，从此日本开始知道这里有处大煤田。大仓财阀对此处进行了详细调查之后，决定将新邱煤矿收入囊中。① 但令他们没有想到的是，他们的行动受到了当地民众的激烈抵抗。1914 年 6 月，大仓财阀派工学博士大日方一辅、职员百濑义慧及另外一人冒充皮毛商去阜新调查。中途遭当地民众袭击，大日方中弹身亡。这就形成了所谓的"大日方事件"。大仓财阀通过日本大使馆要求中国政府给予补偿，双方本已议妥由中国赔偿 35000 元了结此事，但日本外务省当局查明满铁有获得该矿的愿望，改口以大日方负有调查新邱煤矿的使命为由，强硬主张这次事件应由该煤矿解决赔偿损失问题，迫使北洋政府同意以该矿的矿业权作为赔偿。"当时在阜新已有煤窑 19 个，开矿 16 个，正在开采的有斜井 16 个、竖井 75 个，从事开采的工人约 1700 人，每日采煤量约为 300 吨。"②

　　日本外务省在决定以取得矿业权作为赔偿的原则后，就指令大仓财阀出面办理。大仓财阀根据满铁提供的地图，呈请 11 个矿区的探矿权。但由于矿区过大，农商部提议减为 3 个矿区。日本公使代办小幡酉吉制造种种理由，每交涉一次就逼迫中国方面同意增加一个矿区，直至增加到 6 个矿区。经过反复交涉，北洋政府批准大仓财阀以"中日合办"的名义开采该矿。10 月，大仓财阀用中国人周圭璋和日本人今井邦三的名义成立了"大新公司"，资本 150 万元，后又用中国人顾志康和日本人河野久太郎的名义成立了"大兴公司"，资本 80 万元。两个公司各领 3 个矿区。"大新公司"和"大兴公司"名义上为中日合办且为两个公司，但实际上是一个公司，公司内部主要投资者都是日本人，因此大仓财阀达到了侵吞该矿的目的。后来，他们未经中国政府同意，将新邱矿产权私自转给了满铁。"中日合办"表面上是中日双方共同投资，但实际上

---

① 苏崇民：《满铁史》，中华书局 1990 年版，第 210 页。

② 苏崇民：《满铁史》，中华书局 1990 年版，第 211 页。

是日方垫付中方出资的款项，中方只是挂名而已，实为日本独资，所有实权皆为日本人把持。

1915年7月，"日华合办彩合公司"在奉天省本溪县成立，它主要经营牛心台（红脸沟及大小南沟）无烟煤采掘、销售及其附属事业。公司资本10万元，名为石本贯太郎与中国人周自新合办，实际上主要出资者是石本，周自新只是挂空名而已，此合办形式与日方独办并无差异。1918年，经农商部批准发照，依合同订明合办期限30年。矿区面积1422亩，年产能力10万吨。

1915年11月14日，"杉松岗煤矿公司"在奉天省成立，它主要经营奉天省辉南县杉松岗煤矿。该公司没有确定资本总额，属于中日合办，日方由片山万三郎出资一部分，中国人佟豫章提供进宝窑的采掘权作为"出资"，实际上同为日本独办。

1918年4月27日，"中日合办大顺大有煤矿公司"在奉天省成立，公司主要开采本溪县的雷霹砬子及八盘岭的煤矿。"日方出资者为石本贯太郎，中出资者为王殿神、张英芳、丙文溪等三人。中方负责对事业的监督及与官宪的交涉，日方则专门处理内部事务与营业。"[1] 这样，公司的实际经营权仍掌握在日本人手中。

1918年6月，"中日合办天顺煤矿有限公司"在奉天省成立，它主要经营抚顺县石门寨煤矿。资本金由日本人峯八十一和中国人张顺堂各出一半，行政上两人平等，共同经营管理。

1918年9月21日，吉林省实业厅厅长陶昌善代表吉林实业厅和南满洲泰兴会社社长饭田延太郎订立合同，在吉林省延吉县成立了中日合办老头沟煤矿公司。资本金20万日元，中方以矿产价10万元入股。矿区面积约3平方千米，煤产量1923年为1500吨，1934年上升到54000吨。[2]

1918年12月，"德兴煤矿公司"在奉天省成立，经营锦西县沙锅屯的采煤业。日方出资者是安川敬一郎，中方为李润身。此后，安川敬一郎追加投资两万元奉天大洋作为试锥及其他费用。27日，安川敬一郎在

---

[1] 张雁深：《日本利用所谓"合办事业"侵华的历史》，生活·读书·新知三联书店1958年版，第75页。

[2] 张以诚：《中国近代矿业史纲要》，气象出版社2012年版，第59页。

奉天又成立了三个由中国人挂名的"合办"企业：泰信煤矿公司、健兆煤矿公司和健元煤矿公司。

1919年3月16日，"田师傅沟中日商办煤矿公司"在奉天省本溪县成立，资本金60万日元，日方代表为深川喜次郎，中方是富华公司代表孟凌华，双方各出资30万日元，开设期限为25年。

1919年4月9日，"天兴煤矿公司"在奉天省成立，由日本人峯八十一和中国人姚铭勋各出大洋2万元，经营抚顺县得古吉子煤矿，开设期限20年。4月18日，"中日官商合办福泉煤矿公司"成立，经营本溪县寨黎寨至泉水河子的矿山，资本金20万日元，日本人冈部三郎出资11万元，奉天电灯厂厂长孙祖昌代表奉天省公署出资9万元，开设期限30年。6月中旬，"抚溪煤矿有限公司"成立，资金为小洋5万元，由合资会社昌平组南聪行和依祥各出一半，经营本溪县李家窝棚高台子河字堡子煤田，开设期限30年。10月20日，东杉松河随家堡子等地方煤矿厂在本溪县成立，资本金只有小洋2万元，中日各半，属于小资本中日合办企业，日方代表是中野升，中方代表为李聘三，开设期限20年，1921年仍未获得开采许可。1919年12月1日，"中日合办永顺煤矿厂"在奉天省抚顺县成立，经营抚顺县石门寨煤矿，资本额同样为小洋2万元，日本人峯八十一和中国人王兰亭各出一半，开设期限20年，1921年仍在申请开采许可中。27日，成立"同义公司"，经营同县小夹邦煤矿，资本金小洋4万元，日本人见仪平太和中国人张在南各出2万元，开设期限20年，1921年也仍在申请许可中。[1] 1919年，还有两家煤矿小企业"大利煤矿有限公司"和"大中煤矿厂"成立。大利煤矿公司经营抚顺县营盘沟煤矿，资本金小洋6万元，由日本人朱股迁和中国人李莅田各出一半，开设期限30年，1921年也仍在申请许可中。大中煤矿厂经营同县下章党煤矿，资本金为小洋3万元，由日本人牧野实四郎和中国人关海清共同出资，开设期限20年。

1921年6月中旬，"中日合办华兴煤矿股份有限公司"在奉天省成立，经营本溪县红脸沟关家坑南山、北山及大深沟子等处矿山，资本金为小洋20

---

[1]　张雁深：《日本利用所谓"合办事业"侵华的历史》，生活·读书·新知三联书店1958年版，第104页。

万元，日本人渡边传市和中国人朱清阁各出一半，开设期限30年。[①]

　　1917年至1931年是日本政府积极备战时期，中日关系十分紧张，矛盾异常尖锐。这一时期也是日本利用中日"合办"事业向东北输出资本进行侵略最猖獗的时期。日本政府特别注意利用所谓"合办"事业，配合侵略政策实施。表面上看，中日"合办"企业双方出资比例一般的情况是中日各半，但实际并不尽然。1931年前，东北地区中日"合办"的煤矿企业资本金在300万日元以上的主要有本溪湖的本溪湖煤铁公司（资本金700万日元）和大窑沟的锦西煤矿（资本金300万日元）。还有一些资本金在50万日元以上的企业，表面上是中日"合办"，实为日本独办。1926年，东北地区中日"合办"的企业中，日本资本总数为3639万日元，中国资本总数为422.2万日元，占日本资本的1/8有余，资本的不平衡也直接导致权利的不平衡。[②]

　　中日"合办"事业是日本帝国主义资本输出的重要环节。1931年，日本在华投资总数在21亿日元以上，但中日"合办"事业中，日本资本仅占约2.45亿日元。不过，中日"合办"事业的日方资本能够输入日本直接经营的企业所不能达到的地区，能够经营后者所不能经营的企业。由此可见，中日"合办"事业对日本帝国主义的重要性。[③]

第三节　满铁掠夺东北煤炭资源的 价值与利润去向

　　一　满铁掠夺东北煤炭资源的价值

　　满铁资料记载："全中国煤炭产出量1912年13000000吨，1913年14000000吨，1914年15000000吨，1915年15440000吨，1916年15584000

---

　　① 张雁深：《日本利用所谓"合办事业"侵华的历史》，生活·读书·新知三联书店1958年版，第110页。
　　② 张雁深：《日本利用所谓"合办事业"侵华的历史》，生活·读书·新知三联书店1958年版，第13页。
　　③ 张雁深：《日本利用所谓"合办事业"侵华的历史》，生活·读书·新知三联书店1958年版，第12页。

吨，1917 年 17205000 吨，1918 年 18033000 吨，1919 年 19387000 吨，1920 年 20381000 吨，1921 年 19872000 吨，1922 年 19954000 吨，1923 年 22681000 吨。"[①] 从数据中可知，中国煤炭产量基本上呈现逐年递增趋势，1912 年至 1923 年煤炭出产量增长近 75%，而当时全国的大部分煤炭来自东北地区。

从表 3-6 中我们可以看到，奉天省产煤数量远高于吉林与黑龙江两省。奉天省全省煤炭产量统计如下：1907 年 23.5 万吨，1908 年 51.1 万吨，1909 年 73.3 万吨，1910 年 98.7 万吨，1911 年 144 万吨，1912 年 172.5 万吨，1913 年 254.3 万吨，1914 年 255.8 万吨，1915 年 262 万吨，1916 年 258.9 万吨，1917 年 293.9 万吨，1918 年 309.1 万吨，1919 年 334.6 万吨，1920 年 381.7 万吨，1921 年 36.8 万吨，1922 年 453.3 万吨，1923 年 583 万吨，1924 年 656.4 万吨，1925 年 700.9 万吨，1926 年 824.3 万吨，1927 年 881.3 万吨，1928 年 963.3 万吨，1929 年 994.5 万吨，1930 年 959 万吨，1931 年 886.7 万吨。[②] 在奉天省内尤数抚顺煤矿、本溪湖煤矿、烟台煤矿 3 处产量最多。"抚顺煤矿 1907 年产煤 233329 吨，到 1930 年，年产煤已达到 6550060 吨。烟台煤矿 1908 年产

表 3-6　　　　　1926—1931 年东北煤矿出产量统计[③]　　　　　单位：吨

省份	煤种	1926 年	1927 年	1928 年	1929 年	1930 年	1931 年
奉天	无烟煤	384138	473293	496960	502590	526660	459737
	有烟煤	6821382	8327119	7762591	8067082	7998057	7046882
吉林	有烟煤	251953	373213	474387	570100	523279	530158
黑龙江	有烟煤	195400	410250	370400	308500	177800	320926
总计		7652873	9583875	9104338	9448272	9225796	8357703

---

① 东亚经济调查局：《极东の矿产业》，《经济资料》1928 年第 14 卷第 6 号，吉林省社会科学院满铁资料馆藏，资料号：07606。

② 辽宁省地方志编纂委员会办公室编：《辽宁省志·煤炭工业志》，辽宁民族出版社 1999 年版，第 123 页。

③ 《昭和六年满洲产业统计》，满铁经济调查会，1933 年，东北师范大学图书馆东北文献中心馆藏，资料号：605/001，第 54 页。

煤 2684 吨，到 1930 年，年产煤已达到 175000 吨。1905 年至 1931 年，抚顺煤矿总产量 88622643 吨，本溪湖煤矿总产量 7955817 吨，烟台煤矿总产量 2236482 吨。三处煤矿总产量 98814942 吨。"①

伪满洲国成立后，日本帝国主义为了保障日本国内和侵略战争对煤炭的需求，立即着手对东北煤炭资源建立统制体系。1933 年 1 月 8 日，关东军特务部提出了《煤业统制纲要》，按统制政策的"一业一社"原则，决定设立"满洲炭矿株式会社"（简称"满炭"）。5 月 22 日，日本陆军省通过了《日满合办满洲炭矿会社设立方针要纲》，批准了关东军设立"满洲炭矿株式会社"的方案。该要纲阐明了设立"满炭"的目的，就是"同满铁共同统制满洲的煤矿业"②。

满洲炭矿株式会社法③
（1934 年 2 月 27 日）

第一条，政府为开发并统制国内石炭矿业设立满洲炭矿株式会社。

第二条，满洲炭矿株式会社为股份有限公司，以经营关于石炭之采掘及贩卖事业为目的。满洲炭矿株式会社得经实业部总长认可，经营前项事业之附带业务。

第三条，满洲炭矿株式会社设本店于新京。

第四条，满洲炭矿株式会社资本总额定为一千六百万圆。

第五条，满洲炭矿株式会社股份为记名式，每股金额定为五十圆。

第六条，满洲炭矿株式会社股票非经会社之同意不得转让于他人。

第七条，政府得以石炭矿业权或其他关于石炭矿业之财产作为出资之标的。

第八条，满洲炭矿株式会社各股东每股有一表决权。

第九条，满洲炭矿株式会社理事长、副理事长各一人，理事六人以内及监事四人以内。

---

① 虞和寅：《东北矿产物之分布》，东北矿业记手稿，1928 年，吉林省社会科学院满铁资料馆藏，资料号：23594。

② 孙玉玲：《痛史之鉴》，社会科学文献出版社 2014 年版，第 51 页。

③ 蔡鸿源：《民国法规集成》（第 83 册），黄山书社 1999 年版，第 101—102 页。

第十条，理事长代表满洲炭矿株式会社综理其业务。

理事长有事故时，由副理事长执行其职务。

理事长及副理事长均有事故时，理事中之一人执行理事长职务。

理事辅佐理事长及副理事长掌理满洲炭矿株式会社业务。

监事监查满洲炭矿株式会社业务。

第十一条，理事长、副理事长、理事及监事由股东会选任之。

理事长、副理事长及理事任期为三年，监事任期为二年。

第十二条，理事长、副理事长及理事非经实业部总长许可，无论用何种名义不得从事他项事务。

第十三条，实业部总长认为有必要时得随时令满洲炭矿株式会社报告其业务，或财产之状况，或派员检查。

第十四条，实业部总长关于满洲炭矿株式会社业务得发监督上所必要之命令。

第十五条，实业部总长关于满洲炭矿株式会社业务为谋增进公益并统制石炭事业计得发必要之命令。

第十六条，满洲炭矿株式会社应于每营业年度拟定事业计划预先呈实业部总长认可。

第十七条，理事长、副理事长、理事、监事之选任及解任、章程之变更、利益金之处分、社债之募集、合并并解散之决议，非经实业部总长认可不发生效力。

第十八条，满洲炭矿株式会社非经实业部总长认可不得受石炭矿业之让与或受其经营之委托。

第十九条，满洲炭矿株式会社非经实业部总长认可不得将其所有之重要财产转让或供担保。

第二十条，满洲炭矿株式会社非经实业部总长认可不得废止，或休止其事业之全部，或一部并不得委托其经营。

第二十一条，实业部总长对于满洲炭矿株式会社之决议认为有违反法令或章程或有害公益时，得撤销其决议。实业部总长对于满洲炭矿株式会社理事长、副理事长、理事或监事之行为认为有违反章程或有害公益时，得解任之。理事长、副理事长、理事或监事违反实业部总长命令时亦同。

附则

第二十二条，本令自公布日施行。

第二十三条，政府任命设立委员令处理关于设立满洲炭矿株式会社一切事务。

第二十四条，设立委员应拟具章程呈经实业部总长认可。

第二十五条，股份总数募足时设立委员应即向各认股之使之照缴股款。前项股款缴足时设立委员应即召集创立会。

第二十六条，设立委员完结满洲炭矿株式会社设立登记后，应即将其事务移交理事长。

由此，满炭与满铁对东北的主要煤矿实行收买、委托经营或包销等方法，逐步实现全面统制。"此后，由于日方采取一系列疯狂的掠夺行动，满炭的煤产量逐年增加，1935年产煤153万吨，1937年为226.7万吨，1939年达630万吨，5年间增产3倍多。到伪满产业开发第一个五年计划结束时，满炭直接经营的煤矿发展到16个，资金膨胀到3亿多元，煤炭年产量达到1000多万吨，拥有职工7712人，成为伪满重工业中的巨头之一。"[①]

二　满铁掠夺东北煤炭的利润及去向

1931年九一八事变前，在东北煤炭的生产与销售中，满铁处于绝对垄断地位。在满铁掠夺的东北煤炭中，抚顺煤的数量居各煤种之首。在《满铁商事部长致经济调查会副委员长函》中，曾提到抚顺煤的产量及去向问题：

满铁经营的抚顺煤，年产量约为800万吨（加上抚顺杂煤，昭和7年是627万吨，昭和8年是794万吨，昭和9年预计是834万吨），数年后可能达到1000万吨。但在满洲"国内"的需要，主要是满铁沿线的需要，加上大连、营口两地轮船燃料的需要，约达

---

① 贾玉芹：《一个老牌的侵华特务分子——河本大作五十年罪恶小史》，吉林教育出版社1996年版，第84页。

450 万吨（昭和 7 年是 371 万吨，昭和 8 年是 433 万吨，昭和 9 年预计是 461 万吨），只有余下的 350 万吨运往［日本］国内地、朝鲜及海外。[①]

抚顺煤的输出市场遍及日本、朝鲜、南洋、华南、华北等亚洲各地，其中日本国内是抚顺煤的最大市场，正在逐年发展。运往日本国内的数量占总输出量的 50%，而日本国内的煤炭总进口量的 60%—70% 为抚顺煤所占。从此不难看出，抚顺煤如何以其低廉的价格供应日本国内需要，从而对日本工业的发展作出了贡献。[②]

东北的煤炭资源为满铁的经营乃至日本国内的发展提供了巨大的能源和资金的支持。日本按照需要，对满铁掠夺的这些煤炭，有的就地使用（见表 3-7），有的售往关内和境外（见表 3-8），换取资金用于其他事业的发展。

表 3-7　　　　　1931—1936 年抚顺煤在东北销售部分用途及数量[③]　　　　单位：吨

项目	年份					
	1931	1932	1933	1934	1935	1936
采暖	549825	903772	1103118	1249463	1669802	2118739
电力	159274	187493	219415	267666	406477	487005
煤气	27505	31478	37900	45319	54516	67292
铁路	137111	360436	415664	603082	489321	172850

---

① 《外交部驻辽宁特派员王镜寰致日本驻奉总领事林照会》，吉林省社会科学院藏抄件，解学诗：《满铁档案资料汇编》第 7 卷《掠夺东北煤炭石油资源》，社会科学文献出版社 2011 年版，第 347 页。

② 《外交部驻辽宁特派员王镜寰致日本驻奉总领事林照会》，吉林省社会科学院藏抄件，解学诗：《满铁档案资料汇编》第 7 卷《掠夺东北煤炭石油资源》，社会科学文献出版社 2011 年版，第 178 页。

③ 《外交部驻辽宁特派员王镜寰致日本驻奉总领事林照会》，吉林省社会科学院藏抄件，解学诗：《满铁档案资料汇编》第 7 卷《掠夺东北煤炭石油资源》，社会科学文献出版社 2011 年版，第 252 页。

续表

项目	年份					
	1931	1932	1933	1934	1935	1936
船燃料	6	5607	195	20	—	48311
机械工业	31085	36305	614267	880847	1229761	1505215
纤维工业	44259	60794	63155	57837	57692	76927
窑业	149016	154254	296031	403246	506483	493514
化学工业	174133	139550	117833	163940	243972	288371
食品工业	81616	115061	90995	85940	94241	214406
杂工业	124593	101592	141370	170545	210485	166506
其他	2732	7628	5213	1697	5170	—
合计	1481155	2103970	3105156	3929602	4967920	5639136

表 3-8　　　　　　　　　1914—1924 年满铁售卖煤炭量统计①　　　　单位：吨

年份	用途				
	东北内卖炭	满铁内用炭	东北外卖炭	船焚料卖炭	合计
1914	661243.19	582042.64	1005015.17	227097.50	2475398.50
1915	766287.86	581027.84	742668.60	196552.30	2286536.60
1916	870755.26	586785.86	939630.45	182580.00	2579751.57
1917	970632.36	763128.95	811237.83	173270.70	2718269.84
1918	1202677.98	1037363.63	803923.10	232570.50	3276535.21
1919	1437702.41	1314673.50	770709.95	184218.50	3707304.36
1920	989241.41	1218296.75	746955.62	240236.50	3194730.28
1921	1203618.63	987357.31	985478.48	436259.50	3612713.92
1922	1339559.61	891424.37	1578671.28	745354.50	4555009.76
1923	1742316.23	983191.73	1940012.59	681254.00	5346774.55
1924	1753751.96	1140442.61	2414338.17	593441.00	5901937.74

可见，1924 年售出的煤炭量较 1914 年多出 1 倍有余，1921 年至

---

① 《自大正三年度至大正十三年度石炭贩卖高累年比较表》，满铁兴业部贩卖课，吉林省社会科学院满铁资料馆藏，资料号：20374。

1924 年各项卖炭量都较之前有明显的增加。这说明，从 1921 年开始，满铁就已经扩大了在东北地区生产和销售煤炭的规模，对东北煤炭的控制力量逐渐增强。

按照煤炭种类划分，1914—1924 年，抚顺炭、烟台炭、本溪湖炭和牛心台炭销售数量较多，详见图 3-2。

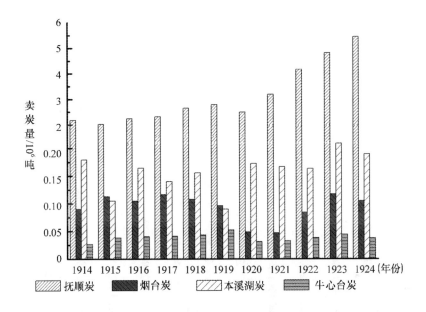

图 3-2　1914—1924 年抚顺炭、烟台炭、本溪湖炭和牛心台炭卖炭量统计①

除了以上 4 个炭种外，还有其他一些炭种被售出，如裕信炭、古城子炭、淄川炭、抚顺二号炭、瓢尔屯炭以及新邱炭。因各地炭质不同，卖炭量也有所差异，以抚顺、烟台、本溪湖的炭质为最佳，销售量一直居高不下且逐年数十万增加，1924 年较 1914 年卖炭量足足高出 2.5 倍，其中抚顺炭的出售数量占全东北卖炭量的 85.6%。可见，对抚顺煤炭的掠夺是日本侵占东北煤炭资源的重点。另据资料记载，本溪湖炭的产量由 1911 年的 9.03 万吨增加到 1930 年的 62.31 万吨。1911—1930 年，日

---

① 《自大正三年度至大正十三年度石炭贩卖高累年比较表》，满铁兴业部贩卖课，吉林省社会科学院满铁资料馆藏，资料号：20374。

本大仓财阀从本溪地区共掠夺原煤 740.75 万吨，大部分运回日本国内。
"1904—1945 年，日本帝国主义从本溪湖煤矿掠夺煤炭达 2236 万吨，榨取利润 3962 万银圆。"[①]

　　大连、长春和哈尔滨是当时东北的重要城市，满铁对这三个城市出售的煤炭数量远超出其他地区。从图 3-3 中我们可以清晰地了解到这三大城市在 1914—1924 年销售煤炭数量的走势情况。

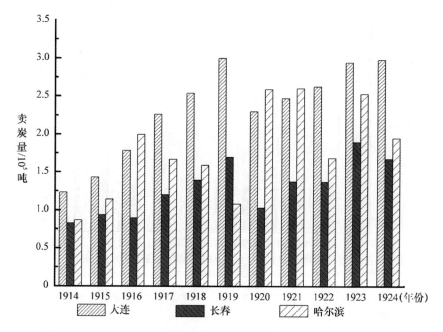

图 3-3　1914—1924 年满铁售往大连、长春、哈尔滨煤炭数量走势[②]

　　由于大连是满铁在东北的总部所在地，因此，满铁售往大连的煤炭数量基本每年都多于长春和哈尔滨，可见满铁公司内部的用炭量不容小觑。除大连、长春、哈尔滨外，东北其他主要城市销售煤炭数量统计如表 3-9 所示。

---

　　① 辽宁省地方志编纂委员会办公室编：《辽宁省志·煤炭工业志》，辽宁民族出版社 1999 年版，第 301 页。
　　② 《自大正三年度至大正十三年度石炭贩卖高累年比较表》，满铁兴业部贩卖课，吉林省社会科学院满铁资料馆藏，资料号：20374。

表 3-9　　　　1914—1924 年东北相关城市煤炭销售数量统计①　　　　单位：吨

年份	城市（地区）				
	旅顺	营口	奉天	锦州	四平
1914	20638.00	71371.80	91102.41	32776.50	33461.10
1915	20946.68	80906.90	86368.72	30056.00	38917.60
1916	21815.15	80789.20	112872.69	25648.00	29736.40
1917	25859.22	82355.00	129823.20	10239.00	35276.30
1918	27954.70	90196.70	209283.20	6562.00	55200.86
1919	31260.85	95745.60	241953.60	6682.50	77012.53
1920	27620.75	48375.10	122058.10		31286.24
1921	32286.50	74197.50	176553.60		69005.46
1922	32951.80	87794.00	317648.90		82737.60
1923	33494.50	102751.40	434592.20		129490.68
1924	34756.00	102759.10	494402.70		157823.10
合计	309584.15	917242.30	2528623.32		739947.87

年份	城市（地区）				
	辽阳	吉林	本溪湖	安东	抚顺
1914	54177.60	6493.14	6189.10	21620.50	6356.00
1915	62406.40	6192.10	5744.90	25366.50	4503.00
1916	54642.00	5710.00	8164.00	28521.30	7667.00
1917	68520.40	8024.00	14408.50	40477.80	9652.00
1918	100079.00	9168.00	21886.00	54964.10	30480.00
1919	123949.80	11678.30	27678.30	79581.30	38370.00
1920	41820.90	4898.00	11326.00	57550.00	16561.00
1921	71149.50	5893.00	12319.50	67807.00	7064.25
1922	86591.60	7851.50	14439.00	80645.20	8314.70
1923	119777.20	14455.50	23469.50	80589.21	12028.50
1924	111434.60	15222.00	22834.38	75947.55	18322.50
合计	894549.00	95585.54	168459.18	613070.46	159318.95

① 《自大正三年度至大正十三年度石炭贩卖高累年比较表》，满铁兴业部贩卖课，吉林省社会科学院满铁资料馆藏，资料号：20374。

由大仓财阀开采的本溪湖煤矿所产生焦煤是冶炼低硫低磷铁的必需原料，因此日本将大部分焦煤经过洗透炼成焦炭，供给本溪湖煤铁公司和鞍山昭和制钢所等使用（见表3-10）。伪满后期，《满洲产业开发五年计划》要求本溪湖煤矿系统1941年生产需达220万吨，较1936年的70万吨增加约2.14倍，这是一个很高的指标。1939年，本溪湖煤矿供应昭和制钢所55万吨，供应日本在海外建立的朝鲜兼二浦制铁所7万吨，占当年本溪湖煤矿年产量的67.4%。再加上公司本身留用的炼焦煤27万吨几乎全部用于炼焦，煤炭的生产计划未能完成。[1]

表3-10　　　　1923—1931年本溪矿区煤炭销售地及卖炭量统计[2]　　　　单位：吨

年份	满铁自用	外销				
		中国东北各地	鞍山昭和制钢所	朝鲜兼二浦	日本	中国东北及朝鲜零售
1923	124247	110627	43587	61137	18900	38828
1924	194745	113883	40368	30956	9869	33249
1925	184619	127683	40311	34116	26923	10810
1926	189655	98937	56334	27902	254141	7068
1927	154704	107852	75813	37732	23774	35031
1928	173825	135862	82371	54287	14479	1503
1929	218469	160246	92898	69897	11757	713
1930	293640	82759	135315	40591	6276	2337
1931	180100	55611	148591	41692	—	13480

可见，对于质量上乘的本溪湖矿区煤炭，满铁除自用外，其余煤炭主要外销他地赚取利润。在对外销售的价格上，满铁实行"因地制宜"的政策，对日本国内销售的价格远低于其他地区，尤其对东北，价格抬高更甚（见表3-11）。

本溪湖煤矿的优质主焦煤是日本钢铁工业所急需的原料。以

---

① 鲍振东、李向平：《辽宁工业经济史》，社会科学文献出版社2014年版，第251页。

② 本溪市党史地方志办公室编：《本溪市志》，大连出版社1998年版，第302页。

1927 年为例，运往日本及朝鲜、本溪湖煤铁公司以外的产品共 8.65
万吨，占当年矿产量的 21.7%。从 1926—1927 年东北输往日本煤炭
的情况来看，1926 年为 2410379 吨，价值 18924955 关两，1927 年
为 2413830 吨，价值 12876819 关两，其中 1926 年输日煤占东北输日
总值的 16.98%。[1]

表 3-11　　　　　　　　1925—1931 年本溪湖煤铁有限公司

煤炭销售实收单价[2]　　　　　　单位：银圆/吨

年份	售煤单价	
	日本	中国东北地区和朝鲜
1925	5.7	8.4
1926	6.2	8.6
1927	5.2	8.7
1928	6.9	8.8
1929	6.8	8.8
1930	5.8	7.8
1931	4.3	6.1

注：售煤单价全是精煤价格，不包括粗煤；实收单价＝销售单价－销售手续费单价。

伪满时期，由于日伪投入了大量资金和劳力用于煤炭生产，到 1941
年，年产量超过百万吨的矿井，除抚顺外，增加了阜新、鹤岗、西安、
北票各矿。除瓦房店、牛心台外，各矿产量都超过了 10 万吨。奉天省
煤炭产量 1932 年为 662.6 万吨，1936 年增加到 1145.3 万吨，4 年间增
加 72.8%。[3] “从 1938 年开始，伪满把军用煤炭作为特殊供用。1941 年
后，每年供应军用煤炭一直保持在 250 万—270 万吨，占全部煤炭分配
量的 10% 以上。1932—1944 年向日本输出煤达 1777.2 万吨，其中
1932—1936 年输出 1133.9 万吨，1937—1944 年输出虽然明显减少，仍

①　娄向哲：《民初中国对日贸易论》，南开大学出版社 1994 年版，第 162 页。
②　本溪市党史地方志办公室编：《本溪市志》，大连出版社 1998 年版，第 302 页。
③　鲍振东、李向平：《辽宁工业经济史》，社会科学文献出版社 2014 年版，第 252 页。

达到 643.3 万吨。"[1]（详见表 3-12）

满铁在东北所得的煤炭资源，不仅用于满铁内部用炭，而且对外销售。相关资料显示，满铁除了对东北各主要城市出售煤炭外，也向关内、台湾和境外出口。1914 年，向台湾地区出售煤炭量为 29845 吨，1915 年 32997 吨，1916 年 23197 吨，1917—1919 年均没有交易，1920 年 11143 吨，1921 年 8514 吨，1922 年 11850 吨，1923 年 21200 吨，1924 年 16706 吨。满铁对境外出售煤炭以邻国为首要考虑对象，主要售往朝鲜和日本国内各大城市。1914—1924 年，满铁运往朝鲜的煤炭总量为 4155075.82 吨，主要供应朝鲜铁道、平壤、仁川、京城、釜山、木浦、镇南浦、群山、元山、新义州等地用炭，其中以运往朝鲜铁道、平壤、仁川、京城四地数量最多，占总量的 92.3%。1914 年至 1924 年，运往朝鲜铁道的煤炭量增加了 15.3%。[2] 运往平壤的煤炭量 11 年间增加了 3 倍，仁川和京城增长了约 1 倍。除此之外，满铁还将在东北掠夺的一部分煤炭运回日本国内，涉及的机构和城市主要有铁道省、神户、大阪、清水、横滨、东京、釜石、新潟、直江津、伏木、七尾、德山、门司、若松、佐世保、伊势湾、鹿儿岛、广岛地方、敦贺、酒田、大泊、舞鹤、八幡、真冈等地。[3]

表 3-12　　　　　　　　1919—1943 年抚顺煤炭出口情况[4]　　　　　　　　单位：万吨

年份	抚顺出口量	其中运往日本	年份	抚顺出口量	其中运往日本
1919	64	11.4	1932	317	179
1920	69	17.4	1933	354	239
1921	139	29.6	1934	367	272
1922	260	92.1	1935	307	239

---

[1]　鲍振东、李向平：《辽宁工业经济史》，社会科学文献出版社 2014 年版，第 253 页。

[2]　《自大正三年度至大正十三年度石炭贩卖高累年比较表》，满铁兴业部贩卖课，吉林省社会科学院满铁资料馆藏，资料号：20374。

[3]　李雨桐：《日本对中国东北矿产资源的调查与掠夺（1905—1931）》，博士学位论文，东北师范大学，2015 年。

[4]　辽宁省地方志编纂委员会办公室编：《辽宁省志·煤炭工业志》，辽宁民族出版社 1999 年版，第 290 页。

续表

年份	抚顺出口量	其中运往日本	年份	抚顺出口量	其中运往日本
1923	260	94.3	1936	270	205
1924	298	118.7	1937	234	171
1925	324	124.9	1938	144	96
1926	380	145.4	1939	93.7	78.2
1927	409	165.9	1940	72.1	54.6
1928	433	187	1941	82.8	62.7
1929	409	189	1942	75.8	62.2
1930	419	171	1943	64.9	58.3
1931	438	187	合计	6284.3	3250.7

1914—1924 年，满铁运往日本国内煤炭总量为 4139088.32 吨。表3-13 中，运往五大机构和城市的煤量占运往日本全部煤炭总量的77%。另据资料，"满铁通过大连港将掠夺的煤炭运往日本和世界各地，1908 年输出的煤炭为 1.9 万吨，1915 年为 35.6 万吨，1925 年为 197.7 万吨，1928 年达到 283 万吨，1932—1936 年间，平均年出口煤炭 228.4 万吨"①。

表3-13　1914—1924 年满铁运往日本主要机构和城市煤炭量统计②　　单位：吨

年份	机构和城市				
	铁道省	大阪	横滨	门司	伊势湾
1914	229083.50	10625.00	19981.00	14120.00	52575.54
1915	2820.00	3805.00	37703.38	8120.00	46790.22
1916	—	4130.00	56428.61	7730.00	67049.20
1917	—	870.00	96558.50	10117.00	40495.95
1918	99169.00	—	40836.00	5780.00	13511.25
1919	48268.00	—	42414.00	7960.00	15826.95

① 魏小鹏：《港口史话》，大连出版社 2006 年版，第 60 页。
② 《自大正三年度至大正十三年度石炭贩卖高累年比较表》，满铁兴业部贩卖课，吉林省社会科学院满铁资料馆藏，资料号：20374。

续表

年份	机构和城市				
	铁道省	大阪	横滨	门司	伊势湾
1920	—	2151.00	50890.5	3000.00	7807.79
1921	19719.20	133911.35	68194	7590.00	49631.68
1922	—	308816.04	148241.43	310.00	74112.13
1923	—	328939.88	226647.89	1076.70	180449.49
1924	—	359953.75	284974.97	7000.00	204655.80
合计	399059.70	1153202.02	1072870.28	72803.70	752906

满铁对东北煤炭资源的调查与掠夺，首先是东北优质的煤炭资源尤其是抚顺煤充分满足了日本方面对煤质的需求，同时运往日本的大量煤炭又促进了国内工业尤其是军事工业的发展。其次，解决了日本煤炭资源紧张的问题，并为日本在中国东北地区建立军事工业解决了燃料供应问题。最后，满铁占有的东北煤炭资源所获得的巨额利润，不仅奠定了日本国内的经济基础，同时也利于日方建立以日本为中心的东亚区域经济网。满铁不仅对东北的煤炭工业形成垄断，对东北煤炭资源的掠夺也并非单纯的经济掠夺，而是通过武装占领和不平等条约实现的，是具有军事侵略性质的经济掠夺。日本无视中国主权，将在东北掠夺的煤炭大量运往海外殖民地及日本国内，这种疯狂的经济掠夺完全是在日本政府和日本军方的干预下进行的，侵略的本质毋庸置疑。

表 3-14　　　　　　1907—1931 年东北煤炭使用情况统计①　　　　单位：吨

年份	用途						
	满铁内用	就地出售	输出				总计
			日本	朝鲜	海外	合计	
1907	145688	53146	—	—	—	—	
1908	275603	130090	1861	205	18569	20635	426328

---

① 《南满洲铁道株式会社三十年略史》，满洲日日新闻社印刷所，1937 年，吉林省社会科学院满铁资料馆藏，资料号：10234，第 453 页。

续表

年份	用途						总计
	满铁内用	就地出售	输出				
			日本	朝鲜	海外	合计	
1909	299283	218017	2687	39761	120505	162953	680253
1910	324086	347675	9271	86926	228243	324440	996201
1911	411023	455380	69555	5015	170145	244715	1111118
1912	373417	568597	128758	141334	298546	568638	1510652
1913	503647	581363	434673	233509	563303	1231485	2316495
1914	582043	661243	390552	210267	404196	1005015	2248301
1915	581028	766289	155399	252630	334639	742668	2089985
1916	586786	870755	202858	298671	438102	939631	2397172
1917	763130	970632	148881	362029	300327	811237	2544999
1918	1037361	1202681	159296	458268	186359	803923	3043965
1919	1315254	1437701	114488	522576	133645	770709	3523664
1920	1218295	989245	74992	522167	149794	746953	2954493
1921	987358	1203618	296098	345480	334901	976479	3167455
1922	891424	1339559	621544	412969	544158	1578671	3809654
1923	983192	1742316	943122	410276	586614	1940012	4665520
1924	1140443	1753752	1187585	351375	875378	2414338	5308533
1925	1052456	1677025	1249708	330347	1158594	2738649	5468130
1926	1226858	1817701	1454663	375931	1367555	3198149	6242708
1927	1323451	2002389	1698282	416967	1285410	3400659	6726499
1928	1338389	2202278	1859226	445189	1329577	3633992	7174659
1929	1402244	2089982	1897610	404985	1497613	3800208	7292434
1930	1362424	1705540	1752520	376080	1517723	3646323	6714287
1931	1256837	1481162	1871130	318276	1541816	3731222	6469221

第四章

满铁对东北铁矿资源的调查与掠夺

日本国土面积狭小，资源匮乏。为了掠夺资源，日本帝国主义便把侵略的目光投注到中国尤其是东北广袤的土地上。日本政府采取了一系列不正当手段将中国东北的铁矿资源占为己有。日本通过满铁调查部的调查，窃取了东北铁矿资源的相关信息，并经由满铁操纵"中日合办振兴铁矿无限公司"和"中日合办本溪湖煤铁有限公司"两家假"合办"的铁矿企业实现对东北铁矿的掠夺。至九一八事变前，东北数百万吨铁矿全部被日本占有。这些铁矿资源多数被满铁运往日本国内八幡制铁所用来生产武器及军需用品，为日本进一步发动侵略战争奠定了基础。

第一节　东北铁矿资源概况

一　东北铁矿资源的储量及分布

《管子·地数篇》："山上有赭者，其下有铁，此山之见荣也。""赭"是一种赤铁矿性质的碎块。《山海经·北山经》少阳之山的"美赭"，《本草纲目》称为"代赭"，俗称铁朱，是和赤铁矿伴生共存的矿产。[1] 中国人民早在 3000 多年前就已开始使用铁，但当时主要是从含铁量大的陨石中提炼出来的。由于陨石资源十分有限，铁并没有得到广泛的应用。铁在自然界中分布极为广泛，但由于熔点非常高，大约在

---

① 杨宽：《战国史》，上海人民出版社 2016 年版，第 56 页。

1538℃，铁的冶炼难度较大。中国于 2000 多年前开始铁的冶炼。到春秋中期，建造了和现代高炉相似的炼铁炉，这比欧洲要早 1900 年。

中国铁矿资源贫矿多，富矿少，保有储量中，贫铁矿石占全国储量的 97%，绝大部分铁矿石必须经过选矿富集后才能使用。中国铁矿虽分布很广，而其重要者则为东北、华北、长江流域以及海南岛等区，其中以东北区储量为最多，如辽宁鞍山、庙儿沟及弓长岭等地，部分矿床分布在吉林省。构成铁矿床的含铁矿物主要有磁铁矿、赤铁矿、褐铁矿等，用来炼铁的矿物以含铁量较高的磁铁矿和赤铁矿为主。

磁铁矿是一种常见的氧化物矿物，形成于岩浆岩中，也可存在于矿脉和交代矿床中。晶体呈八面体、十二面体，晶面有条纹。多为粒块状集合体；铁黑色，或具暗蓝靛色；半金属光泽或暗淡光泽，不透明。具有强磁性，能被永久磁铁吸引，因此又称磁石或玄石。磁铁矿是炼铁的主要矿物原料，也是传统的中药材，遭受氧化后可转变为赤铁矿，若保留原有外貌，便被称为假象赤铁矿。磁铁矿分布范围较广，因比重较大，有抵抗风化的能力，所以在河床或滨海砂中也能富集。①

赤铁矿是一种铁的氧化物，作为广泛分布在各种岩石当中的副矿物，它以细分散粒状出现在许多火成岩中。其晶体呈菱面体和板状，集合体以片状、鳞片状、粒状、致密块状等形状产出；颜色丰富，从铁黑、钢灰到暗红色，条痕为樱红；金属光泽至半金属光泽，不透明。赤铁矿是经济价值较高的矿物之一，只在少数地区才会呈现完美的金属闪光菱面体，但一般情况下晶体都呈扁平状，也有些板状成簇组成玫瑰花状，称铁玫瑰；也有的呈鳞片状集合体，称为镜铁矿。赤铁矿是铁的主要矿石矿物，因此具有极高的经济价值和使用价值。②

褐铁矿是含水氧化铁矿石，是由其他矿石风化后生成的，在自然界中分布得最广泛，但矿床埋藏量大的并不多见。褐铁矿实际上

---

① ［法］乔治·布封：《自然史》，桂金译，台海出版社 2017 年版，第 62 页。
② ［法］乔治·布封：《自然史》，桂金译，台海出版社 2017 年版，第 62 页。

是由针铁矿、水针铁矿和含不同结晶水的氧化铁以及泥质物质的混合物所组成的。一般褐铁矿石含铁量为 37%—55%，有时含磷较高。褐铁矿的吸水性很强，一般都吸附着大量的水分，在焙烧或入高炉受热后去掉游离水和结晶水，矿石气孔率因而增加，大大改善了矿石的还原性。所以褐铁矿比赤铁矿和磁铁矿的还原性都要好。同时，由于去掉了水分相应地提高了矿石的含铁量。[1]

据 1938 年日本人估计，东北主要铁矿储量为 122100 余万吨，其中富矿（铁成分在 40% 以上者）为 1000 余万吨，其余均为贫矿（铁成分在 40% 以下者），品位在 30%—40%。后来，由于通化发现新矿区，并经日本人探矿，估计储量逐渐提高。至光复前夕，奉天、安东两省已确定铁矿的储量为 160300 余万吨，估计铁矿储藏量为 420700 余万吨，两项合计为 581000 余万吨，再加松江省、吉林省、合江省、嫩江省、热河省的少数铁矿，总储量达 582730 余万吨。

东北铁矿的主要类别分为以下 6 种。

（一）接触交代矿床

为元古纪辽河系震旦纪、寒武纪及石灰二叠纪等地层，受其他各时代之花岗岩与基性深成岩等之接触交代而成。尤其古生代末期及中生代初期之喷出，其接触交代作用更甚，主要矿床有辽宁省锦西江家屯、本溪马鹿沟、辽北省西风古龙屯、安东省凤城县城及宽甸大荒沟等，其中以大荒沟埋藏量较多，达 30 万—40 万吨。

（二）热液性之交代性矿脉及交代矿床

为辽河系中之矿脉或层状及块状之赤铁矿床，含铁成分高，矿量亦较多，主要产地为辽北省开原营城子与安东省通化七道沟等处，均会大规模开采。抗战末期，七道沟生产含铁 50% 之矿石年约 20 万吨。

（三）震旦纪水成赤矿矿床

此类矿床在朝鲜与华北均为重要铁矿矿床，采掘极盛，但在东北本类铁矿远较缟状铁矿与交代铁矿为少，主要分布于通化一带，曾经试采

---

[1] 李铸衡：《地球深处的宝藏》，吉林摄影出版社 2013 年版，第 80 页。

未臻积极。此类矿床分为六种类型。

1. 大栗子沟型铁矿

产于安东省临江大栗子沟者，含铁35%，储量为50万—60万吨，一般含铁虽仅35%，但富矿含量高至55%，战前采掘富矿年达30万吨。

2. 八道江老岭型矿床

分布于安东省通化老岭及八道江，为浅海沉积并受热液作用之矿床矿层，厚5—6米至50—60米，厚度不均匀，为扁豆状矿床之集合体矿石，视赤铁矿与石英砂胶合之比例与程度而分有多种，含铁成分在20%—50%，局部可达60%，估算储量约8000万吨。但因矿质矿层多变且采掘工程极为困难，最多可采得矿石约1000万吨。

3. 许家屯型铁矿床

在奉天省许家屯附近最为发达，铁层厚度约为1.2米，极不规则。因曾受压碎作用，其特征呈叶片状或鳞片状构造，含铁成分多在30%—40%，50%以上的矿石，则在许家屯以西。

4. 鞍山外铁矿床

为震旦纪地层受赤铁矿浸染与沉淀的作用而成，含铁砂岩，贫矿极多，可供小规模开采者也极少。

5. 杨木林子型铁矿床

主要产于抚顺东南约100千米的杨木林子矿层，宽2.3米、厚1.2米的扁豆状赤铁矿层，矿质优良，但埋藏量仅约5万吨。

6. 高家屯页岩砂岩层中铁矿床

在鞍山南10千米前三家峪东方丘陵上的赤铁矿层，厚2.3米，呈扁豆状，铁质系由页岩移化，成分不优，经济价值不高。

（四）团块状赤铁矿矿床

南满奥陶纪与石灰二叠纪间之不整合面，或稍上层位之矾土页岩中。时有团状铁矿伴生，山西省铁矿即为此种矿床，故又称山西式铁矿。仅在本溪牛心台，厚5—20米之铁质页岩中，有少量矿石可供开采。其成因有赤土化作用与再沉积二说，讫无定论。

（五）菱铁矿矿床

抚顺油页岩内产层状菱铁矿，厚度不均，最厚处达100米以上，含铁 40%，但未大量开采。

（六）缟状铁矿床及其富矿床

系先期震旦纪磁铁矿片之由原生水成铁矿变质而成者，为东北最主要之矿床，分布在奉天省辽阳本溪及河北省东部深县等处，矿物以矽磁铁矿及赤铁矿为主，矿石贫富，视变质进程与热河富化程度而不同，富矿含铁成分 50%以上，贫矿不足 30%，而矽分极高，平均含铁在 30%上下，主要矿床以鞍山及其附近之大孤山、眼前山等地第一，其次辽阳弓长岭、本溪歪头山、梨树山、桥头庙儿沟及海城锅底山等地，其他小矿床极多，不胜枚举。[①]

随着冶炼技术的进步，东北铁矿昔日的缺点可由技术改进加以克服。钢铁冶炼事业，第一要有大量铁矿砂，第二要有好的炼焦煤，第三要有低廉之石灰石（速溶剂），第四要有方便的交通，第五要有适当的市场。东北铁矿自日本势力侵入后，实际由中日"合办"本溪湖煤铁公司及弓长岭铁矿公司主要从事开采。此后，利用"二十一条"不平等条约，日本着力开采鞍山铁矿，并设立鞍山制铁所。到 1931 年九一八事变之后，日本更将鞍山制铁所改组为昭和制钢所，作为东北制铁事业中心，并辅以本溪湖煤铁公司、满洲矿山株式会社、东边道开发株式会社及满洲重机株式会社等。1936 年，日本人在东北每年能采掘矿石 2400 余万吨，炼制生铁 85 万吨、钢块 58 万吨、钢材 40 万吨。1945 年，每年已能开采矿石 7800 余万吨，炼制生铁 250 余万吨、钢块 100 余万吨、钢材将近 80 万吨。抗战胜利后，鞍山本溪重要炼钢铁设备多被俄匪掠夺，中国接收后虽复工，但产量大为减少。

二　东北铁矿资源的勘测及开采

东北地区的铁矿资料不仅十分丰富，而且开发的历史也很悠久。据考古发掘和文献资料的记载，早在秦汉时期，鞍山地区已存在着土法冶铁业。到了辽代，太子河流域的本溪、辽阳和鞍山一带的土法冶铁业已有相当的规模，官府还设置了专门机构管理当地的冶铁业。这种土法冶

---

① 王大任：《东北研究论集》，台北：中华文化出版事业委员会 1957 年版，第 378—379 页。

铁业一直延续到明清时代。

（一）奉天省

东北的铁矿以奉天省为最多。

1. 鞍山矿区

鞍山在辽阳南 20 千米，有矿区 12 处，以鞍山市街为中心，包括樱桃园、王家堡子、一担山、关门山、眼前山、小岭子、铁石山及大孤山等矿，发掘很早，西鞍山至今尚有矿坑遗迹。1911—1913 年，日本人偶于铁石山发现硫铁矿石块，后乃亟须发现各矿区，1916 年以中日合办方式创立振兴铁矿公司加以采掘，并获得石灰石、黏土、苦土等制铁原料之矿区。满铁于 1925 年复创设昭和制钢所，1929 年合并鞍山制钢所，成为东北最大的钢铁炼制所。伪满实行所谓"产业开发五年计划"，将该所大加扩充，让其成为东北钢铁产制中心。

鞍山矿区内矿石多为贫矿，含铁成分为 30%—40%，60% 以上的富矿为数极少，储量据 1921 年满铁调查仅 7 亿吨左右，后经调查，知其储量为 286900 余万吨，即鞍山铁山、大孤山铁山，及樱桃园 3 处富矿约为 268 万吨，贫矿为 286700 余万吨。

樱桃园、王家堡子、一担山区富矿的采掘以樱桃园、王家堡子为主。关门山、眼前山区抗战期间年仅产 15 万吨含铁 35% 之矿砂，大孤山富矿已采尽，山顶之贫矿在露天开采中。抗战期间，年产矿砂 200 万吨，含铁成分平均为 36%，铁石山区有局部小规模赤铁富矿，至于小岭子区，则因运输不便，只采平均 50% 之富矿。

2. 本溪湖矿区

清初本区一带为东北土法制铁中心，咸同年间土法采掘仍极盛行。1904 年，俄人曾从事试掘。日俄战后，日本人大仓于 1911 年设制铁所。属矿有庙儿沟、梨树沟、卧龙村、歪头山、载金谷、马鹿沟、青山背、骆驼背子、王子岗、八盘岭、太子河沿及道远堡等地。

庙儿沟铁山，位于安沈线南坟车站南约 7 千米，为矿脉极广的磁铁矿床，南北两端伴有大量赤铁矿，矿脉延长在 8000 米以上，倾斜约 45 度，矿床厚 70—200 米，平均约 100 米。截至 1945 年，已知该区藏有含铁成分在 60%—65% 之富矿 900 余万吨，含铁 34% 之贫矿 68200 余万吨。

八盘岭铁矿，在辽阳、本溪两县交界处金家堡子区，矿脉自东北至西南延长 250 余米，厚 15—30 米，其中富矿已经确定者为 150 万吨，露头附近大部为赤铁矿，到深部则以磁铁矿为主，采掘法系露天与凿洞并用。

大河沿铁矿，在太子河与细流河合流点下游约 4 公里，矿石为磁铁矿，储量约为贫矿 9700 万吨。

歪头山铁矿在安沈线姚千户屯及大连寨一带，矿床大部分为磁铁矿，成分很低，富矿极少，贫矿成分约为 35%，估计储量为贫矿 23900 余万吨。

本区其他主要铁山为北台沟、道远堡，及财神庙等处，所有各处矿藏量共计富矿约 1300 万吨、贫矿约 106400 万吨。

3. 弓长岭矿区

位于辽阳东南 48 千米处，分为苏家堡子、弓长岭及黄泥沟三区域。1919 年，中日"合作"成立弓长岭铁矿无限公司从事开采，后并入昭和制铁所继续采掘。矿脉自东南向西北延长约 5 千米，东北倾斜约 60 度，成分较高，含铁量为 60%—65%。藏量经确定者计有富矿 2700 余万吨，贫矿 38200 余万吨，另经估计富矿 2400 余万吨，贫矿 100200 余万吨，共计富矿 5100 余万吨，贫矿 138400 余万吨。

（二）安东省

东边道矿区以通化为中心，由西南之七道沟、三道沟铁山附近，傍鸭绿江至东部的大栗子沟铁山附近，东西约 50 千米，南北 15 千米，中部为老岭、八道江、大扬子沟等铁山。伪满于 1938 年成立"东边道开发株式会社"，其主要矿区为大栗子沟、七道沟及老岭等三铁矿。

大栗子沟矿在临江县苇沙河村，位于临江西南约 7 千米，山岳重叠，矿脉较多，矿层高达 30 米，主要矿石为赤铁矿，余为磁铁矿、褐铁矿及菱铁矿，矿藏量为富矿 3300 余万吨，贫矿 5000 余万吨。

七道沟铁矿在通化东南约 40 千米，1918 年曾经用土法开采。其矿床分东山及南山二区，东山区为赤铁矿床，西山区为磁铁矿床，含铁成分为 40%—43% 之富矿，较大栗子沟富矿稍差，只是含有 3.5%—4% 的锰为他矿所不及。

老岭铁矿在大栗子沟采矿所西北部,矿床架于八道沟三道沟煤矿与煤筒沟煤矿之间,南北延长约7千米,层厚在20米以内,含铁成分为30%,储量巨大,约计27800万吨。除奉天、安东两省铁矿特别丰富外,其他各省则相去甚远。

(三)松江省

本省铁矿主要产地为阿城,阿城小岭铁矿生于奥陶纪灰岩与基性火成岩的接触地带。此接触地带矿床以赤铁矿为主,褐铁矿、菱铁矿及磁铁矿次之,赤铁矿含铁为22%—59%,褐铁矿含铁成分较低,南台子储量约为1万吨。

(四)吉林省

本省磐石玻璃河套有赤铁矿,其储量约20万吨,二道河站等地有以磁铁矿为主之铁矿,储量约500万吨。

(五)合江省及嫩江省

据白俄地质学家安聂特调查报告,本省铁矿仅见于通河县境,大部分为治铁铁矿、磁铁矿及赤铁矿。后根据日本人记载,除通河外,在嫩江省更有产于煤系地层内的褐铁矿,如巴山28沟、巴彦江山布西山北及嫩江北部等地,估计储量约15万吨,其他地区合计约为35万吨。

(六)热河省

本省的七家子、二道河子、铁马土沟与承德骆驼沟等地产岩浆分化所成之磁铁矿床,铁矿生于变质斑栌岩或变质斜长岩中,呈扁豆状或块状,含钛为15%—16%,含铬在黑山约1%。本区铁矿因含稀有金属钛及钒,为提取钛、钒两金属曾有一部分开采,铁矿储量约为1100万吨。

"东北铁矿储量根据资料的修订,有些较为保守,有些过于扩大,不过一般趋势,重新预估的储量数字均在增加,而东北铁矿在全国总储量中的百分数,也愈加扩大。"[①] 详见表4-1。

日本侵略者对东北铁矿资源的掠夺大体分为两个阶段:前一阶段是从日俄战后到1931年九一八事变,这一阶段主要是侵占开采铁矿,设

---

① 王大任:《东北研究论集》,台北:中华文化出版事业委员会1957年版,第384页。

立炼铁厂，掠夺东北的生铁；后一阶段是从九一八事变到 1945 年日本投降，这一阶段除了继续大量掠夺东北的生铁之外，还实现了在东北就地炼钢，开始了对钢坯和钢锭的掠夺。

表 4-1　　　　　　　　　东北铁矿储量相关信息统计①

全国储量/ 公吨	东北储量/ 公吨	东北储量与全国 总储量之 百分比/%	估计数 发表年份	备注
—	1221000000	—	1938	伪满矿业协会发表
2151000000	1417590000	65.8	1942	中央地质调查所发表
—	5827350000	—	1944	南满铁路会社统计
2554896000	1847980000	72.3	1953	台湾地质调查所何春荪估计
5300000000	4000000000	75.6	1954	陈秉范估计

九一八事变前，控制东北铁矿开采和生铁生产的两大侵略势力是日本的大仓财阀和满铁，生铁产地集中于本溪湖和鞍山。

大仓财阀是掠夺东北铁矿资源的急先锋，早在日俄战争时期，就已派人勘查了本溪湖附近庙儿沟铁矿。大仓在夺取了本溪湖煤矿后，于 1911 年又攫取了开采庙儿沟铁矿和在本溪湖建立炼铁厂的特权。1912 年年初，"本溪湖煤矿公司"改名为"本溪湖煤铁公司"。1915 年，本溪湖一号高炉投产，日产生铁 130 吨，这是东北第一座新式炼铁高炉。同年，大仓又进一步夺取了本溪湖附近的歪头山、梨树沟和通远堡等 12 处铁矿的开采权。1917 年，本溪湖二号高炉投产。此后，大仓又建成日产生铁 20 吨的两座小高炉。② 九一八事变前，本溪湖煤铁公司建成了上述 4 座高炉。

紧接大仓财阀之后染指东北铁矿资源的是满铁。1909 年，满铁派人调查了鞍山铁矿，次年又探查了大孤山铁矿。与此同时，满铁开始了夺取鞍山地区铁矿的侵略活动，先后与土豪秦日汉和汉奸于冲汉勾结，向

---

① 王大任：《东北研究论集》，台北：中华文化出版事业委员会 1957 年版，第 385 页。

② 四川省中国经济史学会、《中国经济史研究论丛》编辑委员会：《抗战时期的大后方经济》，四川大学出版社 1989 年版，第 353 页。

中国政府申请矿权。1916 年 4 月，在满铁和于冲汉的大肆行贿下，北洋政府农商部终于将鞍山 8 矿区的矿照发给了满铁；7 月，假借合办的"振兴铁矿公司"成立。同年 8 月，满铁向日本政府申请在鞍山经营炼铁业，10 月获得日本总理大臣的批准，11 月，张作霖同意满铁在鞍山建炼铁厂。1918 年 5 月，满铁鞍山制铁所成立。1919 年 4 月，一号高炉建成投产。到 1930 年，鞍山制铁所共建成了 3 座高炉。

东北沦陷时期，满铁为了扩大钢铁产品的掠夺规模，在东北建立炼钢厂，实行钢铁连续生产。1933 年 6 月，经日本政府批准，满铁在鞍山成立"昭和制钢所"，将鞍山制铁所并入昭和制钢所。昭和制钢所后又相继吞并了振兴铁矿公司和收买了弓长岭铁矿。

在满洲设立制钢所的计划草案纲要①

1932.12.20 日满产业统制委员会

关于在满洲设立制钢所一事，从建立该地基础产业的角度，特别是从日满两国国防需要的角度来看，确有必要。但鉴于我国现在的财政和一般国民经济情况，对这方面的资助必须限定在为设立和维持制钢必要的程度内，新的投资应止于最小限度，并应避免给日本国内制铁业者造成威胁。因此，认为基本上按照下列各项设立制钢所，较为适宜：

（一）满洲制钢所应设在鞍山。

（二）制钢所的生产能力应以鞍山现有的三座高炉（现在年产生铁30 万吨，但实际能力为 40 万吨）的炼铁能力为标准，安装昭和制钢所业已准备的机器，施行铁钢连续生产，以期达到年产钢坯 200000 吨、钢材 133000 吨，共计钢 333000 吨和生铁 79600 吨。

（三）制钢所产品首先应用来满足将来的满洲市场，而以中国及南洋方面为第二市场，钢坯则供应日本国内。将来向日本出口钢坯或向中国、南洋市场出口产品时，其售价及销售方法，应事先同日本国内有关方面进行充分协商。

---

① 解学诗：《满铁档案资料汇编》第 8 卷《鞍山昭和制钢所始末》，社会科学文献出版社 2011 年版，第 307—308 页。

（四）对制钢所暂按下列条件给以补贴。将来制钢所收支状况转为有利时，补助条件可适当加以降低或修改。

（1）向日本国内出口生铁时：

（a）仿照国内，发给相应的奖励金。

（b）针对昭和7年6月因改订关税定率法以致进口税增加的情况，应发给相应金额的奖励金，或采取其他适当形式予以补贴。

（2）向日本国内出口钢坯时：

（a）根据奖励炼铁的精神，对原料用生铁，应仿照国内发给相应的奖励金。

（b）对进口税应发给相应金额的奖励金，或采取其他适当形式予以补贴。

政府除给予上项补贴外，为便于将来开发满洲的重要工业，应当采取适当对策以减免满洲国对钢铁这样重要产品的出口税。

备考：从日本国内供应满洲短缺的钢材时，也应当要求满洲国按昭和制钢所产品在日本国内享受的特殊待遇，减免进口税，以求平衡。

（五）对炼钢设备的新投资额为37735404日元，其中扣除昭和制钢所付讫的机器类约750万日元和建设期间的利息278万日元，则新的现金投资额约为2745万日元。

随着昭和制钢所的建设规模不断扩大，到1943年，它共拥有炼铁高炉9座、炼钢平炉10座、混铁炉3座、预备精炼炉7座，炼铁设备能力为年产133万吨，两个初轧厂的开轧能力为年产100万吨。[1] 这一时期，东北钢铁生产设备的特色有：

（一）原铁之生产设备特别庞大，年产为2500000公吨，钢铁之年产为1500000公吨。

（二）制钢之设备，生产方式均属简易，不用废铁法而采取原铁、炼钢联串作业法。盖用此法，有15%之废铁即可足用，若用废

---

[1]　解学诗、张克良：《鞍钢史》，冶金工业出版社1984年版，第137页。

铁法，则需要 60% 至 80% 之废铁。

（三）设有特殊生产设备，计有：鞍山之贫矿处理工厂及钢块工厂，本溪之低磷原铁工厂，抚顺、本溪、大连之海绵铁（特殊钢原料）工厂。[①]

本溪湖煤铁公司的一号高炉从 1915 年 1 月开始出铁，当年产铁近 3 万吨。此时正值第一次世界大战期间，由于战争，生铁需要量增大，铁价暴涨，这给当时东北唯一一家生产生铁的公司带来高额利润。于是，它加快了高炉建设，生铁产量逐年增加，1916 年生铁产量达 7.8 万吨。但好景不长，随着第一次世界大战结束，生产需要量锐减，铁价暴跌，许多用户废止了订购合同，该公司的生铁生产走了下坡路，高炉一度也被迫停产。后来，由于日本军方一直依靠进口的低磷铁在本溪湖试制成功，该公司的炼铁生产又逐步有好转，到 1930 年，生铁年产量达 8.5 万吨。这是九一八事变前的最高年产量。

鞍山制铁所正式运转于 1918 年 7 月。东鞍山矿区长 2500 米，西鞍山矿区长 3500 米，矿床宽为 100—200 米，矿石大部分是赤铁矿，磁铁矿较少。在 1931 年之前，鞍山制铁所的生铁生产大致分为三个阶段："第一阶段是 1919 年至 1925 年，一、二号高炉交替生产，高炉技术和作业状况不够稳定，年产量在 10 万吨以下，但从 1924 年起年产量已超过本溪湖煤铁公司；第二阶段是从 1926 年至 1929 年，两座高炉同时生产，年产量突破 10 万吨，从 1927 年起一直保持在 20 万吨以上；第三阶段是 1930 年以后，三号高炉投产，取代了生产能力较低的一号高炉，年产量达到 28 万吨。"[②] 详见表 4-2。

可以看出，本溪湖煤铁公司从 1915 年开始出铁，到 1931 年共产铁约 83.8 万吨；鞍山制铁所从 1919 年开始出铁，到 1931 年共产铁约 185.4 万吨。两家企业合计出铁约 269.2 万吨。

---

① 解学诗：《满铁档案资料汇编》第 8 卷《鞍山昭和制钢所始末》，社会科学文献出版社 2011 年版，第 469 页。

② 四川省中国经济史学会、《中国经济史研究论丛》编辑委员会：《抗战时期的大后方经济》，四川大学出版社 1989 年版，第 358 页。

表 4-2 　　　　　　　　1915—1931 年东北生铁产量统计① 　　　　　　　单位：吨

年份	鞍山制铁所	本溪湖煤铁公司	合计
1915	—	29439	29439
1916	—	49211	49211
1917	—	37971	37971
1918	—	44966	44966
1919	32126	78841	110967
1920	76094	48845	124939
1921	58107	31018	89125
1922	67492	—	67492
1923	73461	24339（145）	97800
1924	96022	51950（420）	147972
1925	89676	50000（2902）	139676
1926	165054	51000（1241）	216054
1927	203445	50500（4438）	253945
1928	224461	63030（4275）	287491
1929	210443	76300（8850）	286743
1930	288433	85060（6039）	373493
1931	269494	65620（10196）	335114
总计	1854308	838090（38506）	2692398

注：括号内数字为低磷铁产量。

1916 年，由满铁操控的"振兴铁矿无限公司"成立，先后在鞍山一带攫取了 11 个矿区，即樱桃园、王家堡子、关门山、大孤山、西鞍山、东鞍山、小岭子、铁石山、新关门山、一担山、白家堡子等矿区。这些矿区都分布在以鞍山市区为中心的 16 千米半径的半圆形范围之内。其中樱桃园、王家堡子、白家堡子、一担山、新关门山和关门山矿区大体成一直线，坐落在市区东北偏东的方向；大孤山矿区独居于市区的东南方；形如马鞍的东、西鞍山，中间夹着南满铁路，东西对峙；小岭子

---

① 解学诗、张克良：《鞍钢史》，冶金工业出版社 1984 年版，第 113 页。

和铁石山在汤岗子的东西两侧，位于整个鞍山铁矿矿区的最南端。[①] 这些矿区面积总和共 1200 多万平方米。伪满时期，据 1939 年的调查，本矿区铁矿埋藏量超过 27 亿吨。详见表 4-3。

表 4-3   **部分矿山历年铁矿石产量**[②]   单位：吨

年份	弓长岭	大孤山		樱桃园		东鞍山		西鞍山		合计
	富矿	富矿	贫矿	富矿	贫矿	富矿	贫矿	富矿	贫矿	
1918			44799					49200		93999
1919										
1920		28675	14062	78398				29095		150230
1921		19559		90819		12976		32817		156171
1922		18525		80555		17306		34299		150685
1923		23691		112769		19665		32093		188218
1924		19596		105996		10922		18592		155106
1925		16015	2240	94439		2519		20086		135299
1926		377233		93527				20916		491676
1927		545000		114382				22164		681546
1928		498000		115586						613586
1929		499645		116138						615783
1930		502740		168812						671552
1931		531323		144552						675875
1932		670361		142114						812475
1933		713099		132016						845115
1934	62002	778378		134190						974570
1935	121238	1080916		137403						1339557
1936	261145	1347789		137802						1746736
1937	423643	1809733		126060						2359436

---

① 孙秋柏：《鞍山冶铁文化》，春风文艺出版社 2015 年版，第 68 页。

② 解学诗：《满铁档案资料汇编》第 8 卷《鞍山昭和制钢所始末》，社会科学文献出版社 2011 年版，第 490 页。

续表

年份	弓长岭	大孤山		樱桃园		东鞍山		西鞍山		合计
	富矿	富矿	贫矿	富矿	贫矿	富矿	贫矿	富矿	贫矿	
1938	735979		1756614	211710						2704303
1939	823008		1251978	91954	56191		32029	5744	171238	2432142
1940	728814		1423667	87447	103452	274	137107	6	289396	2770163
1941	884179		1510455	136669	176461	3632	260238	25241	502625	3499500
1942	905767		1497226	156686	257444			7436	365981	3190540
1943	924126		1711499	156686	474727				369	3267407
1944	1004000		390591	256174					2208	1652973

东、西鞍山矿区是鞍山制铁所于 1916 年建厂时便着手开采的，但初期开采带有试验性质和培训职工的目的，正式开采时间是 1918 年 7 月，主要是掠夺富矿。因这两个矿区距离铁路较近，交通方便，所以开采较早。东鞍山有两处坑口，西鞍山有三处坑口。由于富矿储最小，不久即被采尽，不得不于 1928 年 4 月停止开采。在此期间，西鞍山计采出矿石 15.27 万吨，东鞍山约 10 万吨。随着昭和制钢所增产计划的实施，1938 年东鞍山矿进行采掘准备，1940 年开始大规模露天开采贫矿，计划年产矿石 150 万吨。1943 年，东鞍山铁矿停产。[①]

樱桃园采矿所包括两个矿区，即樱桃园矿区和王家堡子矿区，它们是鞍山一带 11 个矿区中最北部的两个矿区，距市区 12 千米。樱桃园矿区于 1918 年开始井下开采，先后建成 3 座矿井；王家堡子矿区于 1919 年开始井下开采，先后于王家堡子一矿区、二矿区和三矿区各建一座矿井。"1918 年至 1938 年，樱桃园采矿所从樱桃园和王家堡子矿井中共采出富铁矿石 236 万吨。1938—1945 年，又从樱桃园、王家堡子、一担山、眼前山等矿井中采出贫铁矿石 140 万吨。"[②]

大孤山矿区位于鞍山市区南 9 千米，面积达 100 万平方米左右。1916

---

① 鞍钢史志编纂委员会：《鞍钢志（1916—1985）》（上卷），人民出版社 1991 年版，第 243 页。

② 鞍钢史志编纂委员会：《鞍钢志（1916—1985）》（下卷），人民出版社 1991 年版，第 394 页。

年，中日合办振兴铁矿无限公司成立后，设立大孤山采矿所。1918 年，正式开采贫矿下盘富矿，1919 年开始露天开采贫矿，1926 年停止开采富矿，大规模开采贫矿。据 1920—1921 年的调查，该矿区埋藏量达 1 亿多吨，以每年开采 80 万吨计算，可连续开采 120 年。"1918—1945 年大孤山矿区共采铁矿石 1916.52 万吨，其中富铁矿 10.76 万吨。"[①]

关于开采方法，不外是露天、竖井和斜井三种。最初为了寻找富矿，在各个矿区普遍进行试掘钻探。当时使用 5 台金刚石钻机，钻孔能力为 100 米。正式开采之后，主要开采 40% 左右的中等矿，一般都采取下向阶段式手掘方法开采，全部开采都是人工作业，劳动十分艰苦。这个阶段的开采仍带有试验性质和培训工人的目的。1920 年以后，几乎全部转向开采富矿。为了将夹在或压在贫矿下面的富矿采出，人们开始采取井下采掘的方法开采。1920 年，首先在樱桃园开凿 1 口竖井，深 60 米；1923 年，在王家堡子第一区开凿 1 口斜井；1924 年在王家堡子第二区开凿 1 口竖井，深 52 米，第三区开凿 1 口斜井，倾斜 22 度，延长 105 米。与此同时，各采矿所均实行井下作业，方法有下向阶段式和上向阶段式。除大部分的手工作业外，一部分井下作业开始使用凿岩机。为此，在大孤山、樱桃园和王家堡子 3 个矿区各设 1 台 40 马力空气压缩机。到 1929 年，樱桃园和大孤山采矿所的空气压缩机分别增加到 3 台，最大者为 100 马力。

由于采矿技术的进步，尤其是满铁在鞍山经营炼铁业，即鞍山制铁所成立后，日本侵略者对鞍山铁矿的掠夺规模越来越大。铁矿石的产量，1918 年为 88364 吨，1919 年一号高炉投产后，产量突破千万吨，达 167155 吨，1926 年产量猛增到 491676 吨，1927 年破 50 万吨大关，到 1931 年增加到 920982 吨，即比 1918 年投产时增长了 10 倍。从铁矿石的生产情况看，在最初的 8 年中，一直徘徊在十几万吨之间，并且主要是开采富矿，而以 1923—1925 年尤为明显，如 1925 年共采矿石 136000 吨，其中富矿为 133760 吨，贫矿只有 2240 吨。只是在鞍山制铁所第一期扩建工程，也就是选矿厂完成之后，矿石生产才扶摇直上，猛增起来。富矿不仅没有增加，还显著下降，如 1928 年的矿石产量共计 575231 吨，其中贫矿产量

---

① 鞍钢史志编纂委员会：《鞍钢志（1916—1985）》（下卷），人民出版社 1991 年版，第 392 页。

为 499645 吨，富矿产量只有 75586 吨。1928 年的产量若与 1927 年相比，贫矿增加 1645 吨，富矿减少了 20960 吨。后几年矿石产量的大幅度增长，全靠贫矿。如 1930 年产矿石 834608 吨，其中贫矿为 665796 吨，富矿只有 168812 吨。[①]

再从各个矿区的生产情况看，九一八事变前投产的 5 个矿区，1925 年以前投入主要力量开采富矿，从 1918 年至 1925 年共采富矿 999477 吨，采中等矿 204850 吨，贫矿未采。在富矿产量中，王家堡子共产 388154 吨，樱桃园共产 244417 吨，西鞍山共产 152797 吨，大孤山共产 127585 吨，东鞍山产富矿最少，不足 10 万吨。"由于实行竭泽而渔的掠夺政策，上述五个矿区除樱桃园外，不得不在富矿开采殆尽之后，先后停产。中等矿的开采主要集中于西鞍山矿和大孤山矿，但到 1922 年以后也都停止开采。1926 年以后的贫矿增产，主要依靠大孤山矿和樱桃园矿，从 1926 年至 1931 年，大孤山矿共产贫矿 4123701 吨、樱桃园矿 4143701 吨。"[②]

第二节　满铁对东北铁矿资源的调查与经营

一　满铁对东北铁矿资源的调查

中国的铁矿储量据《东方杂志》1917 年的记载："统计举国所有铁矿，为 300000 万吨。而其中良好之铁矿苗，不过 100000 万吨。现在中国每年之出产，据中国农商部统计科称，1916 年出铁 656000 吨。惟东三省之出产恐未列入。盖若一并计之，则其数不止于此也。兹经详加调查，每年采得之铁，实有 100 万吨。其中有磁铁石 75 万吨。"[③] 在日俄战争前，俄国对东北地区的矿业开采主要集中在煤矿和金银矿等方面，对铁矿并没有多大兴趣。关于日本继承矿业权的问题，《朴茨茅斯条约》和《日清善后协约》中没有铁矿方面的相关规定。日本

---

① ［日］上加世田成法等：《满洲ノ矿业》，经济调查会第一部 1933 年版，第 50 页。
② ［日］上加世田成法等：《满洲ノ矿业》，经济调查会第一部 1933 年版，第 52 页。
③ 《中国矿业近况》，《东方杂志》第 14 卷第 9 号，1917 年 9 月。

对东北铁矿的发现和开采都是由满铁组织的。根据满铁调查部的调查，东北的铁矿产地主要集中在奉天、吉林两省，黑龙江省的铁矿产量暂没有资料记载。"东北主要铁矿区有：鞍山铁矿，庙儿沟铁矿，弓长岭铁矿，歪头山铁矿，千西沟铁矿，七道沟铁矿，鞍子河铁矿，八盘岭铁矿，矿洞子铁矿。"[1] 其中，矿洞子铁矿属于吉林省，在磐石北30千米，矿种属磁铁矿，铁质良好。吉林省铁矿没有官营矿区，皆属民营铁矿（见表4-4）。

表4-4 　　　　　　　　　　吉林省民营铁矿[2]

地区	所在地	方向	里数	代表人	矿地面积/亩
桦甸	古洞河大柴山	东	450	苏明阳	1781.25
磐石	玻璃河套	西北	60	孟筱村	2139.76
伊通	高台子山	西南	220	蒋有昶	2325

奉天省铁矿埋藏量巨大，铁矿产量丰富，在东北地区占有重要地位，也是满铁的重点调查对象之一。满铁在强化对东北地区经济、文化等侵略的同时，将鞍山地区的铁矿资源列为其攫取的主要目标。1909年8月，满铁地质调查所所长木户忠太郎等人开始勘查鞍山铁矿，发现鞍山附近的铁石山、东鞍山、西鞍山等处铁矿埋藏量极为丰富。满铁首脑就决定着手攫取鞍山一带铁矿的开采权。奉天交涉特派员于冲汉奉奉天都督张锡銮之命与满铁交涉，满铁理事交涉局长川上俊彦利用于冲汉的"亲日"之心，不仅取得了鞍山地区的探矿执照，探得8个铁矿矿区，还设立了"中日合办振兴铁矿无限公司"。

鞍山地区的地貌特征是东南高、西北低，走向与地层走向一致，自东南向西北倾斜。周围蕴藏着极其丰富的铁矿资源及其他资源，为发展钢铁工业提供了良好的物质条件。鞍山市郊及毗邻的辽阳弓长岭地区，

---

① 《满洲、蒙古、西比利亚、支那矿产物分析表》，满铁地质调查所，1924年，吉林省社会科学院满铁资料馆藏，资料号：14467。

② ［日］田中作：《吉林省の矿产》，东亚印刷株式会社1922年版，吉林省社会科学院满铁资料馆藏，资料号：14651。

是东北条带状铁矿最为集中的地带。铁矿生成于前震旦纪鞍山群变质岩系之中，称为"鞍山式铁矿"。"它是从山西的五台起，经河北滦县、青龙县，再经奉天西部的阜新至奉天南部，转至朝鲜茂山的条带状铁矿成矿带的重要组成部分。这条成矿带有 3 处矿床规模最大，即弓长岭、鞍山、本溪地区，河北滦县地区，朝鲜茂山地区，其中尤以鞍山、本溪、弓长岭地区最为富集。"① 详见表 4-5。

表 4-5 鞍山铁矿矿区统计②

地名		面积/亩
辽阳	孤山子、大孤山	1792
	樱桃园山地	1866
	鞍山站鞍山山地	2345
	王家堡子	2046
	鞍山站对面山山地	2674
	关门山山地	700
海城	小岭子、火龙寨、梨树房身山地	2495
	甸池沟铁石山山地	760

1916 年 7 月 22 日，日本帝国主义为掠夺中国辽东半岛的矿产资源，成立了由满铁控制的中日合办振兴铁矿无限公司。同时，在鞍山地区设立了鞍山采矿所、大孤山采矿所和樱桃园采矿所，开始开采该地区的铁矿，并以"卖矿"或"租矿"的形式将矿石供给满铁直属的鞍山制铁所及后来的昭和制钢所。

根据满铁调查部调查，奉天省的鞍山铁矿与庙儿沟铁矿两矿区在东北铁矿储量居首位。鞍山铁矿总铁矿量约为 15755 万吨，生铁量为 5500 万吨。庙儿沟铁矿突出地表部分在 8000 万吨以上，富矿占 60%—70%，贫矿也有 30%—40%（见表 4-6）。本溪湖煤铁有限公司"每日制铁 130

---

① 鞍山市史志办公室编：《鞍山市志·鞍钢卷》，沈阳出版社 1997 年版，第 2 页。
② 苏崇民：《满铁史》，中华书局 1990 年版，第 230 页。

吨且品质颇良，含磷亦少。满洲制铁业之将来至可刮目者也"①。鞍山铁矿蕴藏量虽然丰富，但绝大部分为贫矿，在这一点上不如本溪湖的铁矿。但该矿交通便利，开采和运输都具有有利条件（见表4-7）。"1916年鞍山铁矿由北洋政府批准中日合办。该矿产量1926年约105万吨，1927年89万吨。"所产铁矿石完全由日资鞍山制铁所收买。1926—1930年，日资企业——鞍山及本溪湖生铁产量平均为28.4万吨，占全东北生铁产量的100%。可见，在东北，日资及日资支配的企业产铁量占绝对优势。②

表4-6　　1918—1925年鞍山及庙儿沟铁矿产地及埋藏量统计③　　　单位：吨

地区			年份			
			1918	1919	1920	1921
鞍山铁矿	西鞍山	富矿	—	1953.6	28607.8	27144.40
		贫矿	37500.0	47708.0	10115.5	837.60
	东鞍山	富矿	—	774.6	—	25335.95
		贫矿	—	—	—	—
	大孤山	富矿	—	5365.2	24195.7	20261.71
		贫矿	27691.0	62153.5	4747.0	2167.87
	樱桃园	富矿	23173.2	29903.2	25632.4	38154.83
	王家堡子	富矿	—	14142.0	55394.0	60660.83
		贫矿	—	—	—	83.48
	鞍山铁矿共计	富矿合计	23173.2	52138.4	133829.9	171557.72
		贫矿合计	65191.0	115016.5	14862.5	3087.95
鞍山铁矿各年份共计			88364.2	167154.9	148692.4	174645.67
庙儿沟		富矿	89176	79608	90433	54876
总计			177540.2	246762.9	239125.4	229522.67

---

① 《中国矿业近况》，《东方杂志》第14卷第9号，1917年9月。

② 杜恂诚：《日本在旧中国的投资》，上海社会科学院出版社1986年版，第151页。

③ 《南满洲矿产地及矿产统计一览》，满铁地质调查所，1929年，吉林省社会科学院满铁资料馆藏，资料号：14457。

续表

产地			年份			
			1922 年	1923 年	1924 年	1925 年
鞍山铁矿	西鞍山	富矿合计	24318.75	32093.10	18591.30	20087.81
		贫矿合计	—	—	—	—
	东鞍山	富矿	17307.40	19665.03	10921.55	2518.79
		贫矿	6092.04	—	—	—
	大孤山	富矿	18462.50	23691.40	19596.20	16014.05
		贫矿	600.00			
	樱桃园	富矿	35246.83	36497.48	38039.40	27770.40
	王家堡子	富矿	46361.80	76271.00	67956.20	67368.60
		贫矿	—			
	鞍山铁矿共计	富矿合计	141697.28	188218.01	155104.65	133759.65
		贫矿合计	6692.04	—	—	—
鞍山铁矿各年份共计			148389.32	188218.01	155104.65	133759.65
庙儿沟		富矿	—	25513	65000	65000
总计			148389.32	213731.01	220104.65	198759.65

表 4-7　　　　　　1918—1927 年奉天省鞍山、本溪湖、
大连三地生铁埋藏量统计[①]　　　　单位：吨

年份	地区			合计
	鞍山	本溪湖	大连	
1918	—	44965	—	44965
1919	31620	78841	15715	126176
1920	75273	48845	11367	135485
1921	57184	31017	—	88201
1922	66747		90	66837
1923	73460.56	24388.73	—	97849.29

---

① 《南满洲矿产地及矿产统计一览》，满铁地质调查所，1929 年，吉林省社会科学院满铁资料馆藏，资料号：14457。

续表

年份	地区			合计
	鞍山	本溪湖	大连	
1924	94501.40	51950	——	146451.40
1925	89675	50000	——	139675
1926	146327	51000	——	197327
1927	192890	50500	——	243390

生铁和硫化铁都可以进一步铸造成钢材，供日本制造武器及满足日本国内内需。满铁对东北铁矿的调查巨细靡遗，为日本进一步攫取东北的铁矿资源奠定了基础。奉天省硫化铁矿埋藏量详见表4-8。

表4-8　　　　　　1918—1927年奉天省硫化铁矿埋藏量统计①　　　　单位：吨

年份	地区				合计
	本溪湖	草河口（杨木沟）	烟台	通远堡（林家台）	
1918	1146	——	591	——	1737
1919	1166	——	589	——	1755
1920	1107	——	208	——	1315
1921	1222	——	138	——	1360
1922	1112	——	405	——	1517
1923	1469	——	877	——	2346
1924	1159	——	964	800	2923
1925	1324	711	901	130	3066
1926	947	1314	495	——	2756
1927	890	1400	627	——	2917

在满铁对东北铁矿进行调查的同时，日本对东北铁矿资源开采权攫取的形式更为隐秘，有的是通过对当时中国政府施加压力，利用所

———————————

① 《南满洲矿产地及矿产统计一览》，满铁地质调查所，1929年，吉林省社会科学院满铁资料馆藏，资料号：14457。

谓中日"合办"的形式进行。这样做,一方面不会遭受国际舆论的压力,更重要的是,不直接激起中国人民的反抗,又可将行动成本降到最低。

二 满铁对东北主要铁矿企业的经营

中日"合办"是当时中国东北铁矿企业运营的主要形式。日本攫取中国铁矿企业开采权,主要的表现形式就是通过满铁与中方企业进行中日"合办",将利益最大化,进而完全控制中国的铁矿资源。当时东北典型的中日"合办"铁矿企业主要是"中日合办振兴铁矿无限公司"和"中日合办本溪湖煤铁公司"。这两个铁矿企业承载了东北铁矿生产加工的命脉,也是满铁在东北重点经营的铁矿企业。

（一）中日合办振兴铁矿无限公司

1909 年 8 月,满铁派人对鞍山地区进行非法的秘密探矿,先后调查了铁石山、西鞍山、东鞍山、大孤山、樱桃园、关门山、小岭子等十余座铁矿山,并发现了大石桥菱镁矿、烟台黏土矿等资源,为在鞍山地区开矿建厂冶炼钢铁做准备。满铁地质调查所对鞍山一带铁矿进行非法勘查之后,1910 年 2 月又对弓长岭矿进行了勘查。1915 年 5 月,日本帝国主义胁迫袁世凯签订了丧权辱国的"二十一条",攫取了东北南部铁矿资源的开采特权。同年 8 月到 10 月,满铁联合日本国内的八幡制铁所对矿区进行详细勘探,查明了鞍山地区的地质矿藏。11 月,满铁总裁中村雄次郎提出了投资 2000 万日元建立制铁所用于掠夺鞍山地区钢铁资源的计划。在确认了铁矿的大量存在之后,满铁于 1915 年从日本八幡制铁所招聘来专业技术人员,对鞍山铁矿做了为期两个月的详细调查。当时调查的范围是东、西鞍山,铁石山,小岭子,大孤山,樱桃园,王家堡子,关门山及大碰子 8 个矿区。1915 年前后,满铁地质调查人员还相继调查了其他矿藏,从而为鞍山制铁所的成立打下了基础。

1916 年 7 月 22 日,满铁获得日本政府批准在奉天成立了假合办的振兴铁矿无限公司,经营鞍山店、小岭子、大孤山、关门山、樱桃园、王家堡子的铁矿采掘事业,资本金 14 万元,名义上中日各出一半,实际上全数由满铁支付，日方代表镰田弥助，中方由于冲汉挂空名。① 于是，中日合办振兴铁矿无限公司总局（以下简称振兴公司）成立。该公司在奉天省千山设采矿总局，两年后总局迁至鞍山。

振兴公司操纵于冲汉与中国政府交涉，采取贿赂政府官员等手段于1917年3月获得大孤山、樱桃园、鞍山山地（含东鞍山、西鞍山）、王家堡子、对面山、关门山、小岭子、铁石山8个矿区（总面积达14578亩）的开采权。1919年，为勘查富铁矿，满铁开始调查新的矿区。1921年，满铁邀请美国地质、采矿及选矿专家，对鞍山铁矿进行调查研究，其主要目的是进行贫矿选矿处理。此后，满铁调查人员又陆续对鞍山铁矿及其他辅助原料矿山进行一些调查。1921年8月，又获得了白家堡子、一担山、新关门山3个矿区（面积7259亩）的开采权。② 振兴公司在鞍山地区设立3个采矿所：一是鞍山采矿所（包括东、西鞍山，小岭子，铁石山），从1916年开始进行弃贫采富的掠夺式开采，至1928年因富矿采完而停止；二是樱桃园采矿所（包括樱桃园、王家堡子、一担山、眼前山、关门山、新关门山），1918年开始采樱桃园的富矿，1919年开采王家堡子富矿，当时王家堡子年产量约10万吨，樱桃园年产量约8万吨；三是大孤山采矿所（包括大孤山和小房山），1916年进行试采，1918年以贫矿下部的富矿为目标进行开采，1919年用露天法开采贫矿，1926—1933年采量为480万吨。至1942年为止，昭和制钢所所属铁矿山的探明储量为2.2亿吨。③

在满铁的控制下，振兴公司的铁矿石悉数以"卖矿"或"租矿"形式供给满铁直属的鞍山制铁所及以后成立的昭和制钢所炼铁，供需双方实质上是满铁内采矿部和制铁部上下工序间的关系。振兴公司自成立以来，资金、经营及人事管理等都完全处在满铁控制之下，它和满铁可以说是异名同体。振兴公司经营至1940年12月7日宣布解散，后并入昭和制钢所。

1925年4月11日至1935年12月6日满铁与于冲汉有关的文件证明

---

① 鞍山市史志办公室编：《鞍山市志·鞍钢卷》，沈阳出版社1997年版，第9页。
② 鞍山市史志办公室编：《鞍山市志·鞍钢卷》，沈阳出版社1997年版，第9页。
③ 鞍山市史志办公室编：《鞍山市志·鞍钢卷》，沈阳出版社1997年版，第39页。

如下。

鞍山制铁所长为于冲汉股息致经理部长函①
（1925 年 4 月 11 日）

（鞍铁第 31 号）

经理部长　台鉴：

于冲汉氏十三年股息预付之件

关于对振兴公司总经理于冲汉氏发给大正十三年度盈利股息之件，征询最近来所之镰田奉天公所长意见，其实收额同前年度一样，定为二万日元，祈望尽快予以支付为荷。关于此事请按下记发放，谨乞允诺。

下　记

于氏实额为二万日元（扣除会社贷款利息实额），暂作制铁所预付金清理之。目下清帐中的该公司决算结束后，从盈利中转帐，还回上述预付金。倘若该利润金支付不了上述预付金实额，其不足额由制铁所经费补充。

补记：公司决算结束后，更应填交决算单呈报。

以上
鞍山制铁所长
（经理部 208）

关于于冲汉十三年度股息经理部长
致鞍山制铁所长函
（1925 年 4 月 16 日）

（会社号码　满铁经主 25 第 7 号之一）

（拟稿号码　经主甲第 16 号）

鞍山制铁所所长　台鉴：

四月十一日批准鞍山第二一号摘由事项。

---

① 辽宁省档案馆、辽宁社会科学院编：《"九一八"事变前后的日本与中国东北——满铁秘档选编》，辽宁人民出版社 1991 年版，第 6 页。

对振兴公司总经理于冲汉氏，仍按前年度同样方式，作为该公司盈利股息预付其二万日元。

附记：该公司决算结束后，上记预付金从盈利中还付。

经理部长

（经理部 208）

预付于冲汉二年度分红件[①]

（1928 年 4 月 11 日）

（鞍铁第 212 号经主决 28 第 2 号之一）

经理部长台收：

预付公司总经理于冲汉氏二年度分红之件

关于对振兴公司总经理于冲汉氏昭和二年度付与股息之件，征得镰田奉天公所长意见，其实收额仍按前年度做法定为二万日元，应采取措施尽快支付，请按如下所记支付为荷，祈予准诺为荷。

记

一，于氏实收额定为日金二万元（扣回除会社贷付利息所余金额）暂列为制铁所预付款而结算。目下，正在细算中的该公司决算结束，从盈利中还回上述预付金。但该盈利金还付不了上述预付金全额时，将其差额由制铁所经费中补足。

再者，公司决算结束后，更添交帐单具报。

鞍山制铁所所长

（经理部 208）

---

① 辽宁省档案馆、辽宁社会科学院编：《"九一八"事变前后的日本与中国东北——满铁秘档选编》，辽宁人民出版社 1991 年版，第 7 页。

经理部长关于振兴公司预付于冲汉
股息事致鞍山制铁所长函①
（1928 年 4 月 12 日）
振兴公司预付盈利股息事宜答后

鞍山制铁所长：

关于四月一日鞍山第二一二号预付公司总经理于冲汉氏第二年度股息之件，俟盈利分红确定之后，请速予清理，以资预付为盼。

经理部长

（经理部 208）

关于预付于冲汉股息鞍山制铁所长致经理部长函②
（1929 年 4 月 13 日）

（经主决 38 第 2 号 3　鞍铁第 353 号 1）

（秘）　抄送总局长

经理部长　台鉴：

关于对振兴公司总经理于冲汉氏昭和三年度盈利分红之件，征得镰田奉天公所长意见，其实收额依照前年度常例定为日金二万元，因此请按下记方法采取措施。尽快付给为盼。

记

一，于氏实收额定为日金二万元（扣除会社贷付利息所余实额），暂列为制铁所预付款而结算，俟目下正在细算中的该公司决算结束，从盈利中还回上述预付金，但还付不了预付金全额时将其差额由制铁所经费中补足。

再者，公司决算结束后更添交帐单具报。

鞍山制铁所长

（经理部 208）

---

① 辽宁省档案馆、辽宁社会科学院编：《"九一八"事变前后的日本与中国东北——满铁秘档选编》，辽宁人民出版社 1991 年版，第 8 页。

② 辽宁省档案馆、辽宁社会科学院编：《"九一八"事变前后的日本与中国东北——满铁秘档选编》，辽宁人民出版社 1991 年版，第 8 页。

提前支付公司总经理于冲汉氏三年度股息件

（1929 年 4 月 16 日）

（经主决 28 第 2 号之 4）

草　　案

鞍山制铁所长：

　　关于四月十三日，鞍铁第三五三号之一申请摘由事项，请予批准为荷。

经理部长

（经理部 208）

关于支付于冲汉四年度分红
鞍山制铁所长致经理部长函①

（1930 年 4 月 13 日）

（鞍铁第 417 号　经主决 28 第 2 号之 5）

（秘）　　抄送总局

经理部长　台鉴　亲启
主计课长　总决算系

提前支付公司总经理于冲汉氏四年度分红之件

　　关于对振兴公司总经理于冲汉氏支付昭和四年度分红之件，征得镰田弥助氏意见，其实收额仍依前年度方式定为日金二万元，希从速办理面交，请按下记予以支付。祈予批准是荷。

记

　　一，于氏实收额定为日金二万元（扣除公司贷付利息所余实额），暂列为制铁所预付金而结算，俟刻下正在细算中的该公司决算结束，从盈利中还回上记预付金。但该盈利不能支付上述预付金全额时，其差额

---

　　①　辽宁省档案馆、辽宁社会科学院编：《"九一八"事变前后的日本与中国东北——满铁秘档选编》，辽宁人民出版社 1991 年版，第 10 页。

由鞍山制铁所经费中补足。

再者，公司决算结束后，更添交帐单具报。

鞍山制铁所长
昭和四年四月十三日
（经理部 208）

关于于冲汉四年度分红经理部长
致鞍山制铁所长函①

（1930 年 4 月 16 日）

（经主决 28 第 2 号之 6）
（秘）

鞍山制铁所长：

四月十二日以鞍铁第 417 号申请对振兴公司总经理于冲汉氏支付四年度盈利分红方法之件，仰祈批准一事，在支付方法上请予关照。

经理部长
（经理部 208）

关于提前支付于冲汉五年度分红
鞍山部长致经理部长函②

（1931 年 3 月 13 日）

（鞍铁 A 第 22 号 16　经主决 28 第 2 号 7）
（秘件）

经理部长　台鉴：

---

① 辽宁省档案馆、辽宁社会科学院编：《"九一八"事变前后的日本与中国东北——满铁秘档选编》，辽宁人民出版社 1991 年版，第 11 页。

② 辽宁省档案馆、辽宁社会科学院编：《"九一八"事变前后的日本与中国东北——满铁秘档选编》，辽宁人民出版社 1991 年版，第 11 页。

提前支付公司总经理于冲汉氏五年度分红之件

关于对振兴公司总经理于冲汉氏支付昭和五年度分红之件，征得镰田弥助氏意见，其实收额循前年度常例定为日金二万元，请设法尽快予以面交，为此，请按下记方法支付为荷，希予批准是盼。

下　　记

一，于氏实收额定为日金二万元（扣除会社贷付利息所余实额），暂列为制铁所提前支付款而结算，俟刻下正在细算中的该公司决算结束，从盈利中还回上述提前支付金，但该盈利金不足以还付上述提前支付金全额时，其差额由制铁所经费补足。

再者，公司决算结束后，更添交帐单具报。

制铁部次长

（经理部 208）

关于提前支付于冲汉氏五年度分红
经理部长致制铁部长函①

（1931 年 4 月 2 日）

（经主决 28 第 2 号之 8）

（密件）

草　　稿

提前支付公司总经理于冲汉氏五年度分红之件

制铁部长　台鉴：

三月三十一日，以制铁 A 第二十二号之十六所申请的摘由事项，已按申请批准完了。

理　　由

本开支应由振兴公司盈利中支付，无奈该公司决算尚未结束，因此暂由制铁所提前支付，俟细算后，可作为转帐清帐。

会计系　池田实

---

① 辽宁省档案馆、辽宁社会科学院编：《“九一八”事变前后的日本与中国东北——满铁秘档选编》，辽宁人民出版社 1991 年版，第 12 页。

电告　　草稿

提前支付于冲汉五年度分红之件，今日获准。

经理部长

（经理部 208）

关于于冲汉股息鞍山制铁所长致经理部长函①

（1931 年 12 月 3 日）

（制铁第 35 号 2 之 1　经主决 28 第 2 号之 9）

（秘）

经理部长　台鉴：

呈报关于昭和五年度支付振兴

公司总经理于冲汉氏股息之件

昭和五年度振兴公司盈利如另纸所记为：27078.30 日元，关于总经理于冲汉氏实收额（扣除会社贷款利息），事先征得会社嘱托镰田弥助氏意见，一如例年定为日金二万元，请予玉成。其交付，由于于氏的情况遂迁延至今。此次在辽阳交付完毕，谨此报告。

再者，交付于氏日金二万元（明细）依下记内容：

下　记

昭和五年度，公司利润为 27078.30 日元，以此，交付于氏二万日元之实收额一事，势不可能。其不足额为 7485.19 日元，由制铁所补足（本次补贴，于昭和五年度岁杪做为炼铁原价转嫁完了），且公司总理镰田弥助氏实收额为 5066.53 日元作为制铁所临时收入，已由会社收存，该两款项合计金额为 12551.72 日元，充做对于冲汉氏的红利补贴，根据公司盈利分配，于氏实收额合计为 7448.28 日元，支付二万日元。

第十四期

（自昭和五年四月一日至昭和六年三月三十一日）

---

①　辽宁省档案馆、辽宁社会科学院编：《"九一八"事变前后的日本与中国东北——满铁秘档选编》，辽宁人民出版社 1991 年版，第 13 页。

盈亏计算书（振兴公司）

借　方　　　　　　　　　　　贷　方

本期总亏损　1474065.11　　本期总盈利　1501143.41

差　额　金　27078.30

计　1501143.41　　　　　　计　1501143.41

盈利分配

1. 本期纯利　二万七千七十八元三十分（日金）

其分配有如下记

第一次红利　一万一千二百日元整

第二次红利　八千七百三十三日元六分整

工作人员慰劳金　二千三百八十一日元七十五分整

积金　四千七百六十三日元四十九分整

振兴公司第十四期贷借对照表

昭和六年三月三十一日

资产之部　　　　　　　　　　负债之部

矿　　山　3334411.04　　　　资　　金　140000.00

贮　　矿　299802.84　　　　　借　入　款　5834411.04

未收款　8084.40　　　　　　　积　　金　73088.29

预付款　2814406.22　　　　　满铁贷借　314978.55

工程结算　5220.46　　　　　　未付款额　67368.78

临时收入　5000.00

本期利润　27078.30

计　6461924.96　　　　　　　计　6461924.96

（备考）

在前列贷借对照表中，在预付款2814406.22并借入款5834411.04中，包括另一笔帐2500000（昭和二年度末，岁末财产评价亏损时，因符合不良资产，列为另行整理部分），扣除该部分时，其结果诸如下记

预付款　　314406.22

借入款　　3334411.04

如此，借入款余额与事业费累计额相符。

（经理部208）

鞍山制铁所长致经理部长函[①]

（1932年7月21日）

（制铁第32号3—1　经主预32第22号24）

经理部次长　台鉴：

经理部次长（钤印）主计课长（钤印）

关于昭和六年度振兴公司决算并利润处理情况如另表所示，谨此呈报。另外对公司总经理于冲汉氏的红利分配，事先征得会社嘱托，公司总经理镰田弥助氏意见，商定一如例年，付与日金二万元扣除贷款利息4900.00元，作为津贴净额，六月廿四日于辽阳地方事务所支付，谨此一并呈报。

附言，依下记内容付与于冲汉氏二万日元

下　记

昭和六年度振兴公司利润为17222.66日元，应付与于氏实收金额20000.00日元，对此难于支付所缺金额14384.14日元由制铁所补足，已于昭和六年度岁杪，划为炼铁原价转嫁完结，又在昭和六年度预算中，则列为20000.00日元。且，已将公司总经理镰田弥助氏实收金额2356.23日元，作为制铁所借款——由会社收纳，该两项合计金额为16740.37日元，以此充为于氏之红利补贴金。

据公司本身利润分配，该氏实收额计为3259.63日元，作为付款定为20000.00日元。

附上文书

振兴公司第十五期贷借对照表1

振兴公司第十五期损益计算书1

[①]　辽宁省档案馆、辽宁社会科学院编：《"九一八"事变前后的日本与中国东北——满铁秘档选编》，辽宁人民出版社1991年版，第15页。

振兴公司第十五期利润分配计算书1

于氏及镰田氏实收额计算书1

以上

振兴公司第十五期贷借对照表

（自昭和六年四月一日至昭和七年三月三十一日）

资产			负债①		
矿山	3324529	24	资本金	140000	00
贮矿	339637	95	借入款	5824529	24
未收款	11181	32	积金	77851	
预付金	2785045	33	满铁贷借	322241	
工事结算	2678	15	未付款	75350	32
			预收款	5876	12
			本期盈利	17222	66
计	6463071	99	计	6463071	99

（备考）

在上列贷借对照表，预付金 2785045.33 日元及借入款 5824529.24 日元中包括另一笔帐款 2500000 日元（昭和二年度岁末评价财产折算时，符合不良资产，列为另行整理部分），扣除该部分时，其结果有如下记：

预付金　　285045.33

借入款　　3324529.24

借入款余额与事业费累计额相符。

---

① 引书注：负债栏 77851、322241 右侧栏内数字原档残缺。

第十五期

（昭和六年四月一日至昭和七年三月三十一日）

振兴公司损益计算书

借方			贷方		
本期亏损额	1074627	90	本期盈利总额	1091850	56
差额纯利润	17222	66			
计	1091850	56	计	1091850	56

利润分配

1. 本期纯利润　　　　　　17222.66

其分配情况如下：

第一次分红金额　　　112000.00

第二次分红金额　　　　3312.46

工作人员慰劳金　　　　903.40

积　　　金　　　　　1806.80

昭和六年度振兴公司利润分配计算书

纯利润		盈利分配明细金额		摘要
17222	66	11200	00	第一次股息（对投资 140000 按比分配）
		903	40	工作人员慰劳金（第一次分配余额之一成五分）
		3312	46	第二次股息（第一次分配积金□□□①慰劳金支出余额）
		1806	80	积金（第一次分配余额的三成）
17222	66	17222	66	

昭和六年度于冲汉氏及

镰田弥助氏分红实收额计算书

摘要	镰田氏		于氏		合计	
第一次红利金	5600	00	5600		11200	00
满铁借入金利息	4900	00	4900	00	9800	00

① 原书注：原档此处三字不清。

续表

摘要	镰田氏		于氏		合计	
扣除后余额	700	00	700	00	1400	00
工作人员慰劳金			903	40	903	40
第二次红利金	1656	23	1656	23	3312	46
计	2356	23	3259	63	5615	86
镰田氏满铁缴纳金	2356	23			2356	23
将以上金额补给于氏			2356	23	2356	23
计	0		5615	86	5615	86
制铁所补给金			14384	14	14384	14
镰田氏及于氏纯收入	0		20000	00	20000	00

关于于冲汉氏住院件①

（1932 年 11 月 15 日）

（总庶庶三二第一号之三〇九）

满洲国监察院长，鞍山振兴公司总办于冲汉氏，于大连医院诊治中逝去。缘该氏多年来与会社有密切关系。其间自始至终为会社之事业操劳。其入院费预计约为 600 日元，上记款额由会社承担，请酌定。

赠送于冲汉奠仪之件②

（1932 年 11 月 16 日）

（总庶庶三二第一号之三一六）

满洲国监察院长、振兴公司总办于冲汉氏逝去。该氏约亘十五年间，尽心竭力于日中、日满亲善，其功甚多。先此以总裁名义，做为奠仪赠送日金一千元整。请酌定。恳祈裁断，由临时费支付。

---

① 辽宁省档案馆、辽宁社会科学院编：《"九一八"事变前后的日本与中国东北——满铁秘档选编》，辽宁人民出版社 1991 年版，第 19 页。

② 辽宁省档案馆、辽宁社会科学院编：《"九一八"事变前后的日本与中国东北——满铁秘档选编》，辽宁人民出版社 1991 年版，第 19 页。

申请审议对于冲汉赙仪及其他支付费用件①

（1932 年 11 月 14 日）

南满洲铁道株式会社

　　总裁　伯爵林博太郎台鉴：

　　振兴公司经理于冲汉氏素来体弱多病，因病情遽形恶化，上月三十一日住进大连医院，于前天——十二日溘逝。

　　该氏，历来尽瘁于日中、日满间亲善，其功绩俱在，实为世人所知。且自奉天交涉使时代起，烦劳该氏对会社设施格外关切的议案亦不少。尤其民国六年以来，他作为鞍山铁矿振兴公司总经理留下甚多功劳。一方面置旧军阀压迫于不顾，抱病而将全力倾注于症结的解决，以至病势危重。于今追思所见，作为了解内情的卑职，对此同情不已。当其预感病笃，弥留之际，犹躬握卑职之手，对公司及其遗族将来频频叮嘱："一切拜托。"随即寂然瞑目。

　　追忆上述情况，于今为酬其生前功劳，首先应予支付赙仪一万日元并住院期间一应费用实际开支六百日元。特此，仰望请予审议。谨呈。

昭和七年十一月十四日

振兴公司总经理　镰田弥助

向于冲汉氏遗族赠送奖状及奖金件②

（1932 年 11 月 30 日）

（总庶庶三二第一号一三二九）

　　满洲国监察院长于冲汉氏于十一月十二日逝去，十二月二日举行葬

---

① 辽宁省档案馆、辽宁社会科学院编：《"九一八"事变前后的日本与中国东北——满铁秘档选编》，辽宁人民出版社1991年版，第19页。

② 辽宁省档案馆、辽宁社会科学院编：《"九一八"事变前后的日本与中国东北——满铁秘档选编》，辽宁人民出版社1991年版，第20页。

礼。兹为酬谢其生前自始至终尽瘁会社之事业，对其遗族赠以奖状及奖金五万日圆整，以资酬劳该氏为会社之事业操劳（包括振兴公司部分）。敬祈支付，允准为荷。

备考：

为会社尽心尽职的主要事项

辽阳交涉局长时代

1. 日俄战后，提倡东三省的资源开发

奉天交涉使时代

1. 解决收购奉天公、私职工住宅用地及其后扎免公司问题，居间斡旋关于其他一般会社事业与中国方面的交涉。

东三省总司令部总参议时代

1. 日支交涉达成协议后，鞍山铁矿振兴公司的设立及收买鞍山一带的铁矿、盖平、海城管内的酸化镁矿；获取长石矿区；购置火连寨石灰矿。

2. 鞍山制钢所建设用地的收买，汤岗子附近庙地的收买；大石桥盘龙山采石地的收买。

（总体部 222）

为确定振兴公司租矿权事昭和制钢所
秘书课长松井致满铁监理课长谷川函[①]

（1935 年 12 月 6 日）

（秘文第二二号二八 总监三五第五一之四七）

南满洲铁道株式会社监理课长谷川善次钧鉴：

敬启者：时值祁寒，谨祝贵体日益康健。谨陈：拟将自振兴公司买矿之关系，改为将来之租矿权而加以确保。同时，欲酬谢于冲汉、于静远等一向之厚意及援助。如另纸所记，此点意在取得关东军之谅解。目前，敝社采矿部长赴大连之际，曾向贵社山崎理事汇报，幸蒙谅解。虽

---

① 辽宁省档案馆、辽宁社会科学院编：《"九一八"事变前后的日本与中国东北——满铁秘档选编》，辽宁人民出版社 1991 年版，第 21 页。

迟早将办理正式手续，但理应先行报告。恭候尊示，谨致意。

株式会社昭和制钢所秘书课长松井敏生

昭和十年十二月六日

（抄件　制钢三五第二〇号二四）

与振兴公司签订租矿合同之件

关东军参谋部第三课长永津佐比重台鉴：

与敝社关系密切，拥有鞍山附近铁矿区之业主——鞍山振兴公司，与敝社素来采取依买矿合同而收买该公司所采矿石之买矿形式。依新矿业法所规定，乃与该公司之间确定租矿权，此乃期望作业之稳定，并用以报答已故于冲汉氏多年于困顿之下毫无所求地确保我之权利，使作业顺利无阻之遗志。兹列举事情之原委，理由及租矿要点，恭聆尊意。

记

一、事之原委

（1）资本关系

振兴公司之资金，由已故于冲汉嗣子于静远氏及镰田弥助各投资七万日元，但均是由敝社向其个人之贷款。

另外，敝社对公司之贷款，至本年九月末为日金三百六十四万八千六百六十八元六十五分；满铁之贷款为二百五十万日元。

（2）采矿，买矿及人事关系

采矿作业，一切由该公司本身进行，与敝社之间订下买矿合同，敝社购买其所开采矿石。

在人事关系方面，由敝社采矿部长兼任公司采矿总局长，又公司采矿总局员，全部由敝社采矿部员充任，事实上完全是在敝社统辖之下。

（3）于冲汉氏生前实收金额及其他

总经理俸金，年金一万二千日元

期末红利，二万日元

合计　三万二千日元

另外，矿工监视所费用一万八千日元（矿工监视所，以于冲汉氏胞弟于文汉任矿工总监督在各采矿所分别驻有监视员及办事员，担任矿工之指导监督，并负责处理与地方官宪、村民间之友善关系等)。

另项总局费（驻奉天总社费）数名办事员薪金、房费及其他诸费用，作为实际费用开支，每年估算，支付一万日元左右。

(4) 于冲汉逝后，于静远实收金额及其他。

总理新俸　六千日元

期末红利　一万日元

合　　计　一万六千日元

矿工监视所费　九千日元

总局费　八千日元左右

二、可构成租矿之理由

以往买矿之形式，虽系出于不得已之措施，然而，借重于冲汉及于静远之声望，幸而无何异议。再者，尽管目前无何故障，然而难以保证在遥远之将来不发生麻烦问题，如果当初矿业权即归满铁或是敝社所有，就不至于如此。而今，敝社由公司接受矿业权转让，亦是一个办法。可是有关矿山之估价甚为困难，加之，作为敝社，即使暂时筹集大量资金，在金融方面亦是困难事情。倘依据新法租矿，在巩固权利的同时，为酬答已故于冲汉氏之遗业，确保对于静远之报酬，使之得以安心，依此确定租矿权乃最为适宜之措施。

三、租矿合同要项

(1) 期限：二十年。

(2) 租矿费三万三千日元。于静远实收额一万六千日元。矿工监视所费九千日元。总局费八千日元。

矿工监视所、总局关系：于氏一如既往执行其实际任务。

(3) 镰田总理之薪俸，由制钢所直接支付。

以上

株式会社昭和制钢所常务董事富永能雄

昭和十年十二月六日

（总体部 1295）

振兴公司从 1916 年 7 月 22 日在奉天将军公署胡同通天街西大门正式成立，到 1940 年 12 月 2 日解散，在日本侵略者的操纵下，经营了 24 年，掠夺了鞍山地区上千万吨的铁矿石，使昭和制钢所的钢铁工业得以畸形膨胀。1943 年，它年产生铁 130 万吨，占中国生铁产量的 72%，钢 84 万吨，占中国钢产量的 91%。"据不完全统计，日本侵略者在 1931 年'九一八'事变后，至 1945 年日本战败投降的 14 年中，从鞍山不仅掠夺了 950 万吨铁、550 万吨钢，而且榨取了 1 亿 2000 余万日元的巨额利润。"① 每一块矿石，每一吨钢铁，每一分利润，都沾满了中国工人的血汗。

（二）中日合办本溪湖煤铁有限公司

奉天本溪地区矿产资源丰富，具有发展钢铁工业得天独厚的条件。本溪境内铁矿储量大，品质佳，具有低磷、低硫、杂质少、可选性强的特点，是冶炼铸造生铁的理想原料。主要铁矿石分布点在南芬、思山岭至卧龙、欢喜岭、歪头山、红旗岭、梨树沟、北台至大河沿贾家堡一带，零星小矿点散布在草河口、下马塘、连山关一带。矿床类型以鞍山式铁矿床为主，间有少量的矽卡岩型铁矿床和热液型铁矿床。鞍山式铁矿床矿体规模大，埋藏较浅，含铁层比较稳定，矿体多呈层状，适于露天开采，且以铁矿石储量多、质量优、杂质少、易采、易选而享有盛名。②

1910 年 5 月 22 日，在日本的强迫下，"中日合办本溪湖煤矿公司"在奉天本溪成立。合同规定，公司资本金为龙洋 200 万元，中日各出一半。日方以大仓财阀于 1906 年开办本溪湖炭矿投入的机械设备折价 100 万元；中方以矿产资源抵价 35 万元，另缴股金 65 万元。但日本并不满足，1912 年 10 月，日本大仓财阀胁迫东三省总督签订《中日合办本溪湖煤矿有限公司附加条款》，实行煤铁联营，增加资本龙洋 200 万元，中日各半，公司改称"中日合办本溪湖煤铁有限公

---

① 张克良整理：《鞍山矿业史概要》，中国人民政治协商会议鞍山市委员会文史资料研究委员会编：《鞍山文史资料选辑》第 2 辑，1983 年，第 61 页。
② 本溪市党史地方志办公室编：《本溪市志》，大连出版社 1998 年版，第 11 页。

司"。由此，日本攫取了在距离本溪湖 50 千米内地区经营铁矿的合办权。在满铁的控制下，公司拥有了本溪县本溪湖的煤矿，又有庙儿沟、八盘岭、通远堡等多处铁矿，并有采掘窑子裕等处矿山的优先权，经营采煤、采铁、制铁业务。"资本金最初北洋银 200 万元。1914 年 2 月，公司为建设 2 号炼铁高炉，先后两次增加资本投入共计700 万元。到 1921 年资本达 1 亿元。日方代表为大仓代表岛冈亮太郎，中方为政府代表巢凤冈，且双方约定排除第三国资本加入。"①1927—1928 年，本溪湖煤铁有限公司出于炼铁发展的需要，安排旅顺工业大学日本教授都留一雄和藤田义象对庙儿沟铁矿进行勘察。这次勘察取得了较为详细的地质资料，并写成《庙儿沟铁山的地质与矿》报告。经日方调查，庙儿沟铁矿区矿石种类属鞍山式磁铁矿，矿石储量地表以上贫矿 2 亿吨，富矿 600 万吨。这份调查资料为后来满铁进一步开采庙儿沟铁矿提供了重要的参考。②

日本大仓财阀来到本溪以后，先开采煤矿，后占有铁矿冶炼钢铁，并设置统管煤铁的领导机构和管理部门，在公司内部分设煤、铁专管机构，一些综合部门则统管煤、铁两方面业务。1912 年，日本大仓财阀与中国政府签订"合办"炼铁合同之后，将原"本溪湖商办煤矿有限公司"改为"中日合办本溪湖煤铁有限公司"。"公司设总办和理事，下设3 部 11 科：营业部、制铁部、采炭部、秘书科、贩卖科、庶务科、会计科、熔矿科、原料科、采矿科、坑务科、制材科、机械科、修筑科。1920 年，国际市场铁价下跌，生铁产量被迫减产，为压缩开支，大力裁减机构，将 3 部 11 科改为 1 处 4 科：秘书处、总务科、制铁科、采矿科、工务科。"③ 1923 年以后，生铁销售市场好转，公司炼铁系统的生产建设不断扩大。到 1931 年九一八事变后，中日合办本溪湖煤铁有限公司为日本大仓财阀独占。

---

① 张雁深：《日本利用所谓"合办事业"侵华的历史》，生活·读书·新知三联书店1958 年版，第 38 页。
② 本溪市党史地方志办公室编：《本溪市志》，大连出版社 1998 年版，第 12 页。
③ 本溪市党史地方志办公室编：《本溪市志》，大连出版社 1998 年版，第 11 页。

表4-9　　　　20世纪20年代东北新式铁厂产铁能力情况①

公司名称	铁厂地点	化铁炉座数/座	每炉每日出铁吨数/吨	共计每日产铁吨数/吨	每年产铁能力/吨
本溪湖公司	本溪湖	4	两座140两座20	280	90000
振兴公司	鞍山	2	250	500	180000
合计		6		780	270000

　　1912年中日合办本溪湖煤铁有限公司成立的当年，大仓财阀在"中日合办"的幌子下侵吞了庙儿沟铁矿作为公司炼铁原料基地，并陆续从英、德等国引进炼铁设备和生产技术。1915年1月，1号高炉点火投产，设计能力为日产生铁130吨，当年产量为2.94万吨。1917年12月，2号高炉建成投产，日产能力亦为130吨。1919年产量7.88万吨。中日合办本溪湖煤铁有限公司制铁部分的外销产品主要有焦炭、生铁。第一次世界大战结束后，国际市场生铁滞销，1920年产量下降到4.88万吨。到1930年，生产铁矿石14.1万吨，生铁8.5万吨，焦炭13.2万吨，主要销往中国东北、河北、山东、台湾及日本、朝鲜等地。② 1931年九一八事变后，大仓财阀独占公司加紧掠夺资源，生铁产量一增再增。本溪湖煤铁有限公司年度收益情况详见表4-10和表4-11。

表4-10　　　1931年本溪湖煤铁有限公司年度资产负债情况③　　　　单位：日元

资产		负债	
科目	金额	科目	金额
一般固定资产	1628053.00	资本金	7000000.00
煤炭业固定资产	4578859.16	社债金	2000000.00

　　① 彭维基：《铁业与保护关税之关系》，《东方杂志》第21卷第23号，1924年12月。
　　② 本溪市党史地方志办公室编：《本溪市志》，大连出版社1998年版，第180页。
　　③ 《昭和六年度经常费决算书》，本溪湖煤铁有限公司，1931年，吉林省社会科学院满铁资料馆藏，资料号：14567。

续表

资产		负债	
科目	金额	科目	金额
制铁业固定资产	6195864.92	溪碱铁路借款	120000.00
电灯业固定资产	1926969.60	大仓组	5833845.65
溪碱铁路出资金	171000.00	预收账款	2318056.55
创业预估金	50111.92	未付金	66389.66
仓库品	128032.29	保证金	108950.00
营缮工厂	28345.90	役员存款	374779.70
修筑工厂	6902.41	工人存款	88957.73
预付金	4893795.24	壹千元会存款	102139.69
赊购款（应付）	317170.39	役员共济会	27099.73
满铁会社	43536.91	工人共济会	34390.03
邮政转账款	624.71	生铁未决算出货款	827778.00
未收账款	2282956.64	公积金	561564.51
配给所	55075.61	资产折旧及创业折旧款	4596491.20
医院	7077.29	探矿费及一般研究费公积金	235689.10
银行存款	602721.94	社员退职慰劳基本金	360000.00
溪碱铁路事业费	82077.35	前期结转款	25009.77
生产品原价	1066755.69	本年利润	357955.61
生产品运费估算额	62018.96		
八盘岭铁山结转金	43000.00		
通远堡结转金	39027.67		
向日本运送生铁金	827778.00		
现金	1341.33		
合计	25039096.93	合计	25039096.93

表 4-11　　　　　**1931 年本溪湖煤铁有限公司年度盈亏计算书①**　　　　单位：日元

煤炭作业收益款	34324.09
煤炭销售收益款	247640.85
骸炭作业收益款	22058.01
骸炭销售收益款	37067.00
生铁作业收益款	106775.52
生铁销售损失款	192650.88
煤炭副产品作业收益款	122.87
煤炭副产品销售收益款	44461.22
骸炭副产品作业收益款	1942.76
骸炭副产品销售收益款	1451.94
窑业作业收益款	50770.65
窑业销售收益款	33.47
硫酸作业损失款	91.55
铁山作业收益款	26431.89
团矿作业收益款	26721.63
石灰石作业收益款	2470.20
动力作业收益款	20150.65
电灯营业收益款	80074.40
杂损收益	2224.34
货币差收益款	75682.52
生铁运费返还款	106498.80
利息	156311.62
熔矿炉补修公积金	65620.00
生产品单价调整金	114273.15
本年利润	357955.61

由以上叙述我们可知，中日"合办"企业双方出资比例一般的情况是

---

① 《昭和六年度经常费决算书》，本溪湖煤铁有限公司，1931 年，吉林省社会科学院满铁资料馆藏，资料号：14567。

中日各半，但实际并不尽然。例如弓长岭铁矿的投资比例是中四日六分配，中方以矿权作股，日方以现金作股。合同规定股本总额 100 万日元，这 100 万日元完全由日方投入，其中 60 万日元作为日股，40 万日元作为给中方的华股。[①] 中日"合办"企业双方通过这种股份的比例确定分配权益的多少，但在实际操作中，日方占有的权利和资源远远超过约定的比例。

第三节　满铁掠夺东北铁矿资源的价值与利润去向

一　满铁掠夺东北铁矿资源的价值

东北的铁矿资源也是日本掠夺的主要目标之一。满铁投放了很多资本用于矿藏的开发，独资经营的煤矿有抚顺、烟台两处，鞍山和本溪湖是日本帝国主义在中国东北掠夺钢铁资源的两大据点，直到九一八事变后也是如此。中日合办本溪湖煤铁有限公司每年产煤 760 万吨，占全国煤炭总产量的 28%。1915—1920 年，该公司累计销售生铁 3 万吨。1924 年试制成低磷铁，生铁销量由 1923 年的 2.35 万吨增至 5.23 万吨。1926 年以后，本溪湖 1 号焦炉及焦油回收、硫氨、硫酸等厂分别建成投产，产品种类和销量逐年增加。本溪湖的生铁产量为 65000 多吨，高于日本浅野钢铁厂的产量，但更大规模的掠夺还是九一八事变后。鞍山和庙儿沟两处矿地年产生铁 34 万吨，占全国总产的 72%。1931 年，鞍山的生铁产量为 276000 多吨，仅次于日本最大钢铁企业八幡制铁所的产量。

九一八事变后，日本侵略者为了大规模地掠夺钢铁产品，满足日益扩大的侵华战争的需要，决定在东北建立炼钢厂，实行钢铁连续生产。"1933 年 4 月 10 日，日本拓务省正式批准满铁的申请，将鞍山制铁所的设备转让给昭和制钢所，即将鞍山制铁所变为昭和制钢所，实行了钢铁连续冶炼作业。从此，昭和制钢所在鞍山、在东北的土地上开始发挥其

---

① 张雁深：《日本利用所谓"合办事业"侵华的历史》，生活·读书·新知三联书店 1958 年版，第 38 页。

带有殖民性色彩的角色。"[1]

昭和制钢所的生铁年产量由 1932 年的 30 万吨增至 1936 年的近 50 万吨。本溪湖煤铁公司的生铁产量由 1932 年的 9 万多吨增至 1936 年的 15.6 万吨，其中增产幅度较大的是低磷铁的生产，由 1931 年的 1 万多吨增至 1934 年的 8.9 万吨，提高了 8 倍。这是因为日本侵略者为了满足侵略战争的需要，对军工生产的重要原料——低磷铁的掠夺极为重视。日伪当局从 1937 年开始推行两次"产业开发五年计划"，进一步扩大了东北钢铁生产的规模。

1933 年 6 月至 1935 年 7 月的第一期增产计划，是以原鞍山制铁所的三座高炉为基础，扩建炼钢设备。其指标是："生产生铁 45 万吨，钢坯 20 万吨，钢材 13 万吨。第一期计划投资 3774 万元，其中，炼钢投资 1538 万元，占全部投资的 40.8%。"[2] 第二期增产计划是 1934 年 12 月由日本拓务省批准的，计划规定建一座 600 吨高炉（第四高炉）、两座 150 吨平炉、一所小型钢材厂（年产 10 万吨）及其附属设备工程，均于 1937 年先后投产，生铁年产能力增加到 70 万吨，钢锭年产能力增加到 58 万吨。[3] 在 1937—1941 年的第一次五年计划期间，昭和制钢所生铁年产量由 1937 年的 67 万多吨增加到 1941 年的 118 万吨，首次突破百万吨大关；本溪湖煤铁公司生铁年产量由 1937 年的 13 万吨增加到 1941 年的 20 万吨，其中低磷铁由 1937 年的 8.8 万吨增至 1941 年的 17 万吨，增加了一倍；昭和制钢所的钢产量一直在年产 50 万吨以上。满铁 1939 年 3 月的报告统计，1907—1937 年，公司总投资 852.7 百万元，仅有 37.2% 用于铁路，其他用于煤矿的投资占 16.1%，港口占 12.9%，地方公共事业占 21.4%，炼油厂占 1.5%。这些数字表明，满铁并不是一个单纯的铁路企业，而是一个拥有铁路、工矿、港口和公用事业等的大投资公司。

1937 年"产业开发五年计划"依然贯彻"日本主产成品主义，满

---

① 李雨桐：《昭和制钢所殖民性特征解析》，《长春工程学院学报》（社会科学版）2018 年第 2 期。

② 鲍振东、李向平等：《辽宁工业经济史》，社会科学文献出版社 2014 年版，第 266 页。

③ 解学诗主编：《满铁档案资料汇编》第 8 卷《鞍山昭和制钢所始末》，社会科学文献出版社 2011 年版，第 404 页。

洲主产原料主义"的殖民掠夺政策。1936年末，日本商工省举行的钢铁国策协议会，就提出在中国东北增加生铁设备的问题，以满足日本制铁公司急剧增加的对原料生铁的需要。日本政府有关各省（即部）均表赞同，昭和制钢所已着手炼钢，但也决心推行这个至高的国策。第一个"产业开发五年计划"的钢铁指标是，生铁253万吨，钢200万吨。七七事变后，1938年两项指标分别修改为465万吨和316万吨（均为全东北的数字）。当时日本年产生铁256万吨，东北生产生铁约70万吨，合计326万吨；钢，日本产量648万吨，东北50万吨，合计698万吨。当时由于战争的扩大和军火工业的发展，钢材需要量不下1000万吨。日本又是钢铁资源贫乏的国家，因而不但要进口钢材，而且要进口炼钢的原料废钢或生铁。这样日本对伪满的要求是既增产钢，更增产生铁，以实现日本钢的增产计划。昭和制钢所的理事长小日山直登当时曾经叫嚷："昭和制钢所是国策会社，制造送往战场的武器需要铁……依靠我们的力量哪怕多生产一吨铁，也就为完成国策尽了一份力量。……现在如能向日本内地运去一万吨生铁，日本内地就能减少一万吨生铁或废钢的进口，就可以少向外国支付相应的外汇，以使用这笔钱购买必要的军需品。"[1] 详见表4-12。

表4-12　　　　昭和制钢所日平均生铁产量及主要原料消耗量[2]　　　　单位：吨

年份	生铁日产量	日平均原料消耗量			
		铁矿石	其他矿石	焦炭	石灰石
1932	823	1401	100	906	560
1933	847	1422	145	862	576
1934	949	1575	119	968	629
1935	1289	2150	218	1300	771
1936	1347	1169	221	1434	823

---

[1] 吉林省社会科学院满铁资料编辑组：《满铁史资料·煤铁篇》，中华书局1987年版，第1378页。

[2] 解学诗主编：《满铁档案资料汇编》第8卷《鞍山昭和制钢所始末》，社会科学文献出版社2011年版，第404页。

年份	生铁日产量	日平均原料消耗量			
		铁矿石	其他矿石	焦炭	石灰石
1937	1915	3055	388	2025	1151
1938	1954	3259	365	2362	1163
1939	2399	4170	330	3061	1324
1940	2574	4739	252	3095	1436
1941	3267	6228	382	3961	1938
1942	3573	6981	408	4090	2054

注："铁矿石"包括人造富矿。"其他矿石"表示铁渣、碎铁、平炉渣、锰矿、锰矿渣、硫酸渣等。

有学者研究指出："1944 年夏季以后，昭和制钢所等完全陷入混乱状态。由于美国飞机 B29 轰炸鞍山三次，号称无敌的关东军便慌了手脚。关东军司令官山田乙三以加强战时产业体制为由，要求更换满洲制铁公司理事长，结果任东京市长的岸本绫夫陆军大将代替岛冈亮太郎，担任公司的新理事长。与此同时，派小畑少将为监督官，强行开始迁厂工作。按关东军的要求，鞍山的高炉全部都要迁到东边道的深山里去。通过强制征发，关东军动员大批人力，倾注全力，进行迁厂。结果生铁产量骤然下降。这一年生铁计划产量 155 万吨，而实际产量是 78.4 万多吨。及至 1945 年，更是一落千丈，生产上全面陷入崩溃状态。"[①]

从东北各省铁矿出产量来看，奉天省最多，也是日本帝国主义掠夺东北铁矿的主要对象。"鞍山铁矿自 1917 年 5 月开采以来，日本名下的资本共计日币 5000 万元。1930 年 3 月 9 日，最新的熔铁炉开设后，每年出产生铁达 21 万吨。"本溪湖煤矿公司有炼铁高炉两处，每炉可出铁 100 吨，1915 年 1 月 1 日正式投入生产。此外，还有两炉正在筹备中，每炉可出铁 150 吨。当时该公司拟设一处钢厂，以便采铁炼钢。至 1915 年 5 月，该铁厂两炉已能日出铁 180 吨。[②]

---

① 姜念东、伊文成、解学诗等：《伪满洲国史》，吉林人民出版社 1980 年版，第 295 页。

② ［美］雷麦：《外人在华投资》，蒋学楷、赵康节译，商务印书馆 1959 年版，第 367 页。

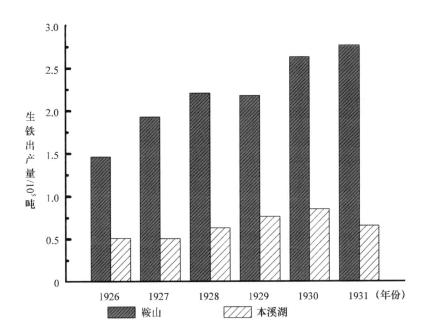

图 4-1　1926—1931 年鞍山与本溪湖生铁出产量统计①

　　东北的铁矿资源丰富，生铁及硫化铁的产量也相对较多。它们也是冶炼钢材不可多得的重要原料，长期被日本人觊觎。在满铁的垄断下，这些矿产资源悉数被日本占有。详见表 4-13 至表 4-16。

表 4-13　　　　1918—1923 年东北南部出产量及价值统计②

年份	数量/吨	价值/日元
1918	671211	1012251
1919	271780	15171726
1920	431950	3795361

---

① 《满洲ノ矿业》，经济调查会第一部，1933 年，吉林省社会科学院满铁资料馆藏，资料号：14460。

② 《关东厅第十八统计书（大正十二年）》，关东长官官房文书课，1924 年，吉林省社会科学院满铁资料馆藏，资料号：09946。

续表

年份	数量/吨	价值/日元
1921	204547	1311191
1922	225567	1294285
1923	184883	1239121

表 4-14　　　　　**1926—1931 年奉天省铁矿出产量统计①**　　　　单位：吨

地区		年份					
		1926	1927	1928	1929	1930	1931
鞍山铁矿	西鞍山（富矿）	21241	33512	6362	—	—	—
	东鞍山（富矿）	4865	—	—	—	—	—
	大孤山 富矿	3158	191	—	—	—	—
	大孤山 贫矿	924473	734000	528000	739954	523894	673380
	樱桃园（富矿）	21735	27784	6591	—	167274	—
	王家堡子（富矿）	71743	98524	63333	97071	—	143589
	总计 富矿	122742	155011	76286	97071	167274	143589
	总计 贫矿	924473	734000	528000	739954	523894	673380
	共计	1047215	889011	604286	837025	691168	816969
庙儿沟铁矿	富矿	70000	70000	106000	148646	141061	105680
	贫矿	—	—	—	—	—	40880
	共计	70000	70000	106000	148646	141061	146560
合计		1117215	959011	710286	985671	832229	963529

表 4-15　　　　　**1926—1931 年奉天省硫化铁矿出产量统计②**　　　　单位：吨

产地	年份					
	1926	1927	1928	1929	1930	1931
本溪湖	947	890	1155	1046	789	588

---

① 《满洲ノ矿业》，经济调查会第一部，1933 年，吉林省社会科学院满铁资料馆藏，资料号：14460。

② 《满洲ノ矿业》，经济调查会第一部，1933 年，吉林省社会科学院满铁资料馆藏，资料号：14460。

续表

产地	年份					
	1926	1927	1928	1929	1930	1931
烟台	495	627	1050	1017	1369	3241
林家台	—	—	1823	2994	870	90
杨木沟	1314	1400	238	—	—	—
合计	2756	2917	4266	5057	3028	3919

表 4-16　　1926—1931 年中国东北铁矿、生铁、硫化铁出产量统计①　　单位：吨

矿产	年份					
	1926	1927	1928	1929	1930	1931
铁	1117215	959011	710286	985671	832229	963529
生铁	197327	243390	283667	294158	348054	342270
硫化铁	2756	2917	4266	5057	3028	3919

　　从以上数据统计中我们可以看到，东北铁矿的生产能力非常惊人，且硫化铁均产自奉天省。若这些铁矿资源全部用于我们自己的发展，对于当时的东北乃至中国社会的进步都是非常有利的。在日本的操控下，在中国土地上的铁矿资源却被满铁垄断，多数被运往日本国内，供给兵工厂，作为制造武器的原料。详见表 4-17 至表 4-19。

表 4-17　　　　　　　**鞍山生铁与各国生铁市价比较**②　　　　单位：日元/吨

生铁市价	年份		
	1929	1936	1937
鞍山生铁成本	33.29		31.28
鞍山生铁平均售价	44.64	44.5	47.77

---

　　① 《满洲ノ矿业》，经济调查会第一部，1933 年，吉林省社会科学院满铁资料馆藏，资料号：14460。

　　② 解学诗主编：《满铁档案资料汇编》第 8 卷《鞍山昭和制钢所始末》，社会科学文献出版社 2011 年版，第 515 页。

续表

生铁市价	年份		
	1929	1936	1937
美国生铁平均市价	40.27	63.93	79.95
英国生铁平均市价	39	63.27	85.2
德国生铁平均市价	45.28	87.02	88.26
法国生铁平均市价	41.08	56.83	62.55

表4-18　　　　　　　　昭和制钢所历年铁矿石产量统计①　　　　　单位：吨

年份	铁矿石产量		
	富矿	贫矿	总计
1932	133114	776430	1017230 [909544]
1933	138361	738498	1131260 [876859]
1934	134190	778378	1152824 [912568]
1935	258641	1080916	1762134 [1339557]
1936	357566	1347789	2089113 [1705355]
1937	549707	1599365	2149072
1938	947630	1963459	2911089
1939	1029352	1480339	2509691
1940	846048	1797709	2643757
1941	1117252	2189598	3306850
1942	1146468	2031809	3178277

注：1932—1936年，合计量为［ ］中的数字，原数字可能包括前一年剩余量。

① 《满铁关系会社统计年报》，昭和十一年度上卷，第55页；《满铁关系会社统计年报》，昭和十三年度，第602页；《昭和制钢所综合统计期报》第5卷第1号，第3页。

表 4-19 　　　　　1926—1943 年日本从中国东北运走生铁价值统计①

年份	价值/千元	年份	价值/千元
1926	7366	1935	18825
1927	8928	1936	14659
1928	8545	1937	—
1929	6515	1938	—
1930	5928	1939	32511
1931	4924	1940	39338
1932	6949	1941	64375
1933	18162	1942	119506
1934	18901	1943	53730

二　满铁掠夺东北铁矿资源的利润及去向

日本国内铁矿并不富足，除较大的釜石铁山蕴藏 300 万吨之外，其他仅有几处贫矿而已。朝鲜作为当时日本的殖民地，有若干处铁矿产地。最著名者为价川铁山，所藏矿石约 500 万吨。其次是载宁、安岳两处，储藏量为 50 万—100 万吨。加上朝鲜铁矿蕴藏量，日本所蕴藏的铁矿石达千万吨。日本历年铁矿区数目统计为：1906 年末 1437 个，1911年 871 个，1912 年 761 个，1913 年 776 个，1914 年 775 个，1915 年 751个，1916 年 780 个，1917 年 795 个，1918 年 883 个，1919 年 1116 个。1922 年前后，每年所得铁矿产量约为 363000 吨。日本财政经济调查指出，依照当时的生产设备，到 1924 年，日本铁矿生产最多可得生铁1039000 吨，钢材 1288325 吨，但仍有 60 万吨生铁及 40 万吨钢材短缺。因矿量有限，它不能长久维持这样的生产量。"据万国地质学所发表，日本本邦含有 6000 万吨之铁矿，加朝鲜之能采掘量 5000 万吨，合计仅11000 万吨。依其农商务省调查，全国每年需铁材约 130 万吨，即生铁150 万吨。改算矿石，则为 300 万吨，故约三十七年间，消费殆尽。或谓日本沿海各出，砂铁甚巨，制铁前途殊可乐观。"② 实际情况是该矿含

---

① 解学诗主编：《满铁档案资料汇编》第 8 卷《鞍山昭和制钢所始末》，社会科学文献出版社 2011 年版，第 517 页。

② 陈世鸿：《我国煤铁矿与日本国防及工业之关系》，《东方杂志》第 19 卷第 18 号，1922年 9 月。

铁分量过少，制铁十分困难，经济方面也比较难合算。详见表 4-20 至
表 4-24。

表 4-20　　　　1905—1917 年日本国内各铁矿山出产量统计①　　　单位：吨

年份	釜石矿山	虻田矿山	仙人矿山	栗木矿山	其他矿山
1905	70065	2460	10076	2838	17263
1906	75915	18193	11619	2558	6341
1907	68473	14230	13274	2400	5666
1908	75402	12742	9728	2937	16967
1909	87810	7786	6519	792	6953
1910	103192	—	4149	756	5203
1911	111494	—	4491	3472	5238
1912	130471	—	5240	3112	14360
1913	136351	—	3869	6023	6858
1914	99515	10579	6130	3668	1744
1915	79572	20794	6364	3786	8439
1916	97067	22660	7710	7157	5359
1917	148421	27550	6192	5512	41776

表 4-21　　　　1905—1919 年日本国内及朝鲜地区铁矿出产量统计②　　　单位：吨

年份	日本国内合计	朝鲜	合计
1905	102702	—	—
1906	124626	—	—
1907	104043	1800	105843
1908	117776	58485	176261
1909	109860	109042	218902
1910	113299	150395	263694

---

　　① 陈世鸿：《我国煤铁矿与日本国防及工业之关系》，《东方杂志》第 19 卷第 18 号，1922
年 9 月。

　　② 陈世鸿：《我国煤铁矿与日本国防及工业之关系》，《东方杂志》第 19 卷第 18 号，1922
年 9 月。

续表

年份	日本国内合计	朝鲜	合计
1911	124695	101374	226069
1912	152983	122503	275486
1913	153101	142049	295150
1914	121636	182034	303670
1915	118955	209937	328892
1916	139953	245418	385371
1917	229457	140653	370110
1918	359902	430787	790689
1919	363000	417000	780000

表 4-22　　　　1920—1924 年日本国内铁矿推测需要量统计①　　　　单位：吨

用途	年份				
	1920	1921	1922	1923	1924
铸物用生铁	430000	464600	499200	533800	568400
钢材用生铁	865000	1061000	1266000	1417000	1417000
钢材	1295000	1386000	1477000	1568000	1659000

注：铸物用生铁及钢材两项系日本制铁业调查会所调查之数量；钢材用生铁，系据钢材生产之推测额，于各年次生产额上再加一成。

表 4-23　　　　1916—1919 年日本国内铁矿相关数量统计②　　　　单位：吨

年份	日本国内生产量	输入量	输出量	需要量
1916	391892	237655	629547	617905
1917	462792	235082	697874	694552
1918	606428	267741	874169	873023
1919	612609	352151	964760	962866

---

① 陈世鸿：《我国煤铁矿与日本国防及工业之关系》，《东方杂志》第 19 卷第 18 号，1922 年 9 月。

② 陈世鸿：《我国煤铁矿与日本国防及工业之关系》，《东方杂志》第 19 卷第 18 号，1922 年 9 月。

表4-24   1916—1919 年日本国内用于制铁原料的铁矿数量统计①   单位：吨

数量	年份			
	1916	1917	1918	1919
日本国内生产量	139953	239457	359902	363000
输入量	470016	417788	598773	958986
以上合计	609869	647245	958675	1321986
输出量	7301	10228	8339	2657
两抵实在需要量	602568	637017	950336	1319329

据资料统计，制铁原料的输入额中铁矿部分在 1916 年为 279791 吨，1917 年为 296881 吨，1918 年为 396163 吨，1919 年为 621086 吨。1929 年，日本铁砂和生铁进口价值达 5420 万日元，1930 年达 3980 万日元。大约十分之一的铁砂和三分之一以上的生铁是从中国输入的，其中生铁主要来自东北。②

日本国内重要的制铁企业是位于福冈县八幡村（今北九州市八幡区）的八幡制铁所。中国东北是日本八幡制铁所生产所需原料重要的来源地之一。运向日本国内的铁矿以鞍山和本溪湖的铁资源为最多，其质量也是东北铁矿质量中的较上乘者（见图 4-2 和图 4-3）。

本溪湖地区铁矿每年出铁 75000 吨。1930 年，资产达 1500 万日元，矿工约 7000 人，日出铁矿石 500 余吨，主要向日本输出。除了东北的铁矿，日本从中国其他地区掠夺的铁矿约占总量的 35%（见表 4-25）。③

从 1920 年到 1925 年，仅鞍山制铁所一家运往日本的生铁量就达 35 万吨，约占同期鞍山制铁所生铁产量（46 万吨）的 76%。1926—1931 年，东北生铁运往日本共 123 万吨，约占同期东北生铁总产量（175 万吨）的 70%。本溪湖煤铁公司生产的低磷铁 100% 被掠往日本。从以上数字可以看出，九一八事变前，东北生铁产量的 70% 以上被掠往日本。④

---

① 陈世鸿：《我国煤铁矿与日本国防及工业之关系》，《东方杂志》第 19 卷第 17 号，1922 年 9 月。

② 陈世鸿：《我国煤铁矿与日本国防及工业之关系》，《东方杂志》第 19 卷第 18 号，1922 年 9 月。

③ 《北支铁矿·硫磺矿资源》，南满洲铁道株式会社地质调查所，1937 年，吉林省社会科学院满铁资料馆藏，资料号：24148。

④ 四川省中国经济史学会编：《抗战时期的大后方经济》，四川大学出版社 1989 年版，第 358 页。

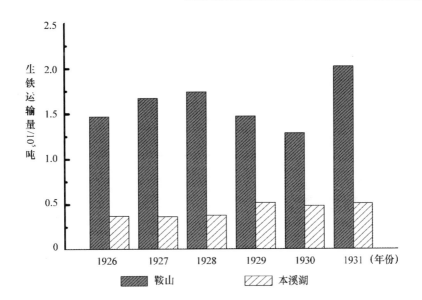

图 4-2　1926—1931 年鞍山与本溪湖生铁运往日本国内数量统计①

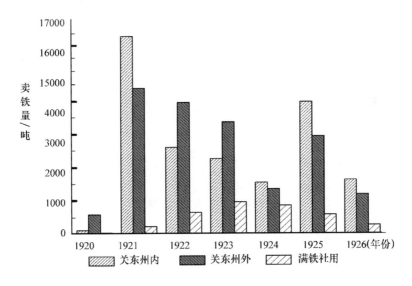

图 4-3　满铁售卖东北生铁数量统计②

① 中央档案馆、中国第二历史档案馆、吉林省社会科学院合编：《日本帝国主义侵华档案资料选编·东北经济掠夺》，中华书局 1991 年版，第 312 页。

② ［日］佐田弘治郎：《南满洲铁道株式会社二十年略史》，南满洲铁道株式会社 1927 年版，吉林省社会科学院满铁资料馆藏，资料号：10233，第 214 页。

表 4-25 　　　　　　　1932—1945 年日本生铁输入情况统计① 　　　　单位：吨

年份	日本生产量	输入量			
		朝鲜	中国		
			东北	关内	
1932	1010761	205955	322476	—	
1933	1436682	160429	455379	—	
1934	1728158	164185	409427	—	
1935	1906787	130627	382968		
1936	2007571	122910	271225	—	
1937	2308451	134834	212892	5000	
1938	2563043	214991	209992	2476	
1939	3178602	221034	352051	—	
1940	3511940	164152	431252	—	
1941	4172710	137999	553260	2155	
1942	4256348	133342	714875	30246	
1943	4032268	269000	265220	49667	
1944	3156974	245000	△325288	△50920	
1945	977020	32000	△52267	△48444	

注：本表不包括碎铁。△号为原书注，估计数字。

1931 年以后，东北铁矿石的供应情况详见表 4-26 和表 4-27。

表 4-26 　　　　　　　伪满时期铁矿石供求状况统计② 　　　　单位：吨

年份	东北生产量	输入	华北	朝鲜	输出	日本	朝鲜	其他	东北消费量	自给率
1937	2418302	—	—	—	2327	2317	7	3	2415975	100.1
1940	3349162	—	—	—	85000	85000	—	—	3264162	102.6

---

① 东洋经济新报社：《昭和产业史》第 3 卷，第 266 页。
② 解学诗主编：《满铁档案资料汇编》第 8 卷《鞍山昭和制钢所始末》，社会科学文献出版社 2011 年版，第 491 页。

续表

年份	东北生产量	输入	华北	朝鲜	输出	日本	朝鲜	其他	东北消费量	自给率
1941	4181679	—	—	—	98886	74870	24016	—	4082793	102.4
1943	4954198	1018274	669238	349036	……	……	……	—	5072472	82.9
1944	3800020	546441	352338	194103	……	……	……	—	4346461	87.4

注：自给率＝生产量/消费量＊100，……表示数据缺失，—表示无统计数据。

表4-27　　　　　　　　　**1943年东北铁矿石输入详情**①

矿产地		东北使用工厂名		合计
		鞍山	本溪湖	
由华北输入者	龙家堡	191707	10626	202333
	烟筒山	358254	24576	382830
	金岭镇	67740	21334	89074
由朝鲜输入者	茂山	86003	97000	183003

中国铁资源并未使贪婪的日本侵略者满足，日本政府还从其他国家和地区获取铁矿来满足自己的需求。可查阅到的资料记载主要有中国、英吉利、朝鲜等国向日本输入铁矿数据（见表4-28），我们可以从中窥见一斑。

表4-28　　　　　　　　**1905—1917年各国输入日本铁矿**
　　　　　　　　　　　数量及价值统计②　　　单位：数量/吨；价值/元

年份	国家							
	中国		英吉利		朝鲜		其他各国	
	数量	价值	数量	价值	数量	价值	数量	价值
1905	95690	672151	—	—	1263	10343	24	540

---

①　解学诗主编：《满铁档案资料汇编》第8卷《鞍山昭和制钢所始末》，社会科学文献出版社2011年版，第491页。

②　陈世鸿：《我国煤铁矿与日本国防及工业之关系》，《东方杂志》1922年第19卷第19号。

年份	国家							
	中国		英吉利		朝鲜		其他各国	
	数量	价值	数量	价值	数量	价值	数量	价值
1906	107021	764473	789	22100	12427	92858	29	841
1907	104321	753242	254	6867	17870	149055	56	393
1908	133287	913257	57	1298	56836	415464	32	1332
1909	88906	590672	62	1343	98417	565286	196	7625
1910	107712	710563	1251	35203	134924	712228	41	977
1911	122849	716356	1550	40873	107361	583637	50	487
1912	195625	1100748	2485	75877	123405	636452	101	1518
1913	277883	1537012	1991	47978	142420	723770	23	221
1914	297183	1671428	1682	57613	162044	832135	3	27
1915	308074	1789324	669	25618	201978	1044936	54	369
1916	279216	1642467	561	30153	190225	1016242	14	120
1917	295688	2382011	—	—	120907	960895	1193	77117

1905 年至 1917 年，各国总计输入日本铁矿：中国为 2413455 吨，价值 15243704 元；英吉利为 11351 吨，价值 344923 元；朝鲜为 1370077 吨，价值 7743301 元；其他各国为 1816 吨，价值 91567 元。[①] 由此可见，中国输入日本的铁矿无论是数量还是价值都远高于其他国家，而其中大部分来自东北地区。这一时期的中国尤其是东北，是日本对外扩张和掠夺的主要地区。从历史发展中我们也能看到，当时的日本企图把东北变成像朝鲜一样的殖民地任其宰割，疯狂掠夺各种资源以供其发展壮大。

综上所述，日本对东北铁矿的掠夺有以下几个特点。

第一，攫取铁矿数量巨大。东北铁矿的生产量巨大，九一八事变前，东北数百万吨铁矿就已被日本全部占有，大部分被运往日本国内。相关资料显示，1930 年本溪湖地区的生铁就全部被满铁运往日本国内，掠夺数量十分惊人。

---

① 陈世鸿：《我国煤铁矿与日本国防及工业之关系》，《东方杂志》1922 年第 19 卷第 19 号。

第二，通过不平等合约将利益最大化。当时中国政府软弱无能，给了日本假借中日"合办"进行官商勾结的可乘之机。日本通过一系列不平等条约、合同攫取东北的铁矿资源，对目标企业形成最大限度的控制，从中谋取巨额利益。

第三，满铁对东北铁矿生产和销售市场形成垄断。自 1906 年满铁成立以来，该公司就成为日本侵占中国东北的大本营，是日本政府一切侵略计划的实施者。满铁处心积虑把东北铁矿从生产到销售的全部控制权掌握在手中，无论是中国政府还是华商皆难以插足。

第四，为发动侵略战争奠定基础。铁与国防及工业的关系极其密切。20 世纪初，日本政府已经确立对外扩张的殖民性发展战略，需要大量的铁资源来满足其发动侵略战争的需求。事实证明，八幡制铁所就是在战争需要的背景下成立的，而八幡制铁所的原料正是满铁源源不断地从东北输送而得的。

第五章

满铁对东北金矿资源的调查与掠夺

满铁经营的调查事业在日本侵占东北的金矿资源过程中起到了至关重要的作用。插手东北的金矿业，是满铁及日本预谋侵占东北资源行动中的重要一环。作为调查东北金矿资源的主要机构，满铁调查部从1907年3月成立之日起便开始调查，直至1932年撤销，为日本掠夺东北的金矿资源提供了可靠的参考资料及情报资源。在资源掠夺方面，日本侵占中国东北后，对中国东北金矿资源主要采取两种掠夺方式：一是以借贷的方式逐步吞并中国私营的民间采金事业；二是利用伪满洲国的名义强行宣布金矿国有，进行强制垄断。

第一节　东北金矿资源概况

一　东北金矿资源的储量及分布

中国东北物产丰富，沃野千里，金矿资源十分丰富，蕴藏量大，种类齐全，是中国主要的产金地区之一。从地质学的角度看，金矿分为四种：新冲积层、古冲积层、第三纪砂石、花岗片石与变形岩中的石英矿脉。其中第一种最为重要，东北地区的金矿就属于新冲积层形成的矿种。[①]"金矿有两种，一种名山金，一种名砂金。山金也称脉金，主要存在于石英矿脉种；含金的岩石，崩碎成砂粒，随水流入江河，日久沉

---

① 愈之：《中国之矿产》，《东方杂志》第14卷第9号，1917年9月。

积，即为砂金。"① 东北的四大河流——黑龙江、鸭绿江、图们江和辽河流域广泛，为金矿的形成提供了良好的自然条件。自古生成的花岗石岩等被水冲蚀，所含金质沉淀而成矿床。据史书记载，早在汉代，人们就已经发现与认识到东北地下蕴藏着煤、铁等矿；魏晋时期已经开始采金；辽金时期，在抚顺、老虎台、太子河一带采煤，在辽阳附近采掘铁矿；到了明朝，辽阳曾设置户部司监督炼铁。自清一代，视东北为龙兴发祥之地，对东北采取封禁政策，尤其对开采矿业实行严厉限制。直至19世纪80年代，东北矿业尤其是金属矿业，才逐渐兴办起来。②

黑龙江流域的采金史可以追溯到唐代天宝年间。"据北齐魏书记载，东北在公元508年以前就有黄金产出。《金史》也曾记载，金国的国号就是出自一条产金河流的名称。到了清光绪年间，还出现了一条从嫩江到额尔木河，再到漠河，长达一千多公里的'黄金之路'。"③ 黑龙江省内蕴含的矿产主要是煤和金，金矿以砂金为主，此外还有斑岩型、石英脉型及矽卡岩型金矿，主要产金地有黑河流域的瑷珲、呼玛、萝北和汤原，黑龙江流域的漠河，以及牡丹江流域的依兰、绥芬河等地，其他地区还有东宁县金厂、穆棱县雷锋沟、瑷珲县罕达气和红叶子，桦川县驼腰子、黑背、石头河子及寒虫沟也是重要的金矿产地。黑龙江省漠河县是中国重要产金地之一，开采历史悠久，产金数量巨大。漠河县的金矿分布在老沟、富克山、瓦鲁库托河、兴华沟、古莲河、夹五克河、马大尔河、龙沟河、马尼契河、大林河等地。"1914年全省金产量为8.6万余两，是中华民国时期的最高纪录。"④ "兴安岭"，满语称"金阿林"，为金山之意。黑龙江干流似鹅头状环绕，其支流星罗棋布于大、小兴安岭之中。在这些大小河川流经地带，蕴藏着丰富的砂金资源，著名的团结沟、北沟、南沟、小渔河、五道沟、兴隆沟等砂金矿似闪闪发光的宝

---

① 中国文物学会专家委员会：《中国文物大辞典》（下卷），中央编译出版社2008年版，第776页。

② 东北三省中国经济史学会、抚顺市社会科学研究所：《东北地区资本主义发展史研究》，黑龙江人民出版社1987年版，第65页。

③ 孙启祯：《黄金趣闻与实用》，地质出版社1997年版，第102页。

④ 黑龙江省地方志委员会：《黑龙江省志·总述》，黑龙江人民出版社1999年版，第203页。

石镶嵌在祖国的北疆上，故有"金镶边"的美称。

吉林省的金矿以石英脉型金矿为主，其次是伴生金矿和砂金矿，主要分布于吉林、伊通、濛江、农安、舒兰、磐石、延吉、宁安、东宁、额穆、汪清、和龙、依兰、密山、绥远、桦甸、安图、珲春、桦川、穆棱等地。著名的矿床有大黑山、二道甸子、夹皮沟、小西南岔和珲春河。

表 5-1　　　　　　　　吉林省部分民营金矿矿区统计①

地区	所在地	方向	里数	矿区面积/亩
磐石	帽儿山	东南	35	1080
磐石	大泉眼	东北	50	1368
延吉	鹁鸽砬子	西北	60	2560
东宁	小绥芬河	西北	120	2800
桦川	双龙河	东南	220	2700
伊通	笤条背	西南	230	2655.52

奉天省矿产主要集中在辽河流域，省内有色金属矿产有铜、铅、锌、金等，还有银、锡、锰、铬。金矿以石英脉型金矿为主，主要矿床有五龙、四道河、柏杖子等。

由此可见，东北各省除煤、铁外，其他矿产中储量较多的为金矿。东北金矿产地因矿林大、产量丰富而著名的有松花江东源流域的夹皮沟，鸭绿江上游通化附近的大庙沟、五凤楼、北山城子，东南方的香炉碗子，以及满铁沿线铁岭站东的柴河堡等。相关资料显示，满铁对金矿的调查及掠夺也较其他矿产多。

二　东北金矿资源的勘测及开采

中国东北地大物博，矿藏丰富，采金历史可追溯至 1400 年前。东北地区金及砂金多分布在北部，奉天省和吉林省曾探索开发百余金矿产地。但因矿林狭小没有扩大开采的价值，当时民众仅限于在农暇之余略

① ［日］田中作：《吉林省の矿产》，东亚印刷株式会社 1922 年版，吉林省社会科学院满铁资料馆藏，资料号：14651。

试采取。黑龙江畔所产的砂金因矿质上乘最为知名，尤数黑龙江省的黑河道。民国初年，有人曾对东北金矿做了勘查与分析，并提出："金矿中以新冲积层矿种最为重要，东北及外蒙古所产皆属之。东北有四大河，黑龙江、鸭绿江、图们江和辽河，其流域皆甚广。古代生成之花刚石岩等，被水冲蚀。所含金质，沉淀而成矿床。故黑龙江省之数大金矿，皆在江之右岸。在吉林省者，则生成于鸭绿江、图们江之支流。在奉天者则生成于辽河流域。民国四年份，全国产金额为二十万盎斯，其中十二万盎斯采自满洲。"①

吉林省采金历史悠久，由于资金不足且人才缺乏，官营矿业并未获利，民间私人采掘得益颇多。吉林省内的采金有脉金与砂金两种。脉金产于山中岩石内，它的发现及采掘均难于砂金。清末民初，开采的脉金仅延吉县鹁鸽碰子、珲春县东沟、和龙县二道沟里蜂蜜沟、抚远县蒙得牙萨、桦甸县夹皮沟及磐石各金矿等几处。吉林省的砂金产地面积极广，松花江、牡丹江、图们江、乌苏里江、绥芬河等水系流域都产砂金。矿脉呈西南至东南至东北走向，略呈弧形。所含砂金多自古代花岗岩及结晶片岩中冲刷而得，多为片形，伴有粒形。吉林省各处的产金量没有精确的统计，各矿区的产金实数均由矿夫及把头掌握。矿夫向来有不向外人告之的习惯，一是防止胡匪抢掠，二则避免多纳税。吉林省重要砂金矿有依兰东沟及黑背山金矿、密山县兴隆沟金矿、穆棱凉水泉子金矿、东宁金矿、汪清金矿、和龙金矿、珲春金矿、桦甸县夹皮沟金矿、磐石县金矿等。

在日本势力侵入东北之前，清政府曾派人调查过东北金矿的储备情况。1905 年，调查人员进入奉天省境内勘查出通化与怀仁两处金矿。这两处矿地储量十分丰富，浑河以南、东北一带近海龙县界则金矿储量尚少。"通化县属的岗山二道沟金矿由中国政府自行开采已经三年，日役工夫两千余人，月得砂金约一千余两。"② 通化县西南界有 7 处产金地，其中两处为砂金矿，分别是通化西 80 里的通天沟和岗山二道沟。另 5 处金矿产地分别是通化南 15 里的大庙沟、通化南偏西 60 里的苇沙河、苇

①　愈之：《中国之矿产》，《东方杂志》第 14 卷第 9 号，1917 年 9 月。

②　《各省矿务汇志》，《东方杂志》第 2 卷第 2 号，1905 年 3 月。

沙河西 20 里的报马川、霸王槽东北 20 里的大梨树沟和南岗山岭西 30 里的富尔江。海龙县界有两处金矿产地——通化北偏东约 150 里的三合顶及三合顶东偏北 10 里的大滩平。通化县东部有 5 处产金地，两处为金矿：通化东 120 里的林子头和林子头东 60 里的实聚全。3 处为砂金矿，分别是实聚全东南 20 里的帽儿山头道沟、头道沟东十余里的帽儿山二道沟和二道沟北东 20 里的帽儿山三道沟。在怀仁县东南部有两处产金地，分别是怀仁县南东 100 里的老黑山和老黑山北东 15 里的滚马岭。

在近代的东北社会，金矿业有所发展。"从 19 世纪吉林开发了以夹皮沟为中心的金矿开始，又相继开发了黑河、漠河砂金地区，出现了所谓的淘金热，清政府设了几处官营金矿局及官商合办的广信公司，接着在各地出现了商办金厂。"① 这一时期的金矿业，虽然仍受清政府的管控与制约，但已经具有资本主义萌芽色彩。表现为："兴办矿业的直接目的（尤其经办人的目的）主要是获取利润；资金来源多数为商业资本的积累，筹集资金方式是招商集股，生产资料表现在劳动手段上尽量采用机器；劳动组织是由几十、几百以至几千人，在同一地点、同一场所，分工协作生产；劳动者几乎都是一无所有，能够自由出卖劳动力的雇佣工人；在经营管理上多数都采用企业公司的形式，设有股东和经理（时称总办）；产品主要投入市场销售，注重盈利；产品销售收入除报效国家（清王朝）外，有'官利'（旧中国对股息的俗称，股东从企业的利润中取得）和'红利'（旧中国企业股东由企业所取得的超过股息部分的利润）之分；工人的劳动报酬基本上采用了工资形式。"这些无疑都是资本主义生产经营方式的明显表现。②

可见，在 20 世纪初期帝国主义侵入东北之前，东北的采金事业已有较大发展，勘测及开采工作均已有序开展，并有向资本主义生产方式过渡的趋势。但在日本势力进驻东北之后，东北的金矿资源及民族企业均被日本吞没。日本占领东北后，满铁作为执行者，采取了一系列措施，积极调

---

① 赵冬晖、孙玉玲主编：《苦难与斗争十四年》（上卷），中国大百科全书出版社 1995 年版，第 425 页。
② 东北三省中国经济史学会、抚顺市社会科学研究所：《东北地区资本主义发展史研究》，黑龙江人民出版社 1987 年版，第 66 页。

查金矿资源，对各大矿区实施勘探与"开发"，并最终实现垄断。

第二节　满铁对东北金矿资源的调查与经营

一　满铁对东北金矿资源的调查

根据满铁对东北各省金矿产地的调查，黑龙江省主要金矿产地有三河流域金厂、吉拉林金厂、安皮骨金厂、乌玛金厂、奇干金厂、漠河金厂、盘古河金厂、伊昔肯河金厂、富拉罕金厂、呼玛金厂、余庆金厂、宽河金厂、达彦河金厂、逢源金厂、欢都金厂、梧桐河金厂、赫金河金厂。吉林省有三姓金厂、五虎林金厂、兴隆沟金厂、绥芬金厂、东沟金厂、蜂蜜沟金厂、三道沟金厂、夹皮沟金厂。奉天省有三道沟金厂、万宝盖子金厂、香炉碗子金厂、柴河堡金厂。[①] 1922 年，满铁调查部对吉林全省金矿产地的分布做了详细的统计，并在《吉林省的矿产》中有明确记载。报告对吉林省的金矿产地有进一步的记录，包括地区、矿产所在地、矿区面积、经营方式及权利关系等（见表 5-2）。可见，吉林省的金矿资源在满铁及日本资源掠夺中占有重要的地位。

表 5-2　　　　　　　　　　吉林省金矿产地统计[②]

县别	所在地
吉林	富太河、二道沟、车贝子沟、杨木沟、五家哨
伊通	青堆子、箒条背
濛江	东北岔上掌、煖木条子沟、新开河
农安	伊通河畔
舒兰	三岔河

---

① 《满洲、蒙古、西比利亚、支那矿产物分析表》，满铁地质调查所，1924 年，吉林省社会科学院满铁资料馆藏，资料号：14467。

② ［日］田中作：《吉林省の矿产》，东亚印刷株式会社 1922 年版，吉林省社会科学院满铁资料馆藏，资料号：14651。

续表

县别	所在地
桦甸	夹皮沟、票子沟、韩家沟、沙河子、头道河子、八道河子
磐石	帽儿山、黑石镇头道沟、大泉眼
延吉	鹁鸽砬子、三道沟、旺百脖子
宁安	浅水沟、五虎林
珲春	东沟
东宁	小绥芬、缸岚河、万鹿沟、胯子沟、交界顶子
额穆	北大洋、胡家店
汪清	梨树沟、托磐沟
和龙	彩水岭庙沟、二道沟里蜂蜜沟、三道沟张大院河福水尾石门子、旺百脖子、城子沟、夹皮沟、小六道沟、怀庆街、五龙洞
依兰	三姓（官营）、三姓吉星河、锅盔山牛样子沟、黑背山
密山	兴隆沟、南天门、青山子苇子沟
绥远	蒙得牙萨、秦皇渔通
桦川	大沿沟七星砬子、小正身河、双龙河、东沟
穆棱	凉水泉子、楸皮沟、拐木桥子、三颗顶子、大梨树沟

掌握吉林全省金矿产地分布后，满铁调查人员对个别矿区做了更详细的测量和分析（见表5-3）。综观吉林省各矿产区，民营矿区占主要部分，官营矿区则较少。

表 5-3 　　　　　　　　吉林省个别金矿产地详细统计①

县别	所在地	方向	里数	矿区面积	类别
桦川	东沟	东南	220	1200余里	官营

---

① ［日］田中作：《吉林省の矿产》，东亚印刷株式会社 1922 年版，吉林省社会科学院满铁资料馆藏，资料号：14651。

续表

县别	所在地	方向	里数	矿区面积	类别
依兰	黑背山	东南	180	700 余里	官营
磐石	帽儿山	东南	35	1080 亩	民营
磐石	大泉眼	东北	50	1368 亩	民营
延吉	鹁鸽砬子	西北	60	2560 亩	民营
东宁	小绥芬	西北	120	2800 亩	民营
桦川	双龙河	东南	220	2700 亩	民营

在这次调查中，满铁还将珲春县及延吉县的金矿情况做了单独的统计。珲春县砂金产地有老龙口、三道沟、柳树河子、香房沟、五道沟、砂金沟、大六道沟、老头沟及西北岔。延吉县金矿有 3 处：鹁鸽砬子、转心湖及三道湾。[①]

满铁经营的调查事业在日本侵占东北的金矿资源过程中起到了至关重要的作用。1905 年日俄战争爆发后，日本从沙俄手中继承了它在中国东北的矿业权。至九一八事变前，中国内战频发，根本无力开发资源。在此期间，日本趁势大肆开发中国东北的矿产，并使各矿业都得到急速发展。插手东北的金矿业，是满铁及日本预谋侵占东北资源行动中的重要一环。"从 1905 年左右起对整个奉天省的金矿进行了详细普查，但日本人还没有把这些金矿企业化。另外，满铁自创业以来就注意到满洲金矿产业的重要性，调查南满各地的金矿自不待言，而且对北满松花江上的金矿进行了调查，还调查了黑龙江沿岸砂金地。"[②] 由此可见，满铁虽名为公司，但其经营目的不仅是经济侵略、开发产业，实际上是受日本政府操控来侵占中国东北全境，这是它更重要的目的。所以，满铁在开发每个项目时都做了极其充分的准备工作。

1924 年满铁直属机构"地质调查所"对东北南部金矿产地也做了详细的调查，调查结果如表 5-4 所示。

---

① ［日］田中作：《吉林省の矿产》，东亚印刷株式会社 1922 年版，吉林省社会科学院满铁资料馆藏，资料号：14651。

② 满史会：《满洲开发四十年史》（下卷），东北沦陷十四年史辽宁编写组译，新华出版社 1988 年版，第 245 页。

表 5-4　　　　1924 年满铁对东北南部金矿产地调查统计①

地区	位置	权利关系
杜家屯	普兰店东南 2 邦里	
隋家屯	普兰店东 2 邦里	
袁家屯	普兰店东北约 1 邦里	
老铁山	旅顺南 1 邦里	
梅家屯	关东州三十里堡东南 3 邦里	
分水	满铁本线分水驿东南 350 米	佟玉书
五凤楼	兴京东北约 90 支里	兴丽金矿公司
长岗	安东驿与宽甸之间	
香炉碗子	北山城子东南 35 支里	兴国公司
报马川	通化南 15 邦里	江云章
夹皮沟	吉林东南 380 支里	地主、韩文乡
金厂屯	貔子窝东北 5 邦里	
三八旦	北山城子东 20 支里	周文芳
帽儿山	帽儿山北 1 邦里	东兴公司
大庙沟	通化南 15 支里	采金局（官商合办）
柴河堡	铁岭东 55 支里	
夹山	兴城县绥中北东 30 支里	冯金声

注：1 邦里 = 3.927 千米；支里 = 华里，秦汉时期，1 支里等于 300 步。1908 年 1 华里 = 576 米，1929 年 1 华里 = 500 米。

在日本入侵东北之前，东北的金矿资本主要由华商掌握，少数为官商合办。在日资介入以后，中国对于金矿企业的控制权便逐步被日方尤其是满铁资本占为己有。在满铁的调查报告中，我们还可见它对部分金矿产地生产量情况的调查，详见表 5-5。

① 《南满洲矿产地及矿产统计一览》，满铁地质调查所，1929 年，吉林省社会科学院满铁资料馆藏，资料号：14457。

表 5-5　1926—1931 年满铁对吉林、黑龙江两省金矿产量调查统计①　　　单位：两

产地		年份					
		1926	1927	1928	1929	1930	1931
吉林	稜川	—	—	—	5000e	10000e	10000e
	延和	956	1000e	1000e	1000e	1000e	1000e
	合计	956	1000e	1000e	6000e	11000e	11000e
黑龙江	逢源	26486	15500	10000e	5000e	10000e	4382
	德源	865	130	100e	—	100e	30
	古溪	72	50	50e	—	100e	28
	源利	—	1000	—	—	100e	61
	利源	—	362	—	—	100e	100
	大成	—	60	—	—	100e	100
	裕边	3926	860	100e	—	—	103
	至诚	144	72	—	—	—	—
	宏业	—	—	—	—	—	—
	振兴	199	—	—	—	—	47
	兴安	10000	7700	6000e	2000e	10000e	6075
	呼玛河	1000	1000	1000e	—	1000e	1000e
	伊昔肯	—	2000	2000e	—	1500e	1500e
	富拉罕	—	—	—	—	900e	900e
	太平	—	900	2400e	—	—	64
	梧桐河	—	—	—	—	1000e	1000e
	赫金河	—	—	—	—	2500e	2500e
	麒麟冈	—	—	—	—	—	—
	大吉	—	—	—	—	—	—
	库玛	—	—	—	—	—	—
	启源	—	—	—	—	—	—
	合计	42692	29634	21650	7000e	27400e	17890

注：e 为推测数量，—表示停产或生产量不明。

兴安岭一带矿产的富足也久为外人所垂涎。据俄领事署的调查：

---

① 《满洲主要矿山出产额统计表》，满铁地质调查所，1929 年，吉林省社会科学院满铁资料馆藏，资料号：14460。

"兴安岭山脉之金矿，北部比南部多。由北部以达于黑龙江沿岸，到处皆有金矿发现，开采者已有十余处之多。其南部如喀喇沁右旗内东转子山金矿、西翁牛特旗内红花沟金矿和金厂沟金矿，皆属安岭之支脉。又兴安岭之东侧面，即科尔沁旗扎鲁特旗土谢图旗等，尚未着手开采者甚多。其详细虽未能知。据先年法国人之踏查，仅土谢图旗内，已有十数处最好之矿区云。"①

九一八事变前，满铁在东北的金矿调查活动，因考察范围非常广泛，逐步形成了大量的调查资料。无论从数量还是资料的详细程度上来说，它都是前所未有的。这对日本进一步实施侵略行动无异于如虎添翼。九一八事变后，1932 年，日本方面在关东军特务部下设立"满洲采金事业调查部"，对东北各地金矿资源进行实地调查。"满铁首先支出 60 万日元作为该部的经费。为了调查砂金，组建了调查队，建立了铁岭训练所。1932 年 5 月，在铁岭组成了约 200 人的调查队。调查队分为调查班和普查办，分赴西都鲁河葡萄沟区、老梧相河、舵腰子、小石头、七虎力、黑河一带，珲春、三道沟与八道沟金矿地带进行了几个月的调查。"②

九一八事变后，日本为控制东北的经济命脉，于 1933 年 1 月由关东军特务部和满铁经调会炮制出"满洲国经济建设纲要案"。经修改于同年 3 月 1 日，伪满洲国政府以《政府公报》的形式公布了所谓的《满洲国经济建设纲要》（以下简称《纲要》）。《纲要》由 10 个部分组成，作为根本方针，提出了四条基本原则：第一，"以国民全体的利益为主"，"排除一部分阶级垄断利益之弊"；第二，"综合发展各个经济部门"，"对主要经济部门加以国家统制"；第三，"广求资本于世界范围，特别是要吸取先进各国的技术、经验及其他文明，加以适当有效的利用"；第四，"达到东亚经济的融合"，"把重点放在同该国（日本）的协调上，而愈益加强相互扶助"。③ 综合以上四项基本原则，其目的就是在所谓的"日满共存"

---

① 《东蒙矿产之调查》，《东方杂志》第 10 卷第 7 号，1914 年 1 月。

② 赵冬晖、孙玉玲主编：《苦难与斗争十四年》（上卷），中国大百科全书出版社 1995 年版，第 426 页。

③ 商言等主编：《中华爱国主义新辞书》，吉林人民出版社 1992 年版，第 1048 页。

"日满一体"的口号下，使中国东北完全沦为日本帝国主义经济的附庸。

表5-6 1932年10月23日伪满洲国"国有"金矿统计①

奉天省	本溪	铁箭沟、草河掌、错河沟、背阴河、摩天岭
	凤城	下草河
	抚顺	六家子村
	宽甸	昌甸沟、大清沟
	兴城	夹山子、塔子沟、代家房
	清源	狗奶甸子、景家沟、高家东山、大金厂村、老虎顶子
	铁岭	柴河堡
	通化	大庙沟
	辑安	宝马川
吉林省	延吉	鹁鸽砬子、七道沟、八道沟一带
	宁安	五虎林、长石砬子
	珲春	三道沟
	东宁	万鹿沟、小绥芬
	汪清	梨树沟
	绥远	秦皇渔通
黑龙江省	呼玛	伊昔背河流域、宽河流域、小东沟、余庆金厂
	萝北	观音山
	鸥浦	富拉汗
	奇乾	奇乾河流域、神仙洞河流域、伊穆河流域、乌玛河及温河流域
	宝苇	吉拉林金厂、巴卡才
	漠河	漠河金厂
	嫩江	兴安金厂

二 满铁对东北主要金矿企业的经营

1931年九一八事变后，日本帝国主义通过"满铁经调会""满洲

---

① 满铁经济调查会：《满洲采金事业方策》，南满洲铁道株式会社1936年版，吉林省社会科学院满铁资料馆藏，资料号：17066，第5页。

采金株式会社""满洲矿山株式会社""满洲矿业开发株式会社"及"东洋拓殖株式会社"（简称"东拓"）侵占了东北地区各大金矿。

1932年1月26日，"满铁经调会"成立，开始对中国东北地区的资源进行广泛调查，其中包括对金矿资源的普查。1934年5月3日，日本公布《满洲采金株式会社法》，16日在新京成立"满洲采金株式会社"，资本总额定为1200万元，其中满铁500万元，伪满洲国500万元，"东拓"200万元，股份为记名式，每股金额定为50元。条款还规定，政府拥有对金矿的开采、投资、使用和出让权，并规定理事长、副理事长、监事、理事等人选；其中一条是实业部大臣有权指定何时开业和停工；政府设立"委员会"，指令株式会社处理的一切日常业务。1935年9月1日，"满洲采金株式会社"与伪满实业部签订了专利开采权。按照《满洲采金株式会社法》规定，"矿业权者之资格，须经主管部门之特别许可"，"禁止一般私人经营"；"满洲采金株式会社"必须接受伪满政府的严格监督，而执行监督必须事先与关东军协商。实际上，"满洲采金株式会社"的生产和经营完全在关东军的直接监督下，继而成为垄断和掠夺东北金矿资源的特殊会社。

1934年8月1日，伪满"国务院"公布《满洲矿业开发株式会社法》；8月24日，"满洲矿业开发株式会社"成立。《满洲矿业开发株式会社法》规定：该会社为股份有限公司，以经营下列事业为目的，即"1. 矿业权之取得及租矿权之设定；2. 制炼；3. 对于矿业及制炼事业之投资及金融之通融"。可见，该会社不仅在矿业居于垄断地位，而且代替伪满当局取得矿业权和确保伪满当局对矿业的统制权，具有替代伪满当局推行政策的性质。①

满洲矿业开发株式会社法②

（1935年8月1日）

第一条，政府为确保康德二年饬令第九十一号所定矿物资源并谋其开发统制起见，特令设立满洲矿业开发株式会社。

---

① 孙玉玲：《痛史之鉴》，《孙玉玲文集》，社会科学文献出版社2014年版，第55页。
② 蔡鸿源主编：《民国法规集成》（第83册），黄山书社1999年版，第213—215页。

第二条，满洲矿业开发株式会社为股份有限公司，以经营下列各款事业为目的。

一、矿业权之取得及租矿权之设定。

二、制炼。

三、对于矿业及制炼事业之投资及金融之通融。

满洲矿业开发株式会社得经实业部大臣认可而经营前项事业之附带业务。

第三条，满洲矿业开发株式会社设本店于新京。

第四条，满洲矿业开发株式会社之资本额定为五百万元。

第五条，满洲矿业开发株式会社之股份为记名式，每股金额定为五十圆。

第六条，满洲矿业开发株式会社之股份非经会社之同意不得转让于他人。

第七条，政府得以康德二年饬令第九十一号所定矿物为标的之矿业权及供该矿业用之财产作为出资之标的。

第八条，满洲矿业开发株式会社各股东每股有一表决权。

第九条，满洲矿业开发株式会社置理事长一人，副理事长一人，理事二人以内及监事二人以内。

第十条，理事长代表满洲矿业开发株式会社综理其业务。

理事长有事故时由副理事长执行其职务。

理事长及副理事长均有事故时由理事中之一人执行理事长之职务。

副理事长辅佐理事长掌理满洲矿业开发株式会社之业务。

理事辅佐理事长及副理事长掌理满洲矿业开发株式会社之业务。

监事监察满洲矿业开发株式会社之业务。

第十一条，理事长、副理事长、理事及监事由股东会选任之理事长、副理事长及理事之任期为四年，监事之任期为二年。

第十二条，理事长、副理事长及掌理掌务之理事非经实业部大臣许可，无论用任何名义不得从事他项业务。

第十三条，实业部大臣认为有必要时得令满洲矿业开发株式会社报告其业务，或财产之状况，或派员检查。

第十四条，实业部大臣关于满洲矿业开发株式会社之业务得发监督上所必要之命令。

第十五条，实业部大臣关于满洲矿业开发株式会社之业务得发增进公益或开发统制矿物资源上所必要之命令。

第十六条，满洲矿业开发株式会社每届营业年度应拟具事业计划书预先提出于实业部大臣。

第十七条，理事长、副理事长、理事、监事之选任及解任、章程之变更、利益金之处分、社债之募集、合并并解散之决议，非经实业部大臣认可不发生效力。

第十八条，满洲矿业开发株式会社如欲关于其所有之矿业权设定租矿权时，应经实业部大臣认可，如欲变更租矿权时亦同。

第十九条，满洲矿业开发株式会社非经实业部大臣认可，不得将矿业权或矿业权以外之重要财产转让于他人或作为担保。

第二十条，实业部大臣对于满洲矿业开发株式会社之决议，认为有违反法令或章程或有害公益时，得撤销其决议。

实业部大臣对于满洲矿业开发株式会社之理事长、副理事长、理事或监事之行为，认为有违反法令或章程或有害公益时，得解任之；理事长、副理事长、理事或监事违反实业部大臣之命令时亦同。

第二十一条，因设立满洲矿业开发株式会社作为出资标的之矿业权之移转登录，其登录税免除之。

第二十二条，对于满洲矿业开发株式会社设定矿业权之登录，其登录税免除之。

第二十三条，满洲矿业开发株式会社所有之矿业权，其矿区税免除之但有设定租矿权者，不在此限。

附则

第二十四条，本法自公布日施行。

第二十五条，政府任命设立委员处理关于设立满洲矿业开发株式会社之一切事务。

第二十六条，设立委员应拟具章程呈请实业部大臣认可。

第二十七条，股份总额募足时设立委员应即令各认股人照缴股款，前项股款缴足时设立委员应即招集创立会。

　　第二十八条，设立委员将满洲矿业开发株式会社设立登记办理完结后，应即将其事务移交理事长。

　　夹皮沟是东北重要的黄金产地，位于吉林桦甸东部，至今已有160余年的采金历史。咸丰十年（1860），夹皮沟已开采砂金矿22处，脉金坑口7处，金工达四五万人。同治九年（1870），夹皮沟金矿日产黄金500余两，有"日进斗金"之说，是当时世界上产金量最高的金矿之一。[1]

　　原籍山东省登州府文登县韩家庄人韩宪宗，随父逃难到东北，后到夹皮沟以采金为生财之本，并逐渐扩充势力，开辟出著名的"韩边外"地区。韩宪宗采用"把头制"管理方式，设大班（大帮）、小班（小帮）：一般大班有金工200人左右，多者达上千人；小班一般为20—50人，各设"把头"管理。采金规模逐渐扩大，清政府的势力鞭长莫及，夹皮沟成了韩宪宗的天下，人们只知有韩，而不知有清。[2] 至1934年，夹皮沟金矿被韩氏家族统治长达86年之久。夹皮沟丰富的黄金资源，帝国主义垂涎已久，都伺机占为己有。日俄战争后，满铁千方百计想夺取夹皮沟金矿的开采权。在1915年袁世凯与日本秘密签订的《中日条约》附件中，日本提出夹皮沟金矿的开矿权问题，但由于中国人民的强烈反对，日本没有得逞。

　　日本向中国提出"二十一条"要求后，袁世凯妥协与日本签订《二十一条》条约。在该条约附文《关于南满洲开矿事项的换文》中，明确出卖了东北的九大矿权，夹皮沟金矿便在其列。日本根据这个换文，以"合办""贷款"等手段企图霸占夹皮沟金矿。1903—1931年，韩家因经济所迫，向满铁借款数百万元。终因无力偿还，韩家于1933年12月23日被迫同日本"大同殖产株式会社"代表签订了《合办经营夹皮沟金矿契约书》。其中规定韩家领域内的矿山、土地、森林权全部转让给"大同殖产株式会社"经营。1938年，夹皮沟金矿由"满洲矿山株式会社"经营，建立夹皮沟金矿矿业所，并开始利用柴油发电机和柴油空气

---

[1]　刘德增：《山东移民史》，山东人民出版社2011年版，第431页。
[2]　刘德增：《山东移民史》，山东人民出版社2011年版，第431页。

压缩机为动力进行井下机械化采掘。据史志记载："至 1945 年 6 月，矿山共恢复和开拓小北沟、头道岔、小东沟、大金牛、大线沟、东山青、下戏台、东驼腰子、前八家子等 9 个生产坑口，累计处理矿石 14.7 万吨，生产精矿 5752 吨，混采金 4596 千克，炼成合质金后，全部掠往日本。"[①] 日本帝国主义长达 12 年的武装占领和掠夺性开采，使夹皮沟的金矿资源遭到了严重的破坏。"仅 1941 年至 1944 年的 4 年间，日本帝国主义者就从夹皮沟金矿掠走黄金 5.84 万两。"[②]

漠河地处黑龙江大兴安岭北侧。光绪初年，当地百姓在此处发现金矿。矿区在黑龙江呼玛县漠河、奇乾河一带。1887 年，李鸿章派员筹办，设漠河矿务局开采金矿。九一八事变后，日军侵占黑龙江省后，以崎黎大队长为首的日本人接管逢源和兴安两个金厂。从此，漠河金矿就落入日本侵略者的魔掌。1934 年 5 月 15 日，日本在黑河、呼玛和漠河成立采金会社。据不完全统计，1935 年到 1942 年，日本总计掠夺黄金 5709 千克，在黑河和合江等地挖船坞 32 处，建造 16 只采金船。[③]

日本侵略者为了加强对中国东北地区金矿资源的掠夺，一方面对东北的金矿资源进行全面普查，另一方面通过经营金矿企业，改进开采技术，实行机械化开采，建造采金船，提高开采效率。并且，为了尽快把开采的黄金运回日本，日本侵略者还在部分地区建设飞机场，空运黄金。中国东北的金矿资源一步步被日本收入囊中，损失惨重。

第三节　满铁掠夺东北金矿资源的
价值与利润去向

一　满铁掠夺东北金矿资源的价值

"满洲采金株式会社"垄断了东北地区 76% 的黄金开采权。1934

①　邱玉林、李新清主编：《夹皮沟金矿史志》，中国文史出版社 2005 年版，第 246 页。

②　《当代中国的黄金工业》编辑委员会编：《当代中国的黄金工业》，当代中国出版社、香港祖国出版社 2009 年版，第 466 页。

③　《当代中国的黄金工业》编辑委员会编：《中国古代黄金史稿——〈当代中国的黄金工业〉附录》，冶金工业出版社 1989 年版，第 181 页。

年，"满洲采金株式会社"的黄金生产量只有 208 千克，一年后猛增到 1316 千克。1936 年，伪满洲国的黄金总产量即达到 3976 千克。①1937 年，根据"产业开发五年计划"，"满洲采金株式会社"等会社相应制订了产金五年计划，1941 年计划产量为 33277 千克，但实际产量只有 2361 千克，不仅计划指标落空，还大大低于 1936 年的黄金产量。1938 年以前，黄金企业的经营形式也以官营、官商合营和私营为主。1938 年以后，禁止私人开办金矿，全部由"满洲采金株式会社"和"满洲矿业株式会社"②经营。实际上，"产业开发五年计划"中执行情况最糟的是产金部门，原预计 5 年产金 73562 千克，实际只生产了 13929 千克，这使得日本关东军以掠夺黄金来保证军火购买的企图化为泡影。③

根据资料记载，黑龙江漠河地区的金矿资源，1912 年产金 13088 两，1913 年产金 27635 两，1914 年产金 8297 两。1931 年九一八事变后，日军侵占黑龙江省，以崎黎大队长为首的日本人接管了逢源和兴安两个金厂，从此，漠河金矿落入日本侵略者的魔掌。1934 年，老沟矿区每年可采金 1.1 万余两。日本侵略者垄断采金不足 10 年，但进行破坏性开采，资源受到严重破坏。仅从老沟矿区，日本就掠夺黄金 1176 万余两。④

桦南金矿局位于黑龙江省桦南县七道沟，采金历史较早，1660 年就有人在大沟和驼腰子进行零星开采。1890 年，采金形式由民采转为官办。民国时期，依兰镇守使李杜开办棱川金矿公司，相继在驼腰子、寒虫沟、永平岗一带进行大规模开采，1917—1935 年共采出黄金 9.5 万余两。日本帝国主义侵占中国东北后，"满洲采金株式会社"勾结把头大

---

① 伪满皇宫博物院：《勿忘"九·一八"——日本侵略中国东北史实》，吉林美术出版社 2006 年版，第 221 页。
② 满洲矿业株式会社，1938 年成立，资金总额 5000 万日元，管辖 6 个矿业所（或矿），包括倒流水矿业所、夹皮沟矿业所、分水金矿、老金厂金矿、小石头矿业所、穆棱河矿业所。
③ 张同乐等：《抗战时期的沦陷区与伪政权》，南京大学出版社 2015 年版，第 143 页。
④ 王树才主编：《漠河县志》，中国大百科全书出版社 1993 年版，第 196 页。

柜，采取各种欺骗手段招募矿工，分别在石头河子、驼腰子、四方台矿区开采砂金。1937 年开始，"满洲采金株式会社"在小石头河子、穆棱，"昭德矿业株式会社"①在八面通等矿区，共建造采金船 9 艘，其中斗容量大的为 15 立方尺。为加强运输工作，它们还在桦南地区修建 2 处飞机场。1938 年以后，各矿点相继通电。竖井实现了水泵排水。1941 年，竖井又采用了卷扬机提升砂矿。1935—1942 年，这个矿区已采出黄金 16 万两。1942 年，由于第二次世界大战的影响，日寇开始拆船封沟，限制采金生产。②

"满洲采金株式会社"对黑龙江省下游的萝北县太平沟小乌拉岛砂金垂涎三尺，迫不及待地在这里设立"白石采金所"，5 年间共掠走黄金 10 万多两，有 1640 多名矿工被夺去了生命。1940 年采金最盛，当时有矿工 4120 余人，年产金 3.32 万两。1942 年，苦难的矿工大批死去，金矿随之衰落。1943 年 4 月，日本侵略者封沟停采。

吉林省珲春县是东北有名的黄金产地之一，砂金的埋藏量极为丰富。"满洲采金株式会社"在珲春东兴镇、葫芦头沟、太平川、春化镇等地骗招 3000 余名采金工采金，年产值达伪币 100 万元。此外，还有日本采金移民团、大同殖产株式会社等，在珲春河中游马滴达乡柳树河子附近，用现代化采金工具——采金船从事采金，年产量达伪币 10 万元以上，黄金年产 400 余两。在二道沟河流域，还有日本人成立的二道沟金厂。③ 这些黄金，通过"满洲采金株式会社珲春出张所"等机构运往日本。④ 详见表 5-7。

---

① 昭德矿业株式会社，1940 年成立，总社设在新京。由日本三菱矿业会社投资 600 万日元，以经营八面通砂金矿及石咀子铜矿为目的。1941 年，因当局限制开发不急需之资源而专事开采磐石县石咀子铜矿。

② 《当代中国的黄金工业》编辑委员会编：《当代中国的黄金工业》，当代中国出版社、香港祖国出版社 2009 年版，第 523 页。

③ 《吉林省文物志》编委会编：《珲春县文物志》，1984 年版，第 140 页。

④ 珲春市地方志编纂委员会：《珲春市志》，吉林人民出版社 2000 年版，第 871 页。

表 5-7　　1935—1942 年吉林省砂金矿山产量①　　单位：千克

年份	满洲采金会社 珲春金矿	满洲采金会社 延吉地区	满洲矿山会社 春化地区	总计
1935	125.3	4.6	—	129.9
1936	150.7	7	—	157.7
1937	128.6	86	—	214.6
1938	60.9	2.6	42.4	105.9
1939	45.5	0.13	29.1	74.73
1940	76.8	0.19	16.5	93.49
1941	195.1	0.32	15.9	211.32
1942	81	—	39.9	120.9

桦甸夹皮沟 1940 年生产黄金 97.2 千克；1941 年，开拓下戏台坑、东驼腰子三坑、前八家子坑；1942 年，生产黄金 398.2 千克；1943 年，采矿量为 476097 吨，生产黄金 517.5 千克；1944 年，采矿量为 48205 吨，生产黄金 647.6 千克。②

吉林地区由"满洲采金株式会社"经营的珲春、延吉两地区的砂金产量达到 129.9 千克（其中珲春 125.3 千克）。1936 年，吉林省黄金产量增加到 366 千克（其中珲春出张所砂金 156.3 千克，延和金矿公司开办的鹁鸽砬子金矿脉金 205.7 千克，吉鸦河砂金 4 千克）。1938 年，全省登录许可开办的金矿有 8 处，已投入生产的有 6 处（砂金、脉金各 3 处），总产金量 227.9 千克（其中砂金 105.9 千克）。1940 年，桦甸夹皮沟金矿恢复生产，全省生产黄金矿山达到 9 处（其中砂金 3 处、脉金 6 处），产金量增加到 253.6 千克（其中砂金 84.5 千克）。1943 年，根据日伪政权关于停止小金矿和砂金生产的指令，吉林省仅保留桦甸夹皮沟和老金厂两座较大的脉金矿山生产，砂金矿全部停产，全省脉金年产量

① 王季平总纂，王志甫主编，吉林省地方志编纂委员会编纂：《吉林省志》卷 21《重工业志・冶金》，吉林人民出版社 1996 年版，第 415 页。

② 邱玉林、李新清主编：《夹皮沟金矿史志》，中国文史出版社 2005 年版，第 115 页。

约为 830 千克。1944 年，提高到约 934 千克。1935—1944 年，吉林省主要金矿产金量累计有 4164 千克（其中砂金 1108.5 千克），这些黄金全部被日本侵略者掠夺。[①] 详见表 5-8。

表 5-8　　　　　　　1938—1944 年吉林省脉金矿山产量[②]　　　　　单位：千克

经营单位及矿山名称	所在县	年份						
		1938	1939	1940	1941	1942	1943	1944
满洲矿山株式会社夹皮沟金矿	桦甸	—	—	97.2	166.4	398.2	517.5	647.6
满洲矿山株式会社老金厂金矿	桦甸	—	—	—	—	162.2	312.1	286
满洲矿山株式会社开山屯金矿	和龙	65.3	48.7	35.8	14.6	8	—	—
满洲矿山株式会社金城洞金矿	和龙	—	—	4.7	12.5	—	—	—
延和金矿株式会社延和金矿	延吉	51.3	30.2	20.3	36.8	—	—	—
金厂矿业株式会社金厂金矿	通化	5.4	17	10	34	—	—	—
满洲矿山株式会社报马川金矿	辑安	—	—	1.1	4.7	1.6	—	—
总计		122	95.9	169.1	269	570	829.6	933.6

综上所述，日本侵占东北的金矿资源，尤其在伪满时期对东北经济和资源的掠夺与压榨十分残酷。东北各地丰富的金矿资源、发展势头极好的金矿企业被满铁特殊会社以各种手段占为己有。日本侵略者不仅狂采乱掘资源，矿工们的作业环境也十分险恶。因事故伤亡的矿工日以百计。我们对于物质资源的流失可以统计，而中国人民用生命所能创造的价值却是无法估量的。

二　满铁掠夺东北金矿资源的利润及去向

进行资源调查后，日本掠夺的野心逐渐暴露出来，在当时的报刊中皆有记载。

①　王季平总纂，王志甫主编，吉林省地方志编纂委员会编纂：《吉林省志》卷 21《重工业志·冶金》，吉林人民出版社 1996 年版，第 414 页。

②　王季平总纂，王志甫主编，吉林省地方志编纂委员会编纂：《吉林省志》卷 21《重工业志·冶金》，吉林人民出版社 1996 年版，第 414 页。

满洲金矿成分，每一吨约含金重一便尼有余，最多者约六便尼。[①]

东北是天然产物最丰富的区域，每年"满蒙"贸易总额不下七八万万日金，而都归日人的掌握。这些贸易品当中，每年纯粹运往日本的矿产物达四五千万元。

今日全国之产金额，虽仅为一千二百万元，若得经营南满东蒙之金矿时，则巩固正货准备之基础。而办偿正货之流出，不虑无所凭借也。[②]

日本通过满铁对东北矿业进行控制的资本手段主要有两种——"合办企业投资"和"对中国企业的贷款"。当时东北金矿企业的资本形式主要是中日"合办"、日商独办和华商独办三种。满铁资料中有此描述："据进一步勘查发现，铁岭附近地方平土门砂金矿，现系华人采办者计有六所，其中华商王某所采办者稍有起色，他概均未有利益。此外，仍有系日商采办者一所，系中日商人合办者一所。"因当时的生产条件所限，日商的开采也并非一帆风顺。"日商采办一矿，现每日矿工二十六人。但凿地深至一丈二尺余方得砂矿，所采每日不出一钱，受亏可想。现际寒冬，采取甚艰，又因亏折甚多，颇愿另觅他处采办。故近已停止矿工，拟待明年三四月再行开工。"在采矿过程中，受矿量、矿工等限制，采掘速度一定会受到影响。"中日商人合办者，自上月开工两星期之后，始得砂矿而凿地深已至二丈三尺。每日矿工三十人，采取量止七钱三分，次日止五钱，三日愈少止二钱四分，因此一时停办。自上月间起复行开工，现未达矿苗所在，但较前稍可望起色云。"[③]

在日本控制东北金矿资源的过程中，不仅资源流失，当时中国矿业独资企业的生存状况也举步维艰，中国矿工的生活陷入了困苦之中。《盛京时报》记载了当时铁岭金矿产区矿企形势与矿工生活的情形。"据

---

① 中美新闻社：《中国对外贸易之矿产》，《东方杂志》第16卷第5号，1919年5月。

② 《日人调查南满富源之披露》，《东方杂志》第10卷第4号，1913年10月。

③ 《铁岭采挖金矿续志》，《盛京时报》第55号，光绪三十二年（1906）十一月十一日。

王某云,自开矿已经三月余,每日矿工二十五人,采金量约二十钱上下。按时价兑每一钱量约日银四元五角余,即二十钱量,共得日银九十元或一百元不等。矿工每日薪水六角,二十五人共日银十五元。此外,税项及一切经费共约若干元,以九十元或百元互相折扣,每日得利不下三四十元,最多可得七十元之谱。"① 矿工所得工钱尚且如此,采掘方法、生产规模等亦无法与日资企业匹敌。"砂金例须规模尚小,不然督工不易间薄不免矿工偷去,且铁岭附近所有各矿苗地气甚,或每日以矿工约四五十人采取续至四月之久,则尽矣。然此地气稍厚,乃如此他不足言,所以采金初不庸大其规模,惟应由一处移一处次第采取。"② 东北的金矿资源虽蕴藏深厚,但因矿量有限且是不可再生资源,如此开采终有资源穷尽之时。

日俄战争结束后,日本在中国东北南部地区的权益日益巩固。日本方面常借口"日本帝国对于满蒙有特殊地位"之说,对东北调查掠夺"不遗余力",仿佛是它自己的版图。日本帝国主义以满铁为依托,通过调查得到了大量有价值的资料,扩充其在东北的势力,如水银泻地,无孔不入。它们建有极其严密的组织,策划的方案也阴谋重重。对于任何问题,他们总是预先把真相调查得明明白白,进而再研究讨论具体的方策。具体、缜密的方策一经决定,朝野上下必互相勾结,以求贯彻。所以,他们在中国东北蚕食的我们的利权,实足令人惊惧。③ 对东北金矿的调查也只是日本"经济开发"计划中微小的一部分。日本以"经济开发"的名义,大肆侵占东北的资源,为其发动九一八事变及侵华战争提供了物资储备。日本政府所谓的"经济开发",就是把中国变为他们的商品市场和原料供应地,以图掠夺东北资源及进一步占领中国东北。在其精心编织的阴谋网下,中国东北的金矿资源一步步被日本收入囊中。

调查是进一步掠夺的前提,掠夺才是资源调查的最终目的。满铁对中国东北金矿资源的调查,充分暴露了日本欲侵占东北的野心。在这一

---

① 《铁岭采挖金矿续志》,《盛京时报》第 55 号,光绪三十二年 (1906) 十一月十一日。
② 《铁岭采挖金矿情形》,《盛京时报》第 51 号,光绪三十二年 (1906) 十一月初六日。
③ 《日本在我东北举行的满铁地方会议》,《东方杂志》第 28 卷第 7 号,1931 年 4 月。

历史时期，日本大肆侵夺中国东北的矿产资源，为其大规模经济侵略和军事占领东北起到了先导作用。日本对东北的金矿掠夺是以军事侵略为依托的，而资源侵略又为军事侵略提供动力，两者是互相配合的，这也是日本对华侵略战争的重要特征之一。通过论述日本对中国东北金矿调查与掠夺的具体内容及历史过程，我们可以更清楚地认识到日本的侵略给东北带来的严重后果，从而更加深刻地理解日本的经济发展与军事扩张对中国东北自然资源的依赖性。

第六章

满铁对东北石油资源的调查与掠夺

石油，有天然石油和人造石油之分。从台湾苗栗、陕北延长、新疆独山子、甘肃玉门的油井里开采出来的，是天然石油；人造石油则是从油页岩或煤里面提炼出来的油。在中国，油页岩的分布很广，储量也很丰富，东北抚顺、桦甸、汪清等地，都是油页岩的著名产地。东北抚顺的油页岩藏量有55亿吨左右，可炼3亿吨石油，此工程为满铁垄断。九一八事变后，它由日本海军、陆军共同增资开发。他们新建两个炼油厂，计划年产粗油80万吨。日本投降时，实际年产粗油20多万吨。

第一节　东北石油资源概况

一　东北石油资源的储量及分布

中国是世界上最早发现和使用石油的国家之一。汉代班固在《汉书·地理志》中记有："高奴有洧水可燃。"隋唐时期，石油被称为石脂水、黑香油。北宋沈括第一次提出"石油"这一词语。他在《梦溪笔谈》中把石漆、石脂水、火油、猛火油等词语统一命名为"石油"，并对石油做了详细的描述：石油是"生于水际砂石，与泉水相杂，惘惘而出"的自然产物。中国港台的一些学者研究认为，中国在公元976—983年的史料就有关于"石油"的记载："石油井在延长县北九十里，井出石油……"由此可以推断，"石油"这一名词的出现时间要比《梦溪笔谈》早100年，比国外早三四百年。[①]

历史上，中国石油矿藏的勘探十分有限。清末，人们在陕西曾开发延长油矿，成效不大。加之英、美等国为了维持和发展其在中国的石油产品市场，总是宣扬中国是贫油国。当时奉天、热河的油母页岩却已探明有较丰富的储量，仅抚顺一处，储量即达55亿吨。如以每吨含油5.5%计，即有约3亿吨原油。抚顺是中国煤炭的重要产地，也是中国油页岩的重要产地。油页岩多分布在浑河南岸，东西延长15.2千米，南北宽约2.4千米，油页岩层厚50—300米不等，平均含油率为5.5%。它的储量很大，当年满铁的董事赤羽曾说过："仅抚顺的页岩油，可供给日本每年600万桶，至300年而不竭。"[②] 油页岩覆盖于煤层之上，埋藏深度不大的煤矿进行露天开采时，必须先把油页岩挖掉。因此，这里的油页岩不必专门组织人力采掘，完全可以在露天采煤时剥离下来，作为其副产品，所以成本很低。

根据史料记载，抚顺油页岩的价值不可小觑：

（一）油母页岩（或油页岩）者，系一种特殊页岩，其中含有石油（通常石油多存在砂岩或页岩岩层内，在砂岩层内者吸取容易，即普通石油矿，此则吸取较难，为石油矿床之一种），可以干馏法提取其石油，此种油页岩并非普通煤矿所有，即世界上亦不多见，与抚顺油页岩层质量足称者，就现所知，不过英属苏格兰、坎拿大（加拿大）、美之可拉多（科罗拉多）、犹他、是屋明及法奥等数方而已。

自现代石油之用途日广，消耗之量日巨，各国率皆先争获石油，以油田之量日蹙，乃不得不别求来源，油页岩经种种研究早得有工业价值之报告。油页岩工业原起于苏格兰，在1874年即距今50余年即已树其基。嗣后各国继续经营，油页岩之价值与日俱高（将来石油采尽油页岩必为石油之唯一来源）。时至今日油页岩者，

① 徐建山：《石油的轨迹：几个重要石油问题的探索》，石油工业出版社2012年版，第2页。
② 刘品和主编：《加油站消防安全与站长业务全书》（下卷），中国石化出版社1999年版，第1505页。

因久已为石油之重要来源，并为极重要之矿物。

（二）由油页岩提取原油同时并有硫酸铔（即人造肥料）等之副产物，抚顺油页岩就历年中外试验公布结果，每吨油页岩可得原油 112 磅及硫酸铔 32 磅以上，最低价值计每吨油页岩至少可值 1.5 元，定每油页岩四五吨即等于原煤一吨之价值。其质疏松，采掘极易，故成本极少。而提炼一层，据南满自身试验结果，利息（润）可达三分五厘。

（三）以矿质论虽每五吨油页岩等于煤一吨之价值，然抚顺油页岩东西长 30 余里，南北宽 3 里许，厚度最大达 450 余尺，埋藏量达 50 亿吨，颇有经济之价值，不异于抚顺煤矿。按实际之价值之巨，达 750 亿元（应为 75 亿元）。此 50 亿吨油页岩，以平均最低之提取率 5.5% 计之，可提出原油约 3 亿吨，约当今世界第一石油国美国石油总储量四分之一。以民国十八年（1929 年）世界石油总产量 2 亿 3500 万吨论之，只此一区即可供全世界一年而有余。以我国现今消费量，每年至多百万吨计，只此一区即可供全中国消费 300 年之久。以日本每年需油 150 万吨计算，可供 200 年之用。矿量之高为世界罕有。我国幅员虽广，除此多量油页岩之外，尚未闻有广大之油田及其他来源之发现。处兹石油时代，在将来石油日益重要之世界（有石油而后有国家），此抚顺油页岩矿床不但可称为无价之宝，且实为我国国防上与经济上之命脉。[1]

由于石油在第二次世界大战中已成为重要能源，日本不惜成本地进行开采冶炼。20 世纪 30 年代初，抚顺炼油厂每年可产重油 6 万桶。本溪湖和鞍山也有油母页岩矿。1934 年，鞍山石油生产居东北之冠，约 67.5 万桶，本溪湖年产 2 万桶。[2] 在东北，伪满当局曾着手建立一些石化工业，吉林人造煤油工厂等均属试验性质。战时石油需求量急剧增长，日本方面

---

[1] 《外交部驻辽宁特派员王镜寰致日本驻奉总领事林照会》，吉林省社会科学院藏抄件，解学诗主编：《满铁档案资料汇编》第 7 卷《掠夺东北煤炭石油资源》，社会科学文献出版社 2011 年版，第 425 页。

[2] 纪辛：《矿业史话》，社会科学文献出版社 2000 年版，第 154 页。

只得主要依靠含油量极低的油母页岩不惜成本地生产石油。

二　东北石油资源的勘测及开采

中国境内石油蕴藏，油、气、油页岩齐全。油主要分布在陕北宜川、延长至甘肃永昌、酒泉、玉门，新疆迪化、乌苏、塔城、伊犁、库车、温宿、莎车一线，以及四川盆地、贵州龙里等地；气主要集中在四川自流井一带；油页岩则以奉天抚顺最为丰富，热河、察哈尔、山西、广东、四川等地也有发现。全国石油（包括油页岩，以含油 5.5% 计算）储量，据 1934 年估计，约为 43.4 亿桶，约分别相当于美国、苏联的 2/3，其中关内地区 22.3 亿桶，东北地区 21.1 亿桶。

中国最早的勘探方法是踏勘。中外地质工作者根据古籍记载和某些地方名称有石油含义的信息，去查看油苗和地层的露头。他们根据地层的露头分析油层的地质年代，用简单的平板仪器测出等高线，再制作出地质图和构造图。要探明地下油藏的情况，钻探是一种可靠的办法，但钻探费时较多，成本较高，因此人们常用物探方法找油。在中国最早用物探方法找油的是德国人和日本人，地点是在四川、东北，时间都在 20 世纪 30 年代。

1932 年，四川重庆商人打算开采重庆南岸石油沟的石油。他们聘请德国人薛福前往考察，结果认为"储量尚丰，确有开采价值"。于是四川军政当局及绅商各界发起组织成立中华光明石油公司，募集股本，并与薛福订约，向德国订购钻机炼油设备。能钻 750 米深的（薛福估计石油沟油层埋藏深度不超过 750 米）钻机一台，需 24 万元；炼油每日 500 吨的全套装置，需 80 万元，合需 104 万元。[①] 这个数字很大，四川当局认为应谨慎。如果买了设备，而地底下又没有石油，这些钱不就白花了。他们便请德国领事馆介绍雅礼洋行技师，用电探方法（物探方法的一种）研究四川油田。1933 年，雅礼洋行代聘技师卫雅特、白雷曼、萨费尔等先后来华，经一年时间，电探了自贡、犍为丑通桥、资中罗泉井三个地区，结果认为最有希望的是自贡地区。据记载，当时他们的工作

---

① 刘品和主编：《加油站消防安全与站长业务全书》（下卷），中国石化出版社 1999 年版，第 1503 页。

方法，是先做地质工作，然后在认为最有希望的地区施以电探。电探采用直流电流通入地内，而于地面测量地下各种地层所生之不同反应，可以了解 1000 米内是否存在储油构造。

中国对石油的开采与利用很早。甘肃、新疆早就有居民土法取油，用来点灯，四川自流井则有盐户利用天然气熬盐。机器开采和炼油始于1907 年开办的陕西延长石油官厂，但规模不大，产品仅供陕北地区消费。有重大影响的是日本的掠夺和采炼。1910 年，日本在开采抚顺煤矿的同时，着手研究利用当地的油页岩炼油，20 世纪 20 年代末开始大规模开采和炼制，产品成为它侵略中国的重要军事能源。

鉴于石油在经济和国防上的重要地位，国民党政府为发展石油生产，曾采取多项措施，如成立陕北油矿勘探处，与陕西省政府合作探矿，同时扩大延长石油官厂投资，购置机器设备，配备技术力量，加深旧井，开凿新井，加强原油开发，但未见成效。先后钻探的 5 口新井，仅有一口出油。最初油量颇大，但不久迅速衰减。虽然出油井由原来的一口增至两口，但是原油产量仍然只有以往的六成。1935 年，工农红军到达陕北，"延长石油官厂"改名"延长石油厂"。

1927—1937 年，国民党中央和地方政府以及其他机构的石油开发活动，不是半途而废或无果而终，就是迟迟未有进展，无一取得明显经济效益。勉强维持生产的，除了延长石油官厂，就是甘肃、四川、新疆等地几口土井。石油产量与日资或日伪的页岩油产量相比，微不足道。这一时期，中国境内的石油生产完全被日本帝国主义把持和掠夺。

东北地区，1931 年九一八事变以后，日本占领了整个东北。基于发动侵略战争的需要，他们曾千方百计地在东北境内寻找油田。开始，他们认为黑龙江扎赉诺尔一带是颇有希望开采石油的地区，便在那里布井钻探，而结果却很不理想。后来，日本便改变主意，开始采掘抚顺等地的油页岩，炼制人造石油。日本帝国主义者为发动侵略战争，疯狂地掠夺各种地下资源。当时他们费尽心机，想在东北找到石油。日本是一个缺乏石油的国家，因此在掠夺抚顺煤炭的同时，也极力掠夺抚顺页岩油。

1909 年 7 月 20 日，满铁第一期采油计划筹集资本日金 900 万元，每年采油页岩 136 万吨，制重油 53000 吨。此外，副产品尚有硫酸铔 18200 吨，粗制石蜡 9400 吨，以及焦煤 4800 吨，并拟随大露天掘进，逐渐扩充。

不可不争的理由：

（一）抚顺油页岩矿在我国领土之内。

（二）日本采炼抚顺油页岩矿无条约之根据。

（三）日本采炼抚顺油页岩矿事前并未得我国之许可。

（四）石油关系国防民生，我国平时所需石油，均仰给外国，一旦战事发生，输入断绝，后患堪虞。抚顺矿又宜自办，以固国本。

（五）谨案建国方略实业计划，油矿定为政府经营，并谓中国有此种矿产不能开采以为自用，以致外国人口之煤油、汽油等年年增加，未免可惜。今抚顺既发现极大油矿，不宜放弃，任人采炼，宜及时收回，由政府经营，以副总理遗教。

（六）欧战以还，世界石油争夺日趋激烈，即在他国领土内发现大油矿亦应注意，起而力争。

有此不可不争之六大理由，故我国现时应持之方策：

（一）据约力争，完全收回自办，不达目的不止，此上策也。

（二）据约力争，必不获已，最后坚持合办，不稍让步，此中策也。

（三）抗议结果，以争得矿税为满意，此最下策也。[1]

东北沦陷期间，日本帝国主义者所建的利用油页岩提炼石油的人造石油工厂，除了抚顺外，还有吉林桦甸。另外，锦州、锦西、四平等地也建有人造石油工厂，不过其原料并非油页岩，而是煤。日本侵略者不惜巨额投资建厂，原计划建成年产页岩油 100 万吨的产能，对中国石油资源进行更大规模的掠夺，只是由于中国抗战胜利，它没有来得及付诸实施。1945 年 8 月，日本投降后，抚顺被国民政府接收。此后三年，几

---

[1] 《虞和寅之〈述日人经营抚顺油页岩矿情形并收回意见书〉》，吉林省社会科学院藏油印本，解学诗主编：《满铁档案资料汇编》第 7 卷《掠夺东北煤炭石油资源》，社会科学文献出版社 2011 年版，第 427 页。

个油厂基本上处于瘫痪状态。到 1948 年 11 月东北解放以后,人造石油工业才获得新生。

石油是重要的战略资源,在近代能源采掘业中的地位仅次于煤炭,然而上规模的开采主要由满铁在中国东北地区实施。日本自 20 世纪初开始染指中国东北地区的石油采掘。为了炼制页岩油,1925 年和 1926 年,日本在抚顺先后建造 10 吨和 50 吨干馏炉各 1 座,后者还附有煤气预热、粗油回收、卤精回收、粗油蒸馏、石蜡提取及储油槽等设备。1927 年以后,日本更是加快了石油试验利用和掠夺开发的步伐。1928 年,在抚顺建造制油厂,配备 10 座炼油炉,日处理油页岩 4000 吨,次年投产,正式开始石油的规模化生产。1930 年,炼油炉增加到 20 座,共生产粗油 6.1 万吨,提炼重油 4.8 万吨、石蜡 1.5 万吨。[①]

九一八事变后,日本为了发动全面侵华战争,进一步加强了对中国东北石油的统制和掠夺。1933 年,满铁成立专门机构,在热河、黑龙江地区加紧勘探油矿;在大连建造精制油厂,利用抚顺和海外原油提炼汽油。1931 年 2 月,日、满合办"满洲石油株式会社"成立,专门从事石油的勘探、采掘、炼制和销售,并于 11 月制定《石油专卖法》,对石油开发和交易实施"统制"。1934 年,汽油产量达到 30 万加仑。同年,增资 500 万元扩充抚顺油厂,并另建新厂。1935 年,油厂扩充告竣,粗油产量增至 14.5 万吨,可炼汽油 300 万加仑,是 1934 年产量的 10 倍。此外,它还可生产 7.5 万吨重油和 1.5 万吨粗蜡。这些产出能够满足东北地区约 1/3 的需求量。1938 年,抚顺新厂完工后,粗油年产量更是猛增到 36 万吨。[②]

石油产品是军舰、汽车、飞机的动力燃料,在战争中几乎全部被用作军队的补给。抚顺油厂就是专门为日本海军制造燃料的。据统计,1935 年末至 1936 年,伪满地区的石油产品供需状况为:军用汽油布要

---

① 《中国经济发展史》编写组:《中国经济发展史(1840—1949)》第 2 卷,上海财经大学出版社 2016 年版,第 855 页。

② 《中国经济发展史》编写组:《中国经济发展史(1840—1949)》第 2 卷,上海财经大学出版社 2016 年版,第 855 页。

570 万加仑，本地供给（生产）610 万加仑（其中 360 万加仑由大连精炼厂生产），供给超过 7%；普通用汽油需求 1030 万加仑，本地供给（生产）312.3 万加仑，短缺 69.7%；灯油需求 2100 万加仑，本地供给 790 万加仑，短缺 62.4%。可见，日本在中国东北地区大力开发石油资源，完全是为了满足日本军国主义的扩张需求。①

第二节　满铁对东北石油资源的调查与经营

一　满铁对东北石油资源的调查

日本的石油矿脉在日本海方面起于北海道，经青森县、秋田县、山形县、新潟县而到长野县，秋田县及新潟县为有名的产油地。然而，仅日本国内的石油根本不能满足其需要。"满铁在 1928 年投 800 万元资本，在东北置备 80 台 50 吨炉，处理每日 4000 吨的页岩。从 1930 年起，得 7 万吨原油、5.3 万吨重油的计划，已着手工事。政府方面也于 1927 年在工商省内设置燃料调查委员会，图石油政策的确立；另一面年年交付试掘奖励金，近年又官卖桦太的封锁油田，正苦心石油事业的助长行政。"② 兹将日本石油股份公司所调查的日本石油进行统计，见表 6-1 至表 6-3。

表 6-1　　　　　　　　　　日本原油产额③　　　　　　　　　单位：石

年份	日本	中国台湾	合计
1927	1499883	126553	1626436
1928	1619017	99958	1718975

---

① 《中国经济发展史》编写组：《中国经济发展史（1840—1949）》第 2 卷，上海财经大学出版社 2016 年版，第 855 页。

② ［日］牧野辉智：《世界产业大全》（下册），冯达夫译，上海中华书局 1932 年版，第 486 页。

③ ［日］牧野辉智：《世界产业大全》（下册），冯达夫译，上海中华书局 1932 年版，第 486 页。

表6-2 　　　　　　　　　　日本内地外油输入额①　　　　　　　　　单位：千加仑

年份	原油及重油	挥发油	灯油	轻质机械油
1927	162656	34983	22968	13733
1928	380655	43898	29544	11298

表6-3 　　　　　　　　　　日本内地石油需给统计②　　　　　　　　　单位：千箱

年份		1926 年	1927 年	1928 年
全石油需要		22727	27675	32244
内	国产部分	Δ6224	Δ6518	Δ6775
	外油精制部分	6564	6926	8563
	输入部分	11207	15300	17988
外	输出部分	129	165	198
	移出入部分	1139	904	885

注：有 Δ 的挥发油部分，不是原油的制品，而是含浊偏苏油（Benzol）及其他，约 20 万箱。

　　日本帝国主义掠夺中国东北石油资源并非始于伪满时期，但在伪满时期变本加厉。特别是在所谓第一次"产业开发五年计划"期间乃至最后战败投降，石油生产已列为其重点或超重点部门。

　　抚顺煤矿的油页岩在煤层的顶端，厚120—130 米，藏量达55 亿吨，按平均含油量5.5%计算，可得原油 3 亿吨，等于美国当时天然石油藏量 14 亿3000 万吨的 1/5。日本当时估计，"每年重油消费量即使以 400 万吨计算，犹可能供应 75 年"③。所以，日本帝国主义自始就把抚顺的页岩油作为十分重要的油源来对待，坚持试验和生产，建立了庞大的页岩油工厂。

---

　　① ［日］牧野辉智：《世界产业大全》（下册），冯达夫译，上海中华书局 1932 年版，第 486 页。

　　② ［日］牧野辉智：《世界产业大全》（下册），冯达夫译，上海中华书局 1932 年版，第 487 页。

　　③ 姜念东、伊文成、解学诗等：《伪满洲国史》，吉林人民出版社 1980 年版，第 309 页。

1909 年，满铁"中央试验所"就把在抚顺发现的"能燃烧的石头"放到试验台上。但是 20 年后，即 1928 年，炼油工厂的设立方案才具体化。在这期间，试验从未间断，除委托日本海军燃料厂试验外，还把页岩送至瑞典、英国。前后投入的科研经费约 50 万元，召开技术委员会审议 30 余次，供试验用的页岩达 7000 吨。可见，日本为了获得页岩油是千方百计、不遗余力的。"1930 年 5 月 13 日，炼制 4000 吨油的设备（50 吨的干馏炉 80 座）开始作业。1931 年生产粗油 6.3 万余吨。"[①] 九一八事变前，满铁就已经在抚顺炼制页岩油。日本侵占东北后，在日本军部的直接控制下，满铁迅速扩建炼油厂，至 1935 年，年产粗油达到 14.5 万吨。同时，从 1934 年开始，进行煤炭液化试验。东北的石油业完全由日本垄断资本所独占。1934 年 2 月，"满洲石油株式会社"成立，以垄断石油开发与销售。同年 11 月，伪满政府实施石油专卖。1935 年，抚顺炼油厂生产 6.6 万吨石油，其中 6.28 万吨供日本海军所用。

二　满铁对东北主要石油企业的经营

满铁在东北的"投资"中，除将主要资金用于修建军事铁路网外，另一项重点则是作为军事工业基础的重工业和化学工业。在石油化工方面，满铁倾注了大量的物质资源和人力资源，不仅迅速扩大了抚顺炼油厂，并且投资成立"满洲石油株式会社"等公司。

石油是日本对外侵略扩张行动中极其重要的战略物资，石油的储备与利用甚至可以左右战争的结果。抚顺地区油页岩储量丰富，而油页岩经过低温干馏可以得到页岩油。页岩油经过进一步加工提炼，可以制得与石油具有相同作用的液体燃料。因此，抚顺的油页岩也是日本觊觎的重要资源。

满铁资料记载，满铁理事赤羽克己曾言："抚顺煤矿的油页岩所含石油约达 3 亿吨之巨，足供我国包括海军年需 100 万吨的 300 年之用。至于抚顺煤矿油页岩的含油率虽然不高，但有下列优点：1. 埋藏部位接近地表，作为煤层顶端形成极厚层；2. 工人工资极为低廉；3. 燃料丰

[①]　姜念东、伊文成、解学诗等：《伪满洲国史》，吉林人民出版社 1980 年版，第 309 页。

富而低廉；4. 交通比较方便；5. 工业用水丰富。因此，在经济上充分具备建立采油工业的可能性。最近几年日本石油每年的需要量为100万吨，今年虽增至2倍、3倍，但以上述页岩油供应我国需要之总量，尚有数十年之寿命。因此，我希望先从利用露天矿的页岩开始，逐步谋划这一工业的扩充和发展，使抚顺成为供应我日本固体和液体燃料的源泉。"①

虽然日本方面急于快速吞下抚顺油页岩这块"肥肉"，但现实情况是，虽然满铁千方百计地加快页岩油的生产，但远远满足不了战争经济的需求。为弥补液体燃料严重不足的状况，日本还着力开发所谓的"人造石油"，即煤炭液化工业。九一八事变前，满铁就伙同日本海军有关部门研究抚顺煤的液化问题。九一八事变后的1936年，经日本政府批准，建立了抚顺煤炭液化工厂，计划建设日处理煤炭100吨（后改为50吨）的煤炭液化设施。至1939年2月建设完工，立即试车运转，于7月取得一次加氢液化油的成功。1941年，二次加氢石油也取得了成功。

抚顺页岩油工厂一再扩建概况②

早已得知，抚顺煤矿藏有油页岩，但因含油率低，企业化问题没有解决。大正9年，为准备西部地区的露天采掘而勘查煤量时，曾进行大量钻探，结果确知，全部矿区油页岩层厚达135米，埋藏量约54亿吨，其品位，从最上层的10%到接近煤层的1%，平均为5.5%，除下层的30米外，其余平均含油率为6%。从此便注意了这一巨大资源的利用，着手企业化的调查研究。

几经曲折之后，大正15年抚顺式干馏法获得成功。昭和2年，拟定日处理原矿2000吨的工厂计划，翌年改为4000吨，昭和5年1月建成

---

① 《满铁与日本陆、海军共同策划炼制抚顺页岩油》，满铁：《抚顺岩矿综合经营基础调查》，现态调查，打印本，第2—5页，解学诗主编：《满铁档案资料汇编》第7卷《掠夺东北煤炭石油资源》，社会科学文献出版社2011年版，第414页。

② 《满铁一再扩大页岩油厂》，满铁：《抚顺岩矿综合经营基础调查》，现态调查，打印本，第2—5页，解学诗主编：《满铁档案资料汇编》第7卷《掠夺东北煤炭石油资源》，社会科学文献出版社2011年版，第431页。

并开始试车。

最初的工厂设备有破碎工厂、干馏工厂、蒸馏及粗蜡工厂。事业费 1000 万元，规模为年产粗油 7 万吨。其后，为解决因硫氨市价下跌造成的核算问题，并鉴于满洲事变使该事业重要性增加，将现有工厂改造，使生产量倍增；同时，将一部分原油热解，炼制挥发油，在当地销售，以利于核算。昭和 8 年，倍增的改装炉进行试验，还将数种原油送往美国，进行分解挥发油的工业性试验。这些试验都得到满意结果，故于昭和 9 年决定以年产粗油 14 万吨、硫氨 2.8 万吨为目标，改装干馏工厂，增设蒸馏工厂和硫氨工厂，新建挥发油工厂。干馏工厂和挥发油工厂分别于昭和 10 年 6 月和 11 年 2 月建成。

上述工厂改装后，获得预期以上的成绩，此项事业的核算情况显著好转，加以受到时局的刺激，再次提起工厂扩建问题，亦即增建第二工厂。但遇到两个重大问题，一是原矿供应问题；二是从核算角度考虑的炼油法问题。

原矿是供应年限问题。按现在计划，露天矿对现有工厂，也只是还有 10 年左右的命运，再建设第二工厂可以说完全是无的放矢。嗣经慎重研究之后，判明：如将原来的原矿无偿提供代之以向露天矿支付实际采掘费，则可使作业深度从现有的 200 米，扩大到 350 米。于是拟定了将古城子、杨柏堡两露天矿合并，使剥离区达 6 公里，剥岩运输列车得以进入深部，并便于在业已采完煤的东乡、大山两竖井上层区域采掘油页岩的计划。按此计划每年提供 14 万吨油的油页岩，可持续 25—30 年。

核算方面的问题与增产粗蜡有关。因粗蜡向日本内地输出，享有免税特典，故粗蜡收入是此项事业核算上的重要因素。然而，当时内地市场早已不具备消费能力。在没有关税保护的外国市场上，增产粗蜡的命运，必然是受到外国产品的竞争，不能像过去那样，期望获得收入。为此，作为对策，在炼油法方面，改变单纯生产重油的目标，而炼制灯油、轻油等高价品，在满洲国内销售；并进一步提高重油的质量，使之能用于大型柴油机，将其一部分高价售于市场，以弥补粗蜡收入的减少。

该计划的规模是，新建日处理原矿 180 吨的干馏炉 80 座，依此生产粗油 22 万吨，硫氨 4 万吨。后来因条件所限，仅建设 60 座，昭和 11 年 4 月动工，14 年 5 月一部分开始试车。

上述第一、第二两工厂，即现在的西制油工厂。接着还有东制油工厂，即第二次增产计划，露天开采抚顺煤矿东部长达 6 公里的油页岩，以年产粗油 50 万吨，现已着手工程。

进一步扩建抚顺炼油厂[①]

从昭和 7、8 年前后开始，这项炼油事业已能大量生产，第一次扩建计划于昭和 10 年完成后，年产即将由 7.5 万吨增至 15 万吨。

另一方面，满洲国的石油资源，尽管以后又继续试采，但终未达到预期效果，抚顺页岩油就成了满洲目前唯一的石油资源。而且从日满需要石油的趋势来看，这项工业的重要性也日益增加，因此实行第二次扩建计划。昭和 11 年 4 月，用三年时间，耗资约 1500 万元，开始了建设工程。

1933 年 2 月，在关东军的指示下，伪满政府设立了"满洲石油株式会社"[②]，作为垄断东北石油开采、冶炼和销售的特殊会社。

满洲石油株式会社设立要纲[③]

1933.6.5 关东军司令部

第一 方针

---

① 《外交部驻辽宁特派员王镜寰致日本驻奉总领事林照会》，吉林省社会科学院藏抄件，解学诗主编：《满铁档案资料汇编》第 7 卷《掠夺东北煤炭石油资源》，社会科学文献出版社 2011 年版，第 433 页。

② 满洲石油株式会社：日本统治伪满石油事业的经济组织。1933 年 2 月 24 日成立于新京（长春），初期资本 1500 万元，后不断增资。主要股东有伪满政府、满铁、三井物产、日本石油、伪满兴业银行、三菱矿业、三菱商事、小仓石油、早山石油、爱国石油等会社。理事长是日本人桥本圭三郎。主要经营石油的开采、精炼、销售及政府委托或命令的事业等，下设有大连炼油厂。按关东军司令部制定的《满洲石油株式会社设立要纲》，伪满原则上应将区内石油矿业权让与该社。1945 年日本投降后，该会社被国民政府接收。

③ 《外交部驻辽宁特派员王镜寰致日本驻奉总领事林照会》，吉林省社会科学院藏抄件，解学诗主编：《满铁档案资料汇编》第 7 卷《掠夺东北煤炭石油资源》，社会科学文献出版社 2011 年版，第 476 页。

为了有组织地开发满洲的国防上重要的石油资源，并初步做好石油的开采与精炼统制，设立满洲石油株式会社。

第二　要点

一、本会社经营下列业务：

（1）石油的开采；

（2）石油的精炼和销售；

（3）政府委托或命令的事业；

（4）上列各项的附属事业。

二、满洲国政府原则上应将国内石油矿业权让与本会社，但军事上有必要封锁的石油矿业，满洲国可予保留。

三、满洲国政府不把石油精炼事业许与本会社以外的其他人。

四、本会社在战时、事变当中有义务按满洲国政府指定价格交售日满军所需数量的石油。

本会社有义务经常贮藏最少足够精炼六个月的原油。

五、本会社的章程应按下列各项制订：

（1）成为满洲国法人的日满合办会社；

（2）本会社的业务以经营（第一）所列各项为目的；

（3）本会社资金预定为 500 万元（日币），事业计划确定后再行决定；

（4）本会社出让股份须经董监事会承认，不得出让给日满两国以外的人。

六、关于下列事项，事先须经满洲国政府承认：

（1）董/监事任免；

（2）利润处理；

（3）年度事业计划；

（4）大会附议事项；

（5）其他重要事项。

对股东分红限定在 8 分以内，其余的利润应作为试采和调查等费。

七、本会社须尽快成立，由于事业计划不宜公开，暂不采取一般招股的办法，而由下列方面出资：满洲国 100 万元；满铁 200 万元；日本民间石油业者（日石、小仓、三井、三菱）各 50 万元。

八、本会社事业范围暂定为设立以外油为原料的炼油厂，对油源进行调查和勘探。

上项调查和勘探工作应于会社成立后立即着手，当前调查和勘探费最低限度拨支 50 万元。

满洲石油株式会社概况①

1939

总社所在地：新京特别市大同大街（康德会馆内）

代表者：理事长桥本圭三郎

设立年月日：大同 2 年 2 月 24 日

资本：名义资本　2000 万元　　实缴资本　1500 万元

出资者：满洲国政府、满铁、三井物产、日本石油、满洲兴业银行、三菱矿业、三菱商事

一、沿革

该社以开发满洲国内石油、炼制原油、销售产品为目的，根据大同 3 年（昭和 9 年）2 月满洲国政府的《满洲石油株式会社法》而设立的，资本经再度增资，现已达 2000 万元。主要股东是满洲国政府、满洲兴业银行、满铁、三井物产、三菱商事，日本石油、小仓石油、早山石油、爱国石油等各会社。大连炼油厂为完成其使命，以面对大连湾的大连市海猫屯为厂地，昭和 8 年着手整地，昭和 10 年建成，并开始作业。

关于油田的开发，目前已在邻近满洲里的扎赉诺尔湖畔和锦州省阜新发现油田，正在钻探和准备钻探，尚未见出油。

二、该社产品的销路

---

① 《外交部驻辽宁特派员王镜寰致日本驻奉总领事林照会》，吉林省社会科学院藏抄件，解学诗主编：《满铁档案资料汇编》第 7 卷《掠夺东北煤炭石油资源》，社会科学文献出版社 2011 年版，第 477 页。

满洲国以石油统制为目的，自康德2年4月起实施石油专卖法，燃料油由政府专卖，该社供应其专卖品的大部分。

专卖以外产品，自然向满洲国内销售。此外，关东州和华北、华中方面亦有销路。

三、设备

该社大连炼油厂是所谓完全炼油工厂，拥有炼制全部石油产品的设备。其设备均系社内设计，并由日本国内和关东州制造。又，最近拟增设高辛烷值的航空挥发油炼制装置和高级润滑油炼制装置，目前正在准备中。

四、产品

挥发油（飞机和汽车用）　　　　数种

灯油

轻油

重油（内燃及外燃用）　　　　数种

润滑油　　　　数种

石蜡

润滑脂　　　　数种

沥青（孔剂用、道路用、建筑用）　　　　数种

满洲石油株式会社的特权和义务①

特权：

（1）垄断满洲国内石油矿业权和精油工业。

（2）满洲国政府收购本会社精炼［产品］的价格是：经费加公积金、折旧费、董/监事赏金和红利8分。

义务：

（1）本会社经常贮存6个月的精炼原油。

---

① 《外交部驻辽宁特派员王镜寰致日本驻奉总领事林照会》，吉林省社会科学院藏抄件，解学诗主编：《满铁档案资料汇编》第7卷《掠夺东北煤炭石油资源》，社会科学文献出版社2011年版，第478页。

（2）本会社使用满洲国政府资金并在其指示下进行油源调查和钻探；与此同时，会社本身亦须支出费用50万元。

（3）战时本会社须按满洲国政府指定价格供给日满军所用石油。

（4）本会社对下列事项，须预先征得满洲国政府的承认：任免董/监事、利润分配、年度事业计划、股东大会讨论事项。

满洲国认可上列事项时，须与在满日本最高统治机关［关东军］协议。

满洲石油株式会社与满铁及其他方面的关系①

一、与满铁的关系

该会社的设立对满洲国产业经济和国防十分重要，从其企业计划来看，满铁不仅是创办事务的主要担当者，而且出资500万元，占40%，成为最大股东，并推荐理事和监事各一名，积极参与该社的经营。但昭和11年第一次增资时，在10万股的新股中只承受1万股，从而持股率下降到25%；昭和13年第二次增资时全未承受，持股率又下降到12.5%。而且，满铁推荐的由利理事于昭和13年7月死亡后，其继任者转由日石会社推荐。因此，满铁现在推荐的只有理事一名、监事一名，与该社设立当初比较，关系甚为淡薄。

满铁的投资额：

持股数：5万股（12.5%）

承受金额：250万元

实缴金额：250万元

投资理由：

赞同设立宗旨，即确保满洲国的石油资源，调节需求，对日满两国的产业经济和国防都十分重要。

推荐人员：理事一名，监事一名

---

① 《外交部驻辽宁特派员王镜寰致日本驻奉总领事林照会》，吉林省社会科学院藏抄件，解学诗主编：《满铁档案资料汇编》第7卷《掠夺东北煤炭石油资源》，社会科学文献出版社2011年版，第479页。

二、与满洲国的关系

1. 特权

(1) 垄断满洲国内的石油矿业权和炼油工业；

(2) 满洲国政府以如下金额收买本会社产品：扣除炼油所需之一切经费、公积金、折旧费、理/监事赏金，并能保持8分分红。

2. 义务

(1) 本会社须经常贮备6个月所需原油。

(2) 本会社以满洲国政府的费用调查和钻探油田，并须自行支出费用50万元。

(3) 本会社在战时、事变之际按满洲国政府指定价格缴纳日满军所需石油。

(4) 政府对本会社的监督。本会社的下列事项须预先经满洲国政府的同意：

1) 理/监事的就任、解职；

2) 利润的处理；

3) 年度事业计划；

4) 大会附议事项；

5) 章程的变更；

6) 社债的募集；

7) 合并和解散的决议；

8) 理监事的报酬和津贴。

但1) 至4) 事项，满洲国予以同意时，须与日本在满最高统制机关协商。

(5) 政府对本会社的其他监督：

1) 监理官的设置；

2) 决议的取消；

3) 理/监事的解任。

表 6—4 各种产品产量①

产品	产量		
	1935 年	1936 年	1937 年
挥发油/升	27240	47505	33073
灯油/升	16287	42112	30916
轻油/升	9083	13349	5752
机械油/升	3304	4927	4641
重油/升	8847	9968	7918
土沥青/升	3080	6033	7515
沥青/升	4864	7604	5010
石蜡/升	1380	1995	1047
石油箱/个	506354	970880	680930
石油罐/个	2256368	5943840	3840110
铁罐/个	22180	47354	16087
石蜡罐/个	—	—	43403

编者注：计量单位升，似应为千升。

表 6—5 伪满时期勘察石油资源概况②

所在地	钻探经过	备注
阜新	1937 年以后，满洲矿发、满洲石油、满炭等会社地质调查队进行勘查与钻探，深度达 925 米	海军燃料厂、满铁及满洲石油等单位分析结果，确认为天然石油，但储量不详
新巴尔虎右旗扎赉诺尔	1935 年以后伪满和满洲石油会社进行钻探，1936 年钻探度达 1114 米	1937 年日本东京都帝大松山博士等到此地探查，推定有断层线

资料来源：中国经济建设学会：《东北之油页岩及煤油》，1947 年。

---

① 《外交部驻辽宁特派员王镜寰致日本驻奉总领事林照会》，吉林省社会科学院藏抄件，解学诗主编：《满铁档案资料汇编》第 7 卷《掠夺东北煤炭石油资源》，社会科学文献出版社2011 年版，第 480 页。

② 《外交部驻辽宁特派员王镜寰致日本驻奉总领事林照会》，吉林省社会科学院藏抄件，解学诗主编：《满铁档案资料汇编》第 7 卷《掠夺东北煤炭石油资源》，社会科学文献出版社2011 年版，第 481 页。

满洲石油株式会社法①

1934 年 2 月 21 日

第一条，政府为确保国内煤油之资源谋需给之调整特令设立满洲石油株式会社。

第二条，满洲石油株式会社为股份有限公司，以经营关于煤油之采掘、精制及买卖事业为目的，满洲石油株式会社得经主管部总长认可经营前项事业附带之业务。

第三条，满洲石油株式会社设立本店于新京。

第四条，满洲石油株式会社之资本总额定为日金五百万元，其中日金一百万元由政府出资。

第五条，满洲石油株式会社之股份为记名式，每股金额定为五十元。

第六条，满洲石油株式会社之股份非经会社之同意不得转让于他人。

第七条，满洲石油株式会社第一次应缴之股款得降至票面金额四分之一。

第八条，满洲石油株式会社各股东每股有一表决权。

第九条，满洲石油株式会社置理事长、副理事长各一人，理事八人以内及监事三人以内。

第十条，理事长代表满洲石油株式会社综理其业务，理事长有事故时由副理事长执行其职务，理事长及副理事长均有事故时由理事中一人执行理事长之职务，理事辅佐理事长及副理事长掌理满洲石油株式会社之业务，监事监察满洲石油株式会社之业务。

第十一条，理事长、副理事长、理事及监事由股东会选任之，理事长、副理事长及理事之任期为四年，监事之任期为三年。

第十二条，掌理满洲石油株式会社常务之理事非经主管部总长认可不得从事他项业务。

第十三条，主管部总长得对于满洲石油株式会社命令为煤油资源之

---

①　蔡鸿源主编：《民国法规集成》（第 83 册），黄山书社 1999 年版，第 96 页。

及煤油之探采有前项情形，政府得交付其费用之全部或一部。

第十四条，主管部总长得对于满洲石油株式会社命令为政府购买煤油类物品。

第十五条，主管部总长得对于满洲石油株式会社指定价格命令向政府缴纳所需要之。

第十六条，满洲石油株式会社应依主管部总长所指定贮存煤油。

第十七条，政府置满洲石油株式会社监理官令监察满洲石油株式会社之业务，满洲石油株式会社监理官临时得检查满洲石油株式会社之金库账簿及各种文书物件，满洲石油株式会社监理官随时得命令满洲石油株式会社报告营业上各种计算及状况，满洲石油株式会社监理官得出席于股东会及其他各种会议陈述意见。

第十八条，满洲石油株式会社每届营业年度应拟具事业计关于年度开始六十日前呈请官管部总长认可。

第十九条，理事长、副理事长、监事之选任及解任章程之变更利益金之处分、社债之募集、合并及解散之决议，非经主管部总长认可不生其效力。

第二十条，主管部总长得对于满洲石油株式会社之业务发监督上必要之命令。

第二十一条，主管部总长得对于满洲石油株式会社之业务发军事上或公益上民条之命令。

第二十二条，主管部总长对于满洲石油株式会社之决议认为有违反法令章程或危害公益时，得撤销其决议主管部总长；对于满洲石油株式会社理事长、副理事长、理事或监事之行为认为有违反法令章程或危害公益时得解任之；理事长、副理事长、理事或监事违反主管部总长之命令时亦同。

第二十三条，本法所称主管部总长系指实业部总长及财政部总长而言。

附　则

第二十四条，本法自公布日施行。

第二十五条，政府任命设立委员会处理关于设立满洲石油株式会社一切事务。

第二十六条，设立委员应订定章程呈请主管部总长认可。

第二十七条，股份总数募足时设立委员应即向各认股人使之照缴第一次股款，前项股款缴足时设立委员应即召集创立会。

第二十八条，设立委员完结设立登记后应即将其事务移交理事长。

为了进行原油加工，满铁早有在大连建炼油厂的计划。"满洲石油株式会社"成立后，立即在大连甘井子海猫屯建设大型炼油厂。"满洲石油株式会社大连炼油厂"第一次实缴资本为 500 万日元，于 1933 年动工兴建，1935 年 1 月建成投产。它初期炼制美国原油，以后炼制南洋原油，日炼能力为 400 吨（15 万吨/年）。1939 年，又建成热裂化装置，日炼能力为 200 吨。同年，与美国卢姆斯公司签订合同，由该公司设计建设一套润滑油生产装置。其后，这套装置仅部分施工，未建成。其他未建成的装置，尚有固定床催化裂化和水平炉焦化装置。当时的主要产品为汽油、煤油、轻柴油及燃料油等。

1945 年日本帝国主义投降后，大连炼油厂由中苏合资经营，定名为大连县甘井子区中苏石油股份有限公司。1948 年至 1949 年，动工修复蒸馏、再蒸馏、洗涤三套装置。当时生产装置的情况：（1）蒸馏：为蒸发塔、常压塔、减压塔组成的三级蒸馏，能力为 420 吨/日，产品为航空汽油、车用汽油、煤油、轻柴油、重柴油、润滑油原料、渣油；（2）洗涤：汽油洗涤能力为 100 吨/日，煤油洗涤能力为 100 吨/日，润滑油洗涤能力为 50 吨/日；（3）热裂化：设计能力为 180 吨/日，实际为 250 吨/日，产品为汽油、燃料油；（4）再蒸馏；（5）沥青氧化，日产 90 吨；（6）润滑油：溶剂脱蜡能力为 60 吨/日，糖醛精制能力为 60 吨/日，白土精制能力为 30 吨/日。

1940 年夏，日本陆军确定在奉天锦西县连山镇建立陆军燃料厂第二制作所（第一制作所在日本山口县）。1941 年 5 月，接管四平满洲油化株式会社后，它又将其改称四平陆军燃料厂锦西制作所，对外称 945 部队。锦西制作所于 1941 年 5 月动工建设，由日本关东军 693 部队进行土木建筑，945 部队进行设备安装与炼油工程，占地约 3400 万平方米，原拟在葫芦岛山后建 5 万立方米地下油罐 10 座，实际没有全部建成。拟在葫芦岛至锦西制作所铺设 8 英寸输油管线 12 千米，葫芦岛至老龙湾油库铺设 8 英寸管线 4 千米。计划年产航空汽油 20 万立方米，车用汽油 10 万立方米，航空润滑油 6000 立方米，无水酒精 10000 立方米，异辛烷 40000 立方米，煤油、柴油等 20 万立方米。[①]

图 6-1　为掠取石油资源，日伪在中国东北加速开采[②]

1945 年日本帝国主义投降时，已建成的第一期主体工程有：（1）常压蒸馏装置，500 吨/日；（2）热裂化装置，250 吨/日；（3）叠合装置，20 吨/日；（4）产品洗涤装置；（5）发电厂 15000 千瓦发电机两台；（6）锅炉房；（7）钢筋混凝土双曲线型凉水塔；（8）机械修造场；（9）制桶设施；（10）油罐，葫芦岛可储油 3 万吨，老龙湾可储油 11 万吨。已开始建设的第二期主体工程有：（1）鲁奇式低温干馏炉两座，10 万吨/年；（2）焦油及煤油、柴油加氢生产航空汽油装置；（3）大豆油硬化油加氢裂化生产 α-烯烃装置；（4）α-烯烃三氯化铝重合生产航空润滑油装置；（5）发酵法制造丁醇及无水酒精装置；（6）丁醇脱水、异构化、重合生产异辛烷装置；（7）制氢装置；（8）电解食盐装置。1942 年 11 月，常压蒸馏工厂建成，从印度尼西亚运来一船原油，计 2.2 万吨。运转了两星期，它就因原油

---

①　申力生主编：《中国石油工业发展史》第二卷，石油工业出版社 1988 年版，第 196 页。

②　"满洲国"通信社编：《满洲国现势》，1941 年，第 55 页。

供应中断而停工。其他装置亦均未投产。①

日本帝国主义投降前夕，对锦西制作所进行破坏。1945年9月，它由苏军接管。1945年11月，国民党军队进驻锦西，由县政府派人看管。1946年1月，国民党政府经济部派员接管，定名"锦西燃料厂"。同年7月，由中国石油公司接管，更名为"东北炼油厂"，下辖锦州合成燃料厂、四平油化厂和吉林人造石油厂。1947年，修复发电厂，经德士古石油公司购买的伊朗原油，于9月首批到货，10月开炼，先后共炼三次，即1947年10月炼2000吨，1948年6月炼3000吨，8月又炼2000吨。②

第三节　满铁掠夺东北石油资源的价值与利润去向

一　满铁掠夺东北石油资源的价值

日本侵略者在掠夺中国石油资源方面，其急迫程度较之煤炭掠夺有过之而无不及。缺乏石油是日本经济的最大弱点，也是日本军国主义准备战争和进行战争的一大障碍。日本帝国主义对奉天省石油资源的掠夺，较有成效的是对抚顺页岩油的开采。

抚顺页岩油工厂是在日本军部直接控制和陆海军之间进行争夺的情况下扩建起来的。"1934年4月，制油厂开始第一次扩建，1935年完成，年产粗油能力增至14.5万吨。1936年4月又实行第二次扩建计划。此项计划完成后，可炼油30万吨左右，比当时日本国内产油量25万吨还多。从1937年起扩建工程被纳入伪满第一个五年计划，同年5月满铁抚顺制油工厂又制订了第三次扩张计划。1939年第二次扩建工程完成，经过几次扩建，油厂产量逐年提高。"③ 20世纪初中国的石油产品价格，

---

① 申力生主编：《中国石油工业发展史》第二卷，石油工业出版社1988年版，第196页。
② 申力生主编：《中国石油工业发展史》第二卷，石油工业出版社1988年版，第197页。
③ 中共辽宁省委党史研究室编：《历史永远不能忘记——辽宁人民抗日斗争图文纪实》，辽宁人民出版社2005年版，第137页。

是依靠进口"洋油"形成的，历史上的价格就很高。1934 年 11 月 14 日，伪满政府公布《石油专卖法》，把石油制造、储存、输入、输出、销售及经营的价格全部控制起来。抚顺石油产品价格全部由伪满当局控制。日伪时期，抚顺市场的石油产品出厂价格不仅变化快，而且涨价的幅度也很大（见表 6-6）。

表 6-6　　　　1939—1943 年抚顺市石油产品价格变化情况①　　　　　　单位：满币元

产品名称	年份				
	1939	1940	1941	1942	1943
页岩重油/吨	35	50	100	110	—
抚顺重油/吨	—	—	55	60	70
一号轻油/立方米	70	85	100	120	150
甲酚（一级品）/吨	—	800	700	700	700
液化工厂甲酚/吨	—	—	600	1000	1000
航空用挥发油/立方米	166	166	200	200	300
灯油/立方米	145	—	—	—	—
车轴油/千克	—	2.5	1.9	—	1.08
硬沥青/吨	17	10	15	25	30

　　九一八事变后，抚顺页岩油的生产，不仅关东军干预，日本海军也直接插手。海军要求满铁"起草企业计划时和海军协商"。"1934 年，满铁决定扩建现有工厂和将页岩油一部分高级品化时，由满铁总裁林博太郎亲自向日本海军大臣大角岑生作了报告。1934 年 4 月，抚顺制油厂开始动工扩建。1936 年 4 月，实行第二次扩建计划。1939 年上述第二期工程完成，继而又开始扩建干馏炉 20 座、年产 6 万吨的工程。"② 但是到 1941 年，即第一个"产业开发五年计划"的最后一年，因矿石供应问题，该项扩建工程被迫停止。1942 年 2 月末，抚顺西制油厂设备能力为年产粗油 30 万吨。另外，从该年起，还开始兴建以小块为原料的年

---

① 抚顺市社会科学院编：《抚顺市志》第 6—8 卷《商贸卷·经济管理卷·社会生活卷》，辽宁民族出版社 2000 年版，第 685 页。
② 姜念东、伊文成、解学诗等：《伪满洲国史》，吉林人民出版社 1980 年版，第 309 页。

产 6 万吨的小块干馏厂。满铁在扩建西制油厂的同时，还于 1939 年着手修建东制油厂，设计与西制油厂的原来目标一样，亦为年产粗油 50 万吨，但因缺乏资金与建材，1941 年停建。后因战争需油紧迫，1943 年缩小规模重新开工。这两项工程，在日本帝国主义战败前垂死挣扎期间，是作为"紧急的首要措施"强制进行的，机器和运输都是"作为军需和军用货物办理"的。1944 年 8 月，日本陆军省与海军省还专门签订了备忘录，决定陆军从现地工程方面、海军从对日的设备订货方面，分别给予援助。该备忘录实质是一项分赃协定，它规定"产品的分配，应在陆军、海军和满洲国共同协议的基础上，把东、西两制油厂的全部产量，按照最合理的办法决定分配"。上述对工程的所谓援助，实际上不过是为获得分配而承担的一种义务。然而，日本的陆军也好，海军也好，其欲望都不能满足。到了 1945 年初，由于人力严重不足，原有设备不能充分开工，扩建项目也作废。

抚顺煤层上部伴生着丰富的油母页岩，于 1921 年经干馏制取出页岩油。满铁遂于 1928 年始建西制油厂，1929 年 12 月 30 日初次出油，1930 年 7 月开始营业性生产（见表 6-7）。"1934 年，《满洲国第二期经济建设纲要》把石油增产，满足日军对液体燃料需要，作为国防产业开发重点。1936 年建石炭液化厂，1941 年建东制油厂，1943 年生产页岩原油 25.7 万吨。"[1]

表 6-7　　　　　　　　　1931—1940 年抚顺西制油厂的产量[2]

年份	类别						
	页岩干馏量/吨	含油率/%	原油/吨	重油/吨	粗蜡/吨	硫氨/吨	挥发油/吨
1931	1344286	5.57	63059	40161	12640	15802	
1932	1417658	5.50	72108	43275	13897	16415	942

---

[1] 抚顺市社会科学院编：《抚顺市志》第 6—8 卷《商贸卷·经济管理卷·社会生活卷》，辽宁民族出版社 2000 年版，第 685 页。

[2] 中共辽宁省委党史研究室编：《历史永远不能忘记——辽宁人民抗日斗争图文纪实》，辽宁人民出版社 2005 年版，第 137 页。

年份	类别						
	页岩干馏量/吨	含油率/%	原油/吨	重油/吨	粗蜡/吨	硫铵/吨	挥发油/吨
1933	1589888	6. 16	90743	54772	19066	19874	1653
1934	1267893	6. 01	58232	37402	12048	12428	1363
1935	2495296	6. 03	120299	67347	23640	23301	3706
1936	2609741	5. 76	123627	66059	17514	25359	9514
1937	2793603	5. 97	141169	79346	20802	26645	11996
1938	2734411	6. 81	143677	76482	18505	25804	14733
1939	3950754	5. 85	164428	73495	17560	16611	14652
1940	4308969	5. 44	165932	75288	23248	14188	12363

1939 年 7 月，日美通商条约废除后，国际形势骤然紧张。日本已经非常敏感地预料到，今后美国势将对日本实行石油禁运。为了应付上述事态的出现，日本政府急不可耐地要求"现在建设中的人造石油事业提前完工，更进一步强行扩建和新建"。于是，满铁于 1939 年底向日本商工省提出了 1943 年完成年产两万吨的计划和 1945 年完成年产 12.5 万吨的计划。但是，由于资材奇缺，"不仅无法备齐和扩充现有设备，就是长期连续运转，甚至连短期的试车亦恐将被迫中止"。1940 年，煤炭液化工厂需要钢铁 1200 吨，而审定量只有 140 吨，1940 年夏季的形势更加严重，早已预料的事态终于发生：自该年 8 月 1 日起，美国将石油和废钢的出口改为许可制，开始对日实行禁运。慌了手脚的日本当局立即指示驻厂监督官"对公司方面进行监督，指示公司要促进有关工程的进展，并特别要使之发挥现有设备的全部能力"[①]。然而，没有资材，谁也无可奈何。后来的事实证明，不要说年产 12.5 万吨的计划是一纸空文，就连年产 2 万吨的计划也成了妄想，即使改为年产 1 万吨的计划，也迟迟不能兑现。

就这样，抚顺煤炭液化工厂在扩建工作一筹莫展的困难局面中，于 1943 年 11 月 1 日，连同职工一同移交给了"满洲人造石油股份公司"。在交接的同时，该厂便被指定为陆军指导工厂。当时，煤炭液化工业在

---

① 姜念东、伊文成、解学诗等：《伪满洲国史》，吉林人民出版社 1980 年版，第 311 页。

日本也是刚刚开始，它是属于工艺技术相当复杂困难的高温高压化学工业，技术上并未过关，整个设备尚有许多不完备的地方。因此，被指定为陆军工厂之后，只能是将原有设备补修或改革。按日本军部要求，此项整顿须于1945年3月完成，并且要把重点放在加氢挥发油的生产上。1944年，加氢挥发油的实际产量为2021千升，数量实在可怜。

"满洲人造石油公司"是1939年设立的伪满特殊公司，出资者为伪满当局、日本窒素（野口系）、帝国燃料。其目的是以舒兰煤为原料进行煤炭液化。该公司建立后，即着手于吉林市郊建设工厂。同时，为了获得原料煤，该公司与满炭共同创办资本为1000万元的舒兰煤矿公司。野口系的日本窒素是在朝鲜北部，以化工为中心进行经济扩张的垄断资本。这个新兴财阀又妄图利用吉林的矿产和水力，建立新的经济侵略据点。但是，任何势力也无法扭转历史的乾坤。"满洲人造石油公司"也只能是在困难重重之中迎接日本帝国主义的最后惨败。

在抚顺，日本人先后建立的人造石油工厂——"炭矿制油所"共有4所，都有一定的规模。产品有汽油、煤油、柴油、石蜡等。从1930年开始生产，到日本投降前一年，平均年产油20万吨，1942年为产量最高的一年，达25.76万吨。1943年是中华人民共和国成立前中国石油产量最高的一年，该年全国共产油32.1万吨，其中25.55万吨是东北所产的人造石油。可见，当时东北人造石油在整个石油生产中的重要地位。

属于经营人造石油范畴的还有两个公司：一是1936年在四平成立的满洲油化工业公司；二是1937年在锦州设立的满洲合成燃料公司。前者试图以辽源（当时称西安）煤为原料，用"黑井式"煤炭液化格炼制石油；后者则计划用三井收买的费谢尔合成法，从丰富的阜新煤炭中炼取石油。但是两者命运相同，因资材的严重缺乏，建厂不久就夭折和失败了。后来，四平油化工厂改为日本陆军燃料厂。另外，日军还在锦西建立了第二陆军燃料厂。两个厂都是炼制从南洋掠夺的原油。其第二厂，年产能力为10万吨。但是，随着日军在太平洋战场的节节败退，炼油厂也不得不关门停业了。①

---

① 姜念东、伊文成、解学诗等：《伪满洲国史》，吉林人民出版社1980年版，第313页。

二 满铁掠夺东北石油资源的利润及去向

日本本土的石油资源十分匮乏，但需求量却非常庞大，仅海军每年就需要重油100万吨。日本国内石油只能满足需要量的1/10，其余全部从国外获得。在太平洋战争爆发前的数年间，日本在其本土和侵占地（中国的东北、台湾以及库页岛租借地）每年仅能够生产其石油消耗量的不到10%，其余都依赖进口，其中80%来自美国，13%来自荷属东印度。据有关数据，1937年到1940年太平洋战争爆发前日本自产和进口的油料情况为：1937年自产250.1万桶，进口3697.2万桶，合计3947.3万桶（约合541万吨）；1938年自产253.4万桶，进口3244.8万桶，合计3498.2万桶（约合479万吨）；1939年自产246.7万桶，进口3066.1万桶，合计3312.8万桶（约合454万吨）；1940年自产221.3万桶，进口3716.0万桶，合计3937.3万桶（约合539万吨）。[①] 日本国内日常生产和生活用能源主要来自煤炭等其他各种能源，大部分石油用于军事和航运，所以石油对日本当时进行的对外侵略和扩张具有极其重要的作用。

日本对中国东北石油资源的掠夺十分迫切。民国时期，抚顺的页岩油成了日本帝国主义掠夺的重点。九一八事变后，日本开始了对东北石油资源的全面掠夺。抚顺的页岩油仍是掠夺的重点，日本海军和关东军多次要求满铁扩大抚顺页岩油的生产，增加产品种类。满铁在1934年对抚顺炼油厂进行了扩建。1935年，抚顺炼油厂产原油15万吨，产量增加了1倍。1936年，满铁又进行了第二次扩建，预计年产原油30万吨，超过全日本年产原油25万吨的产量。在第一次"产业开发五年计划"中，页岩油产量指标为50万吨，修订后增至80万吨。但到第一次"产业开发五年计划"最后一年即1941年，页岩油产量为18万吨，第二次"产业开发五年计划"要求产量为55万吨，实际只完成了30万吨。抚顺炼油厂生产的原油，尤其提炼的重油，几乎全部为日本海军所占用。1930年至1943年，抚顺炼油厂共生产重油

① 李庆功、徐静之：《战争与能源》，解放军出版社2014年版，第99页。

842861 吨，日本海军使用 776226 吨，占 92.1%。从煤炭液化中提取石油，也是日本掠夺东北石油资源的一项重要内容。煤炭液化提取石油是当时世界上的先进技术。日本侵占东北后，为解决石油不足的燃眉之急，不惜耗费巨资实现这项新技术。它主要利用东北丰富的优质煤炭，引进德国设备和技术，计划年产人造石油 80 万吨，后来又修改为 240 万吨。后因欧战爆发，引进德国设备断绝，计划完全流产。只有抚顺煤炭液化厂提炼成功，产量虽然不多，但是用煤炭液化法提炼石油唯一成功的一例。

1917 年末，抚顺市场石油批发价格，每箱美孚印 7.30 元，锚印 7.20 元，虎印 7.00 元。1931 年，灯油平均每桶价格为 5.00 元。黄牌石油每桶零售价格，1931 年平均为 3.01 元，1932 年为 4.04 元，1933 年为 4.35 元，1934 年为 4.36 元，1935 年为 4.13 元，1936 年为 3.88 元，1937 年为 4.09 元，1939 年为 4.37 元，1940 年 9 月为 9.80 元。每 500 克黄牌或赤牌汽油公定零售价为：1939 年 7 月 0.16 元、9 月 0.18 元、11 月 0.19 元，1940 年 1 月 0.20 元、4 月 0.33 元。抚顺产页岩汽油 36 千克零售价格，1939 年为 7.33 元，1940 年 9 月为 9.11 元。[①]

1938 年日本掠夺页岩油概况[②]

[1938 年] 页岩油工业由于出油率的提高、富矿的精选和工作人员的特别紧张努力，因而取得了自从此项事业创始以来的好成绩。干馏了油页岩 2734411 吨，平均含油率为 6.18%，出油率为 5.25%，干馏效率为 85%，生产粗油 143676 吨，比执行的计划增产 3319 吨（2.4%），从而炼油的收支也出现了良好的成绩。

另外，随着目前燃料问题的紧张，现正集中主要力量建设页岩油第二工厂和煤炭液化厂。

---

① 抚顺市社会科学院编：《抚顺市志》第 6—8 卷《商贸卷·经济管理卷·社会生活卷》，辽宁民族出版社 2000 年版，第 686 页。

② 《外交部驻辽宁特派员王镜寰致日本驻奉总领事林照会》，吉林省社会科学院藏抄件，解学诗主编：《满铁档案资料汇编》第 7 卷《掠夺东北煤炭石油资源》，社会科学文献出版社 2011 年版，第 437 页。

1940 年日本掠夺页岩油概况①

[1940 年] 由于时局的发展而更加要求液体燃料的自给自足，这使我矿深刻认识到这些事业的国家政策性，从而致力于煤炭液化厂的正规运转、西炼油厂生产作业成绩的提高和东炼油厂的新建工程。

煤炭液化厂前年度末综合运转获得成功，生产出优质飞机用挥发油。但作为工业设备尚有若干需要研究和改进的地方，因此本年度特别在这方面下工夫，在改进设备的同时还继续进行生产，结果获得了很大的成绩。

西炼油厂第二次扩建工程，除石蜡厂外，基本上都在本年度完成了，第三次扩建工程却因露天矿原矿石的供应量需要重新考虑而决定停止。

生产方面，油页岩干馏量为 4308969 吨，粗油产量为 165932 吨。两者都没达到预计产量，前者少 17%，后者少 27%。其主要原因是：

（1）矿石品位低；

（2）工厂矿石接收设备改建工程拖延使粉碎量减少；

（3）改进蒸气办法的拖延；

（4）随着工厂扩建而带来的非熟练工人的增加和普遍的工作人员不足。

因此，硫氨、粗蜡和其他产品都没有达到预定产量。

此外，物价上涨和工资提高，使这一年度尽管产品的单位价格有所提高，但炼油收益却比前年度为少。

再有，关于东炼油厂的扩建工程，虽已经预料到像目前这样器材缺乏的时候，进行庞大的工厂建设工程，是会碰到若干困难的，但是由于认识到此项事业的重大国策使命，因此仍然为完成此项事业而继续进行修建。

然而正像所预料的那样，器材购买遇到了极大的困难，以致到 11 月左右，工厂建设和露天开采，都几乎陷于停顿状态。

---

① 《外交部驻辽宁特派员王镜寰致日本驻奉总领事林照会》，吉林省社会科学院藏抄件，解学诗主编：《满铁档案资料汇编》第 7 卷《掠夺东北煤炭石油资源》，社会科学文献出版社 2011 年版，第 437 页。

抚顺产的重油和石蜡大都输往日本，输出数量分别占总产量的60%—94%和100%。辽宁省档案馆馆藏档案资料统计，1930年抚顺制油厂生产的重油向日本输出27500吨，1931年输出39807吨，占该厂总产量的99.1%；1932年输出42555吨，占该厂总产量的98.3%；1933年输出51252吨，占该厂总产量的93.6%；1940年从大连港输出到日本的重油达59165吨，占该厂总产量的78.6%。[①] 由此可见，日本对东北石油资源的掠夺数量是多么惊人。

与此同时，大批日本资本和一些中小企业纷纷进入中国东北，设立了为数众多的工交、农林、矿冶、商业、化工、石油等特殊会社和准特殊会社。其中满铁的子会社"满洲重工业开发株式会社""满洲炭矿株式会社""满洲电业株式会社""满洲电信电话株式会社""满洲矿业株式会社"等垄断了东北的采掘、钢铁、轻金属、汽车、飞机制造、石油冶炼等主要行业。日本通过建厂开矿，任意掠夺工矿产品，大肆砍伐木材，疯狂搜刮粮食，从自然资源到物产资源无所不掠、无所不抢；还巧立名目，利用各种手段最大限度地搜刮民财，通过抓捕和引诱等手段掠夺劳动力资源，压榨工人的血汗，为其侵略战争服务。

---

① 中共辽宁省委党史研究室编：《历史永远不能忘记——辽宁人民抗日斗争图文纪实》，辽宁人民出版社2005年版，第138页。

第七章

满铁对东北其他矿产资源的调查与掠夺

东北其他矿产物如铜、石灰石、铅、滑石等储量也较为丰富，并长期被日本觊觎。虽然这部分矿产不是日本对东北资源掠夺的重点，但满铁调查部对东北铜、石灰石等矿产相关情况同样做了详细的调查。从调查数据来看，日本对东北这些矿产资源的掠夺也十分惊人。日本依靠这些矿产资源获得了巨大的利益，满铁占领的东北矿业生产也成为继铁路之后日本对东北资本输出的第二大产业。

第一节　东北其他矿产资源概况

一　东北其他矿产资源的储量及分布

中国东北其他矿产物主要有铜、石灰石、铅、滑石、苦土矿、耐火黏土、苦灰石、锰、银、石英等，矿物储量丰富，出产量相对较多。据1944年统计，铜为132万吨，铅、锌为113万吨，菱苦土（制镁原料）为20亿吨，钼为354万吨，钒为900万吨。[①] 根据可查资料记载，主要矿产物储量及分布如下。

（一）铜矿

铜为电器工业与国防工业的重要原料。中国铜矿分布以西南、东北及华中较多。西南铜矿主要集中在黔西东北、川西地区。东北铜矿主要

---

① 史丁：《日本关东军侵华罪恶史》，社会科学文献出版社2005年版，第531页。

集中在吉林南部磐石、天宝山及奉天东面之清原、本溪、复县一带。奉天省复县化铜沟矿产，奉天省本溪县马鹿沟矿床，奉天省本溪县矿全沟矿床，奉天省本溪县盘岭矿床，安东省庄河县芙蓉矿床，安东省安东县梨树矿床，安东省凤城县凤城矿床，安东省宽甸县万宝矿床，安东省桓仁县桓仁矿床，吉林省磐石县石咀子矿床，奉天省兴城县夹山矿床，吉林省延吉县天宝山矿床，兴安省布特哈旗巴林矿床。① 华中区铜矿以湖北最多，分布在鄂南大冶、杨新、鄂西清水江流域与鄂东大别山地。

（二）银矿

中国是银矿资源较为丰富的国家，多数与铅锌矿共生，少量与铜矿、铁矿伴生。银矿以江西省储量为最多，东北银矿储量较少，主要产区为吉林省延吉县内的天宝山银矿。

（三）铅矿

东北的铅矿主要有杨家杖子和春城子两处，九一八事变后，都被日本侵占。1935—1939 年，杨家杖子铅矿的开采量为 50853 吨，1940—1944 年水铅矿的开采量为 433126 吨。②

（四）锰矿

锰的主要用途在于炼制合金与非铁合金。它的储量在中国也相当丰富，主要分布在东北与华南。华南锰矿以广西南部防城、合浦、宣武、桂平一带最富。矿质很佳，含锰量可达 50%，其中防城的软锰矿含锰量可达 90% 以上。③ 东北锰矿约占全国的 70%，以兴城、凤城、通河、伊通为主要产地。安东省凤城县小黄旗矿床，辽北省梨树县画匠屯矿床，热河省喀喇沁左旗桃花池附近矿床，热河省喀喇沁左旗凌源附近矿床，热河省喀喇沁左旗古洞山矿床，奉天省兴城县黑松林矿床，奉天省锦西县蓝家沟矿床，奉天省锦西县才家屯矿床，奉天省兴城县三道沟老虎洞山矿床，奉天省兴城县高桥矿床，热河省吐默特右旗瓦店子矿床。④

（五）钼矿床

安东省临江县临江矿床，吉林省和龙县石人沟矿床，松江省东宁县

①　李澍田主编：《东北文献辞典》，吉林文史出版社 1994 年版，第 150 页。
②　郭德宏主编：《抗日战争史研究述评》，中共党史出版社 1995 年版，第 144 页。
③　黄就顺编著：《中国地理概论》，上海书局有限公司 1982 年版，第 354 页。
④　李澍田主编：《东北文献辞典》，吉林文史出版社 1994 年版，第 150 页。

小绥芬矿床，奉天省本溪县马鹿沟矿床，奉天省兴京（新宾）县卖马集矿床，奉天省海城县析木城矿床，奉天省锦西县杨家杖矿床，索温铁路大兴安岭隧道之矿床，中长铁路（滨洲路）大兴安岭隧道之矿床。[①] 日本对杨家杖子的钼进行了开采，1944 年占产量 74% 的 980 吨精矿全部被运回日本，供陆海军使用。[②]

（六）铝矿

铝为制造飞机、汽车、电器与家庭用具的重要原料，它的矿物以刚玉、水晶石、铝矾土、明矾最多。中国铝矿主要分布在东北、西南及华中三区。东北铝矿为铝矾土，分布在奉天省复县和辽阳一带，含铝氧 40% 左右，佳者可达 70%。其最大优点是铝矿产于煤层中，就近可获得炼铝动力。西南铝矿为铝矾土，它分布在贵州的修文、贵筑、平越、云南的昆明附近，以及四川乐山一带。矿层呈水平分布，厚度一致，容易开采。华中区铝矿藏相当丰富，有明矾、铝矾土两种。明矾集中在浙江平阳、安徽庐江和无为一带，以及福建的福鼎。

（七）石灰石

石灰石埋藏地有辽东半岛甘井子附近、周水子附近、海猫屯附近、夏家河子案子山、营城子大顶山、丁家前石灰窑、金州南山、复县五湖嘴码头附近；海城双台子，辽阳双庙子，清源斗产屯；辽阳县大安平、碾盘山；沈阳县康大人山；本溪县火连寨、四眼沟，安东县七道沟，凤城县夫家沟；磐石县明城附近、古顶山附近、烟筒砬子山，吉林附近；双阳县石头河子；伊通县后石灰窑子；锦西县杨家杖子；朝阳县葛岔；阜新县石灰窑子；隆化县石灰窑；穆棱县下城子岭后；宁安县卡伦山；依兰县城附近；汤源县兴山镇；宾县二道河子北窑、二道河子南窑；阿城县玉泉二层甸子、白帽山、斜哨；索伦巴宾通山、乌诺尔升处。[③]

（八）萤石

有辽东半岛上隋家屯矿床、吴家屯，盖平县芦家屯附近、李家屯、北四道沟，海城县老母沟、蟒洞峪附近，凤城县太平沟、秋小庄附近，

---

① 李澍田主编：《东北文献辞典》，吉林文史出版社 1994 年版，第 151 页。
② 郭德宏主编：《抗日战争史研究述评》，中共党史出版社 1995 年版，第 144 页。
③ 李澍田主编：《东北文献辞典》，吉林文史出版社 1994 年版，第 153 页。

绥中县叶家坟，隆化县隆化附近，喀喇沁右旗东卡喇附近，翁牛特左旗四道张房附近，围场县郭家屯南塘、窟窿山，林西县盖家店，海拉尔三河地方，嫩江县开河，新巴尔虎左翼旗哈隆阿尔山19处。

（九）锑矿

锑矿床有安图县万宝河子矿床、安图县西北岔矿床、桦甸县桦树林子矿床、辽阳县青嘴子矿床。

（十）长石

有辽东半岛苇子沟、邹家屯，复县金家沟，盖平熊岳城附近，海城县大房身附近，海城县三台沟附近，辽阳县牛家堡子，宽甸县三道沟附近，安图县长白山。

（十一）硅石

硅石也是重要的耐火材料和玻璃制造工业的原料。主要产地在东北旅顺附近的将军山和金州附近的大孤山。

二　东北其他矿产资源的勘测及开采

对这些矿产资源的开采，日本方面占主导地位。除黄金之外，铝、镁、铅、锌、铜等轻金属，都是关东军极为重视的掠夺事业。伪满时期，日伪设立了"满洲轻金属制造株式会社"（1936），与前述的"满洲矿山株式会社"和"满洲采金株式会社"一起垄断了有色金属业。"满洲矿山株式会社"主要生产金、银、铜、铝、亚铅等有色金属，"满洲轻金属制造株式会社"主要生产铝、镁。[1]

（一）铜矿

东北的铜矿蕴藏不丰，开采的不多。咸丰三年（1853），曾在热河承德府平泉州所属铅铜子沟招商采办铜矿，只因当时仅用土法不能抽出铜水而又关闭。光绪七年（1881），李鸿章、朱其诏又奏办热河承德府平泉州所属铅铜子沟等处铜矿，招商开采铜斤，以济天津机器局制造军械之用，不再从外洋订购。当年招股本银4万两，次年续招股本银8万两，光绪九年（1883）又招新股银12万两，因入股踊跃，又添收10万

---

① 史丁：《日本关东军侵华罪恶史》，社会科学文献出版社2005年版，第532页。

两，以行平化宝银 100 两为 1 股，属于官办招商集股。每百斤铜砂中平均可得净铜 20 斤。当年并无官利余利，次年约可得官利 1 分，余利 3、4 厘。[①] 光绪十年（1884）12 月，该矿实际已由德国矿师德璀琳主持经营。光绪十一年（1885），折本停办。光绪十八年（1892）后，平泉铜矿残破不堪。光绪二十年（1894），张翼接办。光绪三十年（1904），商人姚景莘请采吉林省盘石县石嘴山铜矿，省方派员查勘后批准试办，成立了宝兴公司，后因损失停办。"光绪三十三年（1907），省方查其苗质颇佳，收归官办，委派唐家桢为总办，吉林永衡官银钱号拨资本银 3 万两、官帖钱 15 万吊，采用土法生产，至 1910 年 7 月已得糙铜 1500 余担，唯提炼尚未得法，不能铸造铜元。"[②] 宣统二年（1910），以资力不足，将以前支出充为官股，招上海商人唐鉴章接办，改为官商合办，计划加本购机，扩大生产。光绪三十二年（1906）初，奉天矿政调查局调查员禀称，在辽阳属界的郑家大沟附近产有铜矿。4 月，派员前往设局开办，一面收砂化炼，安炉开窑，另一面收买净铜，在马鹿沟、楼子沟、郑家大沟等处分设 17 处开作。在长白山脉的骆驼砬子、临江的六道沟等处也曾办有铜矿，天宝山银矿亦产铜。

（二）银矿

东北的银矿较为稀少，又因开采化炼不易，开采者更少。在可数的几处银矿中，著名的当推吉林省延吉县内的天宝山银矿。天宝山银矿还含有铜、铅、亚铅等，传说早在女真时代就已发现，光绪初年有流民私采。光绪十五年（1889），程光第发现后禀请试办，次年试采，并招集商股银 1 万两。光绪十七年（1891），复经吉林将军奏准设局开采。"当初收益颇多，据报每月可得纯银 1 万两，自 1889 年 9 月采线起截至 1893 年底共提矿银 161400 两，散发红利银 15000 两。矿山采用土法采炼，建有烧生砂大炉 80 座，炼银大炉 48 座，矿工达 500 多名。"[③] 因土

[①] 孔经纬主编：《中国东北地区经济史》第 1 卷《清代东北地区经济史》，黑龙江人民出版社 1990 年版，第 392 页。

[②] 孔经纬主编：《中国东北地区经济史》第 1 卷《清代东北地区经济史》，黑龙江人民出版社 1990 年版，第 393 页。

[③] 孔经纬主编：《中国东北地区经济史》第 1 卷《清代东北地区经济史》，黑龙江人民出版社 1990 年版，第 391 页。

法提炼不尽，曾派员赴上海、天津购办洋炉。光绪十八年（1892），机器运到，仿照洋法试炼。后开采渐深，引起水患，土法作业困难，洋炉所需费用较高，经费不足，至光绪二十二年（1896），损失银约 5 万两，军署下令停办。程光第无法筹措资金。光绪二十七年（1901），与美商萨达理订结"合办"契约。光绪三十二年（1906），军署下令将契约作废。程光第为赔偿办矿亏欠的公帑 1 万两，又向日本中和公司代表中野次郎私自借款，订立"合办"契约，军署未准。程光第又与日本人上山私采，被边务督办驱逐封禁。日本人不肯罢休，酿成交涉。宣统二年（1910），拟定官商合办，未成。至 1916 年，中日"合办"。程光第还曾开办兴隆沟银矿及汪清县窟窿山银铜矿。

咸丰三年（1853），即有人禀请开采热河承德府三山银矿。光绪七年（1881），锦州人倪中兴土法开采，得利 20 余万两。次年，买办李文耀、朱其诏等集股接办，一年后李因赔累而潜逃，矿遂废弃。光绪十三年（1887），李鸿章令朱其诏再度开办，即名为官办热河土槽子、遍山线银铅矿，并拟由李鸿章拨公款 16000 两，另招商股 10 万两，用洋法采炼，但因未得法而赔累，1890 年改为土法生产，始略有盈余。光绪九年（1883），有商人开采通化县银厂子铅银矿，每百两铅可得清纹银三四两之多，属优良铅矿。吉林省江东柳树河子银矿原有矿商呈报，光绪二十三年（1897），吉林矿务公司派员接办，改名"吉富银矿"，由原报领人开采，但矿苗不佳，不堪采作。同年，吉林委勘五六道荒矿务会办李芹禀请办理阿城县矿洞子沟七里半银矿，吉林矿务木植公司允准，两年后开采，不久停止。"光绪二十八年（1902），有商人禀请采办奉天兴京县大东沟银矿，经外务部复准在案，省方派员查勘后批准开办，成立了宝兴公司，后因损失停办。宣统元年（1909），吉林省有商人集资本吉钱 10 万吊，开采桦甸县少尔哈达铅银矿，创设漂河少尔哈达银矿和利有限公司。试探年余，未见佳苗，复请延期，至宣统三年（1911）八月期满。因受水患停工。到清末为止，吉林省九台银矿山、亮子川银矿和黑龙江省大通县铧子山银矿都有人开办过，皆因亏本而停办。此外，吉林省长白临江境内的石灰沟、苇沙河、头道沟、万宝冈，黑龙江省门楼河、大褶子等处都有银矿。"[1]

（三）铅矿

光绪十五年（1889），陈某开采额穆县马鹿沟地宝山铅矿，不久因苗线不佳而停工。铅矿中较大者是吉林省盘石县半截沟铅矿。该矿曾被淘金者挖过，因成色未成，随即中止。光绪三十年（1904），当地人发现后，经化验，矿石中70%是铅，铅中10%是银。次年7月，吉林将军批准由团防总办儒昌设局开办，成立宝生华公司，所有股份均由山主粮户等凑办，每股100两，共50股银股，合计5000两，所有执事经理暨炉头把头均给身股，量才作定，收入的余利作为团防经费。儒昌令部下携银200两，领工人40名采挖矿石，以银350两购得矿山，安炉开炼，所建自动风炉铅质熔化成绩颇为优良。后因马贼掠夺和诉讼事件损失过多，公司停办。公司采炼不及两年，用款仅数百两，采铅30余万斤，价值1万余元，堪称卓有成效。光绪三十二年（1906），浙人朱福恒租采，两年后领取勘矿证，曾将矿质标本送往南洋劝业博览会陈列，领得银牌奖状。其后，因资力缺乏，于宣统二年（1910）为滇宦张瀛接办，更名为蔚昌泰公司，拨给中钱五六万吊，聘请矿师采炼，后以股本告罄解散。光绪三十三年（1907），商人呈请试采复州化铜沟铅矿，经奉天矿政调查局派员查明批准。但因日本人违约，在报明界内强挖，股东均观望，矿政调查局札饬复州将日本人驱逐，以重矿政。宣统元年（1909），开原县杨木林子铅矿已经开采。次年，有民人私采伊通县朝阳沟铅矿，因资力不足而停办。到清末为止，在辽阳、本溪、宽甸、怀仁、开原、盖平、濛江、桦甸、延吉、五常等县发现的几十处铅矿均未开采。[2]

（四）其他矿藏

东北地区还办有其他一些矿藏，如黏土、苦土、磁土、石膏、石棉、硫黄、土碱、翠玉、水晶、石灰、石墨、锑等；出产斑纹石、青光

① 孔经纬主编：《中国东北地区经济史》第1卷《清代东北地区经济史》，黑龙江人民出版社1990年版，第392页。

② 孔经纬主编：《中国东北地区经济史》第1卷《清代东北地区经济史》，黑龙江人民出版社1990年版，第395页。

石、五色石、夜光石、磨石、建筑石、盐等，可谓矿产丰富。据清朝末年的不完全统计，东北主要矿产如表7-1所示。

表7-1　　　　　　　　　　东北主要矿产矿区分布①　　　　　　单位：个

省别	矿别				
	银	铜	铅	锑	水晶
奉天	12	26	48	1	3
吉林	5	3	3	1	1
黑龙江	3	—	—	—	—
合计	20	29	51	2	4

表7-2　　　　　　　　　1909年奉天省已办、未办矿区②　　　　　单位：个

矿种	银	铜	铅	石棉	锑
已办	0	1	1	1	0
未办	12	9	14	3	1

　　参照表7-1和表7-2可以看出，在已发现的诸多矿藏中，已经开采者实属少数，办有成效且获得盈利者更是少之又少。各矿多在荒僻的群山之间，交通不便，开采不易，尤其是银、铜、铅等矿，需要耗费巨资才能开采办矿。开采较多的砂金和煤矿又因政策的严苛、捐税过重，商民望而生畏，许多人采取私采偷挖的方法逃避课税。加之东北许多地区民风未开，不识矿藏，不谙采矿之法，使矿藏更少开发。已经开办的矿则因资金不足、技术缺乏和管理不善，许多不久就亏赔停办。东北的几次战乱和严重的匪患对矿业开发也是严重威胁，不少矿在此打击之下一蹶不振，停歇倒闭。

---

　　① 孔经纬主编：《中国东北地区经济史》第1卷《清代东北地区经济史》，黑龙江人民出版社1990年版，第397页。

　　② 孔经纬主编：《中国东北地区经济史》第1卷《清代东北地区经济史》，黑龙江人民出版社1990年版，第398页。

第二节　满铁对东北其他矿产资源的调查与经营

一　满铁对东北其他矿产资源的调查

满铁对东北的其他矿产如铜矿、铝矿、菱镁矿等也完全实行"统制"，它们也多被日资所垄断。其中，铅是航空和军事工业的重要原料，是日本本土所稀缺的。1933 年，日本设立日棉铝会社，将该社本部设在日本富山县，主要是将由满铁资本设立的"满洲铝株式会社"在抚顺加工生产的半成品运至日本日棉铝公司制成成品。1933 年冬，由满铁、住友等财阀合作成立的菱苦土开采公司在东北开采菱镁矿原料，加工厂则设在日本山口县，产品供给日本的炼钢和兵工厂。[①]

（一）铜

全球铜产量 1900 年仅为 49 万吨，到 1910 年已增至 100 万吨。第一次世界大战以后，又增加 30%。"根据资料记载，日本铜产量 1912 年62486 吨，1913 年 73152 吨，1914 年 68058 吨，1915 年 75415 吨，1916年 81280 吨。中国的铜产量较日本则少很多。1912 年 1400 吨，1913 年1370 吨，1914 年 1630 吨，1915 年 1600 吨，1916 年 1600 吨。世界铜产量第一次世界大战前约在 100 万吨左右，战后增至 140 万吨。中国所产不过占其千分之 1.5，日本则增多 20%，而这其中主要从中国掠取而得。"[②]

东北官办铜矿（包括官商合办及官督商办）主要在吉林省，有磐石石嘴山和延吉天宝山两处。"磐石石嘴山由吉林省公署主办。1912 年出糙铜 71 吨，1913 年 90 吨，1914 年 44 吨，约盈 4000 元。延吉天宝山由延吉道尹主办。因与日本人屡起交涉，后由刘绍文与日本人合办归延吉

---

① 《东北抗日联军史》编写组：《东北抗日联军史》上册，中共党史出版社 2015 年版，第 260 页。

② 翁文灏：《铜矿纪要》，《东方杂志》第 15 卷第 12 号，1918 年 12 月。

道监督。1917 年产铜块约 200 吨。"[1] 商办铜矿主要在奉天省，在本溪和凤城两地。"本溪县内有 3 处：青山背大黄顶子，矿区面积 120 亩，矿权者为尚志；下牛心台小河口，矿区面积 1146 亩，矿权者为张锡藩；东一乡五里长坡错沟，矿区面积 600 亩，矿权者为李济臣。凤城县内有一处在北青苔峪附近苏家堡，矿区面积 1000 亩，矿权者为鄂复华。"[2] 详见表 7-3。

表 7-3　　　　　　　　　　东北南部铜矿产地统计[3]

地区	矿石种类	品质	矿量	权利关系
铜矿岭	黄铜矿	良好	较少	郭懋椿
皮州哨子	黄铜矿	良好	较少	皮州哨子铜矿宝藏公司
三道沟	黄铜矿	良好	较少	陈国恩
盘岭	黄铜矿	较好	较多	
磐石	黄铜矿	良好	较多	商办磐石铜矿局
马鹿沟	黄铜矿、孔雀石	较好	较少	王聘之
大寨子	黄铜矿	良好	较少	李宣威
天宝山	黄铜矿、方铅矿、闪亚铅矿	较好	较多	中日合办南满洲大兴合名会社

清光绪年间（1875—1908），本溪地区马鹿沟铜矿和桓仁铜锌矿两处矿山分别由私人手工开采。马鹿沟铜矿是本溪地区开发最早的铜矿，位于本溪县小市镇蜂蜜碴子村东南 5 千米的马鹿沟。矿床处于奥陶纪石灰岩与花岗岩之接触部，为接触矿床。矿石为黄铜矿、黄铁矿、磁铁矿、水铅矿，矿藏量约 1 万吨。"1915 年马鹿沟铜矿由日商大仓财阀采用机械开采，至 1930 年累计采掘金、银、铜伴生矿石 8287 吨。"[4]

---

[1]　翁文灏：《铜矿纪要》，《东方杂志》第 15 卷第 12 号，1918 年 12 月。

[2]　翁文灏：《铜矿纪要》，《东方杂志》第 15 卷第 12 号，1918 年 12 月。

[3]　《南满洲矿产地及矿产统计一览》，满铁地质调查所，1929 年，吉林省社会科学院满铁资料馆藏，资料号：14457。

[4]　本溪市党史地方志办公室编：《本溪市志》，大连出版社 1998 年版，第 406 页。

（二）石灰石

石灰石分布极广且采掘容易，用途十分广泛。东北地区石灰石较大产区主要在奉天本溪湖。由于交通便利，产自本溪湖的石灰石多被运至安东作为当地制纸工厂的原料，其他多为制造洋灰石灰等。1915 年，满铁在本溪湖北山开采石灰石矿，年产石灰石原矿 2.54 万吨。1915—1945 年，共生产石灰石原矿 244.8 万吨。如 1915 年 25406 吨，1916 年 29334 吨，1917 年 38377 吨，1918 年 28579 吨，1919 年 55044 吨，1920 年 33643 吨，1921 年 77014 吨，1923 年 12049 吨，1924 年 36500 吨，1925 年 27000 吨，1926 年 34000 吨，1927 年 33000 吨，1928 年 40000 吨，1929 年 44000 吨，1930 年 58128 吨，1931 年 34800 吨。[①] 详见表 7-4。

表 7-4 东北南部石灰石产地统计[②]

地区	矿石种类	品质	矿量	权利关系
火连寨	煤熔剂	良好	较多	振兴公司
本溪湖	煤熔剂	良好	较多	本溪湖煤铁公司
文家屯	哨子原料	良好	丰富	满铁会社
张台子	建筑材料	良好	较多	

（三）铅

1931 年前，东北已知铅矿产地虽有十多处，但矿林状态多不规则，并且膨缩断续无常，不适合大规模采掘。奉天省凤城县青城子有规模较大的铅矿，矿林为胚胎结晶质石灰岩中之裂隙充填矿林，品质良好。1924 年曾出产铅矿 2600 余万吨，炼成粗铅 950 吨，后因生产前景不佳，停止采掘。[③] 详见表 7-5。

---

① 本溪市党史地方志办公室编：《本溪市志》，大连出版社 1998 年版，第 59 页。

② 《南满洲矿产地及矿产统计一览》，满铁地质调查所，1929 年，吉林省社会科学院满铁资料馆藏，资料号：14457。

③ 虞和寅：《东北矿产物之分布》，东北矿业记手稿，1928 年，吉林省社会科学院满铁资料馆藏，资料号：23594。

表 7-5　　　　　　　　　　东北南部铅矿产地统计①

地区	矿石种类	品质	矿量	权利关系
青城子	方铅矿	良好	丰富	中日合办中日矿业公司
店南沟	方铅矿	良好	丰富	许克芳
祁家堡	方铅矿 闪亚铅矿	较好	较多	广祐公司
小奠子沟	方铅矿	良好	较少	许克芳
老人沟	方铅矿	良好	较少	
二棚甸子	方铅矿	良好	较少	
黑鱼沟 杨家杖子	方铅矿 闪亚铅矿	良好	较少	徐文潮
松树卯	方铅矿	良好	丰富	丁德麟
关门山小河沟	方铅矿	良好	较少	冯竹初、王允升

（四）滑石

滑石也是东北重要矿产物之一，多产自奉天海城一带山地。滑石矿床规模不大，分布零散，色泽呈淡黄、淡褐或青灰色，少数呈白色、乳白色，品质佳者较之意大利所产毫不逊色。20 世纪初，东北每年所产滑石多运销日本。"1927 年共开采矿区 11 处，产量共约 25000 吨，大部分经日本人之手以原石运至日本，一部分则供给满洲滑石制铁粉会社及满洲矿业株式会社工厂。"② 详见表 7-6。

表 7-6　　　　　　　　　　东北南部滑石产地统计③

地区	品质	矿量	权利关系
圣水寺	良好	丰富	宝荣公司、群贤滑石公司
大岭	良好	丰富	大岭滑石公司

---

① 《南满洲矿产地及矿产统计一览》，满铁地质调查所，1929 年，吉林省社会科学院满铁资料馆藏，资料号：14457。

② 虞和寅：《东北矿产物之分布》，东北矿业记手稿，1928 年，吉林省社会科学院满铁资料馆藏，资料号：23594。

③ 《南满洲矿产地及矿产统计一览》，满铁地质调查所，1929 年，吉林省社会科学院满铁资料馆藏，资料号：14457。

续表

地区	品质	矿量	权利关系
宋家堡子	良好	较少	田时雨
贾家堡子	良好	较少	田时雨
窨子峪	较好	较多	田时雨
麻耳峪	较好	丰富	田时雨
马家堡子	较差	较多	田时雨
杨家甸子	较好	较多	田时雨

（五）苦土矿

苦土矿主要分布于奉天满铁沿线太平山、大石桥、海城各站东部一带，其中牛心山、白虎山、官马山、圣水寺、火石岭子、麻耳等处为其重要产地。"苦土矿床常与苦灰石互层，或为扁豆状分布在苦灰石中。矿层厚度通常为2米至40米，也有200米左右的矿层。储量就平地以上部分计算已达数百兆吨，蕴藏量如此之大世界罕见。并且该区域矿质极佳，为粗粒结晶质，呈淡白、淡褐红或灰色，部分呈黑色。东北的苦土矿资源多运至日本八幡及其他制铁所，为制造特殊耐火炼砖而用。"[1] 详见表7-7。

表7-7　　　　　　东北南部苦土矿产地统计[2]

地区	品质	矿量	权利关系
转山子	较差	丰富	振兴公司
牛心山	良好	丰富	满铁附属地
白虎山	较好	丰富	
官马山	较好	较多	何长清

---

① 虞和寅：《东北矿产物之分布》，东北矿业记手稿，1928年，吉林省社会科学院满铁资料馆藏，资料号：23594。

② 《南满洲矿产地及矿产统计一览》，满铁地质调查所，1929年，吉林省社会科学院满铁资料馆藏，资料号：14457。

续表

地区	品质	矿量	权利关系
朱家堡子	良好	较多	何长清
小圣水寺	良好	较多	于冲汉
麻耳峪	良好	较多	于冲汉等

（六）苦灰石

品质不纯的石灰岩中含有一部分苦土，成分达 20% 以上则为苦灰石，因此，此种矿石分布十分广泛。仅就奉天省属海城、盖平两县及旅大租借地一带计算，其储量就十分大。因为交通运输的关系，日本人在旅大租借地内的海猫岛及其附近海岸采取的苦灰石多被运送至日本八幡制铁所及国内各工厂。据统计，1927 年就有 5 万吨苦灰石输出，其他在"大连南满矿业有限公司"和大连苦灰石合资公司的工厂制成水性涂料或墙壁涂料，以满足建筑方面的需要。[①] 详见表 7-8。

表 7-8 　　　　　　　　**东北南部苦灰石产地统计**[②]

地区	矿石种类	品质	矿量	权利关系
甘井子	耐火炼瓦原料	良好	较多	八幡制铁所
大椒树房	耐火炼瓦原料	良好	较多	八幡制铁所
海猫屯	耐火炼瓦原料	良好	较多	福井米次郎

（七）耐火黏土

东北所产的耐火黏土为二叠石炭纪之炭田，主要产区位于奉天烟台和复县五湖嘴，矿量丰富，品质上乘。当时烟台所采的耐火黏土专供鞍山制铁所使用，复县五湖嘴耐火黏土则由"中日合办复州磁土公司"采

---

① 虞和寅：《东北矿产物之分布》，东北矿业记手稿，1928 年，吉林省社会科学院满铁资料馆藏，资料号：23594。

② 《南满洲矿产地及矿产统计一览》，满铁地质调查所，1929 年，吉林省社会科学院满铁资料馆藏，资料号：14457。

掘。1927 年产量约 4 万吨，多被运至日本八幡制铁所及其他重要工厂。[1]
详见表 7-9。

表 7-9 东北南部耐火黏土产地统计[2]

地区	矿石种类	品质	矿量	权利关系
董家沟	耐火黏土	良好	丰富	
五湖嘴	耐火黏土	良好	较多	复州矿业会社
烟台	耐火黏土	良好	丰富	满铁会社
寒坡岭	耐火黏土	良好	较多	中日合办
土们岭	陶土	良好	丰富	

（八）其他矿石

详见表 7-10 至表 7-15。

表 7-10 东北南部硅石产地统计[3]

地区	矿石种类	品质	矿量	权利关系
将军石山	硅岩	较好	较多	末永丰次郎
伏见台	硅岩	较好	较多	满铁会社
梁家沟	硅石	良好	较少	
七里庄	硅石	良好	较少	
老铁山	球石	较好	较多	佐佐木德治
柏岚子	球石	较好	较多	
岭后屯	球石	良好	较少	川口桑次郎
大耗岛	球石	良好	较少	川口桑次郎
幡龙山	硅岩	良好	丰富	于冲汉
大孤山	硅岩	良好	丰富	满铁会社

[1] 虞和寅：《东北矿产物之分布》，东北矿业记手稿，1928 年，吉林省社会科学院满铁资料馆藏，资料号：23594。

[2]《南满洲矿产地及矿产统计一览》，满铁地质调查所，1929 年，吉林省社会科学院满铁资料馆藏，资料号：14457。

[3]《南满洲矿产地及矿产统计一览》，满铁地质调查所，1929 年，吉林省社会科学院满铁资料馆藏，资料号：14457。

表 7-11 东北南部满俺矿产地统计①

地区	矿石种类	品质	矿量	权利关系
黑松林	硬满俺矿	良好	较多	张玉琛
小黄旗	软满俺矿 硬满俺矿	较差	较少	大成锰矿公司

表 7-12 东北南部方解石产地统计②

地区	品质	矿量	权利关系
战家屯	良好	丰富	宫式青
茶叶沟	良好	较少	是枝定助
傅家甸子	良好	较少	德永芳次郎

表 7-13 东北南部石棉产地统计③

地区	品质	矿量	权利关系
和尚屯	良好	较少	是枝定助
大荒沟	良好	较多	

表 7-14 东北南部长石产地统计④

地区	品质	矿量	权利关系
尾子沟	良好	丰富	满铁会社
凉水湾	良好	较少	
石塔山	较好	较多	振兴公司

① 《南满洲矿产地及矿产统计一览》，满铁地质调查所，1929年，吉林省社会科学院满铁资料馆藏，资料号：14457。

② 《南满洲矿产地及矿产统计一览》，满铁地质调查所，1929年，吉林省社会科学院满铁资料馆藏，资料号：14457。

③ 《南满洲矿产地及矿产统计一览》，满铁地质调查所，1929年，吉林省社会科学院满铁资料馆藏，资料号：14457。

④ 《南满洲矿产地及矿产统计一览》，满铁地质调查所，1929年，吉林省社会科学院满铁资料馆藏，资料号：14457。

续表

地区	品质	矿量	权利关系
营城子	较好	较多	振兴公司
杨家南沟	较差	较多	于冲汉
上鹰窝	良好	较少	于冲汉

表 7-15   **东北南部萤石产地统计**①

地区	品质	矿量	权利关系
上隋家屯	较好	丰富	满铁会社
卢家屯	较好	较多	中国人
崔家屯	良好	较少	中国人
沙岗台	良好	较少	聚义利、曹鸿文
老母沟	良好	较少	萧莘瀛

二　满铁对东北其他主要矿产企业的经营

相关资料统计，"至 1941 年，日本在我国东北拥有冶金工业 34 家，机器工业 67 家，化工厂 60 家，电力工厂 2 家，建材工业 19 家，纺织工业 23 个，木材工业 23 个，食品工厂 32 个，印刷工厂 10 个，其他工业 36 个，共 306 个，资本额由 1931 年的 80926 万元，到 1941 年增加到 107397 万元。1945 年日伪在东北的工矿企业达 6878 家，主要是分属于满铁等几家垄断企业，其中满铁为 55 家，资本为 2347 百万元（伪满币），满业 40 家，资本 873 百万元，特殊公司 21 家，资本 1652 百万元，准特殊公司 19 家，资本 153 百万元，其他重要公司 179 家，资本 1081 百万元。以上合计为 314 家，资本为 6106 百万元，占总资本额 71.7 亿元的 86%，而其他的 6546 家公司，仅占 14%，可见日本对中国东北重要工业的控制和掠夺程度是十分惊人的"②。

九一八事变后，日本通过夺取、吞并等手段，对东北铅矿实行垄断

① 《南满洲矿产地及矿产统计一览》，满铁地质调查所，1929 年，吉林省社会科学院满铁资料馆藏，资料号：14457。

② 郭德宏主编：《抗日战争史研究述评》，中共党史出版社 1995 年版，第 144 页。

性开采，先后建立了"满洲铅矿株式会社""满洲矿山株式会社"等。主要矿山包括杨家杖子铅矿、凤城青城子铅矿和桓仁县桓仁矿山等，铅产量不断增加，1940年已达到东北境内的自给，此后便大量供应日本国内。凤城青城子铅矿1943年矿石产量达7500吨。[①]

日本很少在中国从事单项的银矿开采，可以举出的有吉林天宝山银矿。该矿于1890年由办理珲春招垦事务的候选通判程光第招集商股一万两开采。翌年正式由清政府批准，成立了天宝山矿务局，由程光第任总办。可以说，这是一个小型的官督商办企业。该矿初开时成绩颇好，但不久即产量锐减，经营发生困难，1896年亏损5万两银子，而被饬令停办，1900年又遭焚毁。1901年，程光第派人到上海与美商隆达理订立天宝山合办草约，拟组织中美合办的华美公利公司，重新办理此矿。中美合办刚被批准，日俄战争爆发，前议随即取消，但程光第因亏空款银1万余两，无法交代，就私自向日商中野二郎借款6万两，并订立中日合办合同。中野二郎未等合同正式批准，就到矿区擅自开采，约莫一年之后，即1907年10月中国政府将该矿封闭。日本驻华公使和驻吉林领事不断向中国政府提出合办要求与赔偿中野二郎的损失30万元。对此，双方交涉了几年，一直没有结果。直到1915年，日本驻华公使介绍日商滨名宽祐与程光第合办，所提出的合办条件包括：中野二郎的损失由合办公司负责赔偿；中国政府给予免税等特别利益。中国政府拒绝了免税等要求，也不同意程光第经办该企业，改荐刘绍文，并由中国政府派人监督。这样，中日合办才告成立。

硅石是重要的耐火材料和玻璃制造工业的原料。在旅顺附近的将军山和金州附近的大孤山经营硅石采掘的日资企业在1931年之前主要有4家。

其一是末永组。该企业成立于1908年，本所设在大连，工厂设在旅顺将军山，资本5万日元，组织形式为合名会社，企业代表是末永丰太郎。该企业除经营硅石采掘及输出外，还经营满铁煤的

---

① 张洪祥主编：《近代日本在中国的殖民统治》，天津人民出版社1996年版，第236页。

特约贩卖和满铁的贮煤场等。

其二是大正洋行。该洋行 1920 年成立于大连，工厂在旅顺将军山，资本 10 万日元，是日商大岛甲槌独资经营的企业，除硅石采掘、贩卖外，还经营木材贩卖。

其三是福井组。该企业 1906 年成立于大连，设有大阪、富山、鞍山支店，并在东北普兰店、复县五湖嘴、大石桥和兴城县设有出张所。该企业属日商福井米次郎独资经营，除硅石及白硅石采掘外，还经营黏土、长石、滑石、萤石、苦灰石、菱苦土、锰等多种矿产的采掘、贩卖；硅石产区主要在大连附近的大佛山和转山头一带。

其四是福昌公司石材部。大连的福昌公司的资本总额为 100 万日元，是从 1924 年开始采掘硅石的，采掘场在大连附近。[①]

此外，"大连窑业株式会社"也经营少量的硅石采掘。这些企业开始时产量很小，1918 年时的产量还不到 2000 吨，1925 年达到 13897 吨。1926—1930 年末永组等几家日资企业的硅石采掘情况如表 7-16 所示。

表 7-16　　　　　1926—1930 年东北硅石生产量统计[②]　　　　单位：吨

采掘者	年份				
	1926	1927	1928	1929	1930
福昌公司	8000	6000	4000	2500	2700
末永组	10440	3102	4809	8473	10983
大正洋行	2800	4000	5700	6700	5500
大连窑业株式会社	1543	528	600	211	43

耐火黏土是钢铁工业和军火工业不可缺少的原料。1898 年，俄国租借辽东半岛，由于修筑旅顺炮台的需要，开始从事耐火黏土炼瓦的生产。日俄战争后，日本人对耐火黏土的采掘给予一定的注意。先是向华

---

① 杜恂诚：《日本在旧中国的投资》，上海社会科学院出版社 1986 年版，第 179 页。
② 杜恂诚：《日本在旧中国的投资》，上海社会科学院出版社 1986 年版，第 180 页。

商购买。1911 年，日本人川上好太郎同华商订立购买黏土的契约。后来，日本人樱井豪、桥本万三郎、福井米次郎、佐志雄等也相继与华商签订购买黏土的契约，不久成立采矿企业。1916 年 6 月，日本人华商耕次郎同华商孙以华、李仁育设立中日合办大东磁土公司，资本 10 万元，从事耐火黏土的采掘。1929 年 2 月，日资"复州矿业株式会社"成立，继续以往日本人在该地对黏土的采掘、加工和贩卖等经营。复州矿业会社的总社设在大连市，在奉天复县五湖嘴设办事处，资本 50 万日元，实收 41.3 万日元。该社在日本国内设有 3 处代理贩卖所：大阪两处（福井组工业合名会社和广濑安伸商店）；福冈一处（植山平次商店）。

苦灰石是炼钢的重要耐火材料，又是制造玻璃和建筑的原材料。在东北，不少日商经营这种矿石的采掘事务。1930 年，大连地区经营者有八幡制铁所、相生由太郎、福井米次郎、是枝定助、"满洲矿业株式会社"、山崎仪一、山崎长七、庄国四郎、末松商店等，旅顺地区经营者有"满洲矿业株式会社"等。1930 年，大连地区和旅顺地区日本人经营的苦灰石产量为 106125 吨。东北的苦灰石（包括华商采掘）出口主要是向日本输出。"日本八幡制铁所对购买我国东北的苦灰石特别感兴趣，1924 年该所购入的 67364 吨苦灰石中，我国东北出产的为 42364 吨，占 63%，而每吨单价仅 1.67 日元，质优价廉。朝鲜产的苦灰石每吨单价 5.75 日元或 6.32 日元，福冈产的 5.75 日元，东北产的仅占其三分之一还不到。这样的贸易带有很大的掠夺性。"[1]

日本还于 1936 年在抚顺成立轻金属制造公司炼铝，年产铝 4000 吨。1933 年，开设日满镁铝公司，开采大石桥的菱镁矿。1934 年，开设同和汽车工业公司，进行汽车装配和修理，以满足关东军需要。1934 年，成立满洲电业公司，垄断了全东北的电力生产。同时，在大连设立"满洲化学工业株式会社"，年产 18 万吨硫氨。1936 年，又开设"满洲曹达株式会社"生产苏打，成立满洲盐业公司，控制全东北的食盐生产。[2]

---

① 杜恂诚：《日本在旧中国的投资》，上海社会科学院出版社 1986 年版，第 178 页。
② 郭德宏主编：《抗日战争史研究述评》，中共党史出版社 1995 年版，第 144 页。

第三节　满铁掠夺东北其他矿产资源的价值

一　东北其他矿产资源出产量统计

关于东北铜、铅、银、苦灰石等矿产的出产量统计还不够完善，可查阅的史料中记载也不够全面，以奉天省资料最多，吉林及黑龙江省的数据统计较少。如苦灰石和铅矿，史料记载偶有缺失。满铁调查部统计："1923 年末，苦灰石矿区 9 个，共计 741570 坪，总产量 72470（日元）；石棉矿区 1 个，268419 坪，产量 10210（日元）；铅矿区 1 个，100 万坪，产量 72000（日元）。"[①]

大连地区苦灰石出产量逐年统计为：1918 年 5439 吨，1919 年 4760吨，1920 年 1030 吨，1921 年 4010 吨，1922 年 39880 吨，1923 年 40258吨（价值 72470 日元），1924 年 40000 吨，1925 年 40500 吨，1926 年83366 吨，1927 年 77000 吨，[②] 1928 年 89324 吨，1929 年 103235 吨，1930 年 116925 吨，1931 年 97777 吨。[③]

东北石棉出产量逐年统计为：1918 年 411 吨，价值 6870 日元；1919 年 123600 吨，价值 9350 日元；1921 年 186000 吨，价值 18600日元；1922 年 125000 吨，价值 12500 日元；1923 年 102100 吨，价值10210 日元。[④] 在奉天省和尚屯掠夺数量统计如下：1926 年 63 吨，1927 年 61 吨，1928 年 86 吨，1929 年 113 吨，1930 年 110 吨，1931年 171 吨。[⑤]

---

① 《关东厅第十八统计书（大正十二年）》，关东长官官房文书课，1924 年，吉林省社会科学院满铁资料馆藏，资料号：19946。

② 《关东厅第十八统计书（大正十二年）》，关东长官官房文书课，1924 年，吉林省社会科学院满铁资料馆藏，资料号：19946。

③ 《昭和六年满洲产业统计》，满铁经济调查会，1933 年，东北师范大学图书馆东北文献中心馆藏，资料号：605/001，第 52 页。

④ 《关东厅第十八统计书（大正十二年）》，关东长官官房文书课，1924 年，吉林省社会科学院满铁资料馆藏，资料号：19946。

⑤ 《昭和六年满洲产业统计》，满铁经济调查会，1933 年，东北师范大学图书馆东北文献中心馆藏，资料号：605/001，第 52 页。

表 7-17 　　　　　　　　　　1918—1923 年东北土石类

矿石出产量统计① 　　　　　　单位：数量/吨，价值/日元

年份	类别						价值合计
	花岗石		石灰石		其他		
	数量	价值	数量	价值	数量	价值	
1918	5200	1820	278	2533	—	—	4353
1919	5400	1850	433	4210	—	—	6060
1920	875	8934	6333	35298	5579	42464	86696
1921	624	7757	12749	89163	2597	17988	114908
1922	950	6879	27067	168448	10071	80552	255879
1923	6398	14741	36724	192991	65017	118802	326534

表 7-18 　　　　　1919—1926 年东北南部硅岩出产量统计② 　　　　　单位：吨

地区	年份							
	1919	1920	1921	1922	1923	1924	1925	1926
伏见台	451	339	329	52	268	462	330	3500
旅顺	11116	5072	8403	11146	5165	11515	8373	10920
金州	—	—	—	—	—	—	5194	2958

表 7-19 　　　　　1928—1932 年东北各项矿产产量统计③ 　　　　　单位：吨

矿产	年份				
	1928	1929	1930	1931	1932
铝矿	366	1450	—	—	—
铜矿	—	750	840	—	—
锰矿	444	723	609	270	60
菱苦土矿	25454	31681	29016	36034	55386

---

① 《关东厅第十八统计书（大正十二年）》，关东长官官房文书课，1924 年，吉林省社会科学院满铁资料馆藏，资料号：19946。

② 《南满洲矿产地及矿产统计一览》，满铁地质调查所，1929 年，吉林省社会科学院满铁资料馆藏，资料号：14457。

③ 杜恂诚：《日本在旧中国的投资》，上海社会科学院出版社 1986 年版，第 175 页。

矿产	年份				
	1928	1929	1930	1931	1932
滑石	35000	40000	25726	42890	44316
苦灰石	89324	103235	116925	97777	89906
石灰石	471710	629502	688489	545131	477350
石棉	80	113	110	171	120
硅石	20597	19624	20000	22327	26989
长石	770	1216	500	868	1781
方解石	3470	1230	1000	304	875

奉天其他矿产出产量统计如下。

1921—1927 年奉天省青城子铅矿出产量为：1921 年 340 吨，1922 年 1000 吨，1923 年 500 吨，1924 年 2640 吨，1926 年 2823 吨，1927 年 462 吨。粗铅矿出产量为：1922 年 450 吨，1923 年 320 吨，1924 年 947 吨，1925 年 396 吨。

奉天省马鹿沟铜矿出产量为：1925 年 185 吨，1926 年 495 吨，1927 年 792 吨。[1]

满俺矿主要产于奉天省兴城县黑松林产地，出产量不高。如 1926 年 245 吨，1927 年 416 吨，1928 年 444 吨，1929 年 723 吨，1930 年 609 吨，1931 年 270 吨。

奉天省硅石出产量为：1926 年 19724 吨，1927 年 15959 吨，1928 年 20597 吨，1929 年 19624 吨，1930 年 20000 吨，1931 年 22327 吨。[2] 在金州及普兰店，硅石矿区出产量为：1918 年 352 吨，1919 年 334 吨，1920 年 563 吨，1921 年 256 吨，1922 年 450 吨，1923 年 422 吨，1924 年 101 吨，1925 年 465 吨，1926 年 2346 吨。[3]

---

① 《南满洲矿产地及矿产统计一览》，满铁地质调查所，1929 年，吉林省社会科学院满铁资料馆藏，资料号：14457。

② 《昭和六年满洲产业统计》，满铁经济调查会，1933 年，东北师范大学图书馆东北文献中心馆藏，资料号：605/001，第 52 页。

③ 《南满洲矿产地及矿产统计一览》，满铁地质调查所，1929 年，吉林省社会科学院满铁资料馆藏，资料号：14457。

奉天省苦土矿主要产地在牛心山、官马山、白虎山和圣水寺，这四地苦土矿 1920 年至 1925 年逐年产量统计如表 7–20 所示。

表 7–20　　　　1920—1925 **年奉天省苦土矿出产量统计**①　　　　单位：吨

地区	年份					
	1920	1921	1922	1923	1924	1925
牛心山	—	—	1892	2700	10142	13773
官马山	5940	2940	2618	—		
白虎山	—	—	—	—		
圣水寺	—	—	—	—		

奉天省苦土矿出产量为：1926 年 20000 吨，1927 年 21400 吨，1928 年 25454 吨，1929 年 31681 吨，1930 年 29016 吨，1931 年 36034 吨。②

奉天省石灰石主要集中在火连寨、本溪湖和周水子三地，各地 1918 年至 1927 年石灰石出产量统计详见表 7–21。

表 7–21　　　　1918—1927 **年奉天省石灰石出产量统计**③　　　　单位：吨

地区	年份				
	1918	1919	1920	1921	1922
火连寨	27058	79178	63489	27338	24935
本溪湖	33877	58568	34455	17854	—
周水子	50650	45850	43100	47050	49800
地区	年份				
	1923	1924	1925	1926	1927
火连寨	66272	96757	99558	114333	278011
本溪湖	12049	29638	29171	34000	33000
周水子	65550	129300	106000	122000	127000

---

①　《南满洲矿产地及矿产统计一览》，满铁地质调查所，1929 年，吉林省社会科学院满铁资料馆藏，资料号：14457。

②　《南满洲矿产地及矿产统计一览》，满铁地质调查所，1929 年，吉林省社会科学院满铁资料馆藏，资料号：14457。

③　《南满洲矿产地及矿产统计一览》，满铁地质调查所，1929 年，吉林省社会科学院满铁资料馆藏，资料号：14457。

奉天省石灰石出产量为：1928 年 471710 吨，1929 年 629502 吨，1930 年 688489 吨，1931 年 545131 吨。[①]

奉天省滑石主要产地位于圣水寺、大岭、窨子峪、宋家堡子、贾家堡子及马峪，各地 1918 年至 1927 年滑石出产量统计如表 7-22 所示。

表 7-22　　　　　　1918—1927 年奉天省滑石出产量统计[②]　　　　单位：吨

地区	年份				
	1918	1919	1920	1921	1922
圣水寺	—	—	570	780	1414
大岭	6700	9500	9000	8300	7700
窨子峪	—	—	—	—	—
宋家堡子	—	—	—	—	—
贾家堡子	1982	1344	1181	1648	3673
马峪	—	—	—	—	—

地区	年份				
	1923	1924	1925	1926	1927
圣水寺	1440				
大岭	7000				
窨子峪	5450	16500	31519	34906	23000
宋家堡子	—				
贾家堡子	—				
马峪	—				

奉天省滑石出产量为：1928 年 35000 吨，1929 年 40000 吨，1930 年 25726 吨，1931 年 40092 吨。[③]

---

① 《昭和六年满洲产业统计》，满铁经济调查会，1933 年，东北师范大学图书馆东北文献中心馆藏，资料号：605/001，第 52 页。

② 《南满洲矿产地及矿产统计一览》，满铁地质调查所，1929 年，吉林省社会科学院满铁资料馆藏，资料号：14457。

③ 《昭和六年满洲产业统计》，满铁经济调查会，1933 年，东北师范大学图书馆东北文献中心馆藏，资料号：605/001，第 51 页。

奉天省长石出产量为：1926 年 667 吨，1927 年 300 吨，1928 年 770 吨，1929 年 1216 吨，1930 年 500 吨，1931 年 868 吨。[1]

奉天省方解石出产量为：1926 年 784 吨，1927 年 595 吨，1928 年 3470 吨，1929 年 1230 吨，1930 年 1000 吨，1931 年 304 吨。[2]

奉天省耐火黏土出产量为：1926 年 37781 吨，1927 年 43335 吨，1928 年 60481 吨，1929 年 68651 吨，1930 年 53664 吨，1931 年 35476 吨。在五湖嘴矿山，出产量为：1918 年 27567 吨，1919 年 18258 吨，1920 年 4794 吨，1921 年 9715 吨，1922 年 3199 吨，1923 年 6426 吨，1924 年 38505 吨，1925 年 25796 吨，1926 年 34371 吨，1927 年 38352 吨，[3] 1928 年 53763 吨，1929 年 62603 吨，1930 年 48163 吨。烟台矿区的出产量为：1926 年 2692 吨，1927 年 4501 吨，1928 年 11520 吨，1929 年 6282 吨，1930 年 1440 吨。本溪湖矿区的出产量为：1926 年 865 吨，1927 年 811 吨，1928 年 1172 吨，1929 年 1235 吨，1930 年 580 吨。九一八事变后，复州矿业会社的耐火黏土采掘量不断增加，1937 年达 263100 吨。

奉天省骸炭的出产量为：1926 年 282568 吨，1927 年 317605 吨，1928 年 343741 吨，1929 年 388307 吨，1930 年 485321 吨，1931 年 418625 吨。[4]

二　满铁掠夺东北其他矿产资源所得利润

通过以上论述，我们对日本占有东北相关矿产的种类及数量已有了全面的了解。这些矿产对日本军事及经济的发展起到了重要的推动作用。"满铁对这些矿产及相关制品的出售所得的矿业收入占满铁公司总收入的 35% 左右，是仅次于铁路收入的第二大资金来源。支出情况占公司总支出额的 45% 左右，占公司营业支出的第一位。矿业利益年收益

① 《昭和六年满洲产业统计》，满铁经济调查会，1933 年，东北师范大学图书馆东北文献中心馆藏，资料号：605/001，第 52 页。

② 《昭和六年满洲产业统计》，满铁经济调查会，1933 年，东北师范大学图书馆东北文献中心馆藏，资料号：605/001，第 52 页。

③ 《南满洲矿产地及矿产统计一览》，满铁地质调查所，1929 年，吉林省社会科学院满铁资料馆藏，资料号：14457。

④ 《昭和六年满洲产业统计》，满铁经济调查会，1933 年，东北师范大学图书馆东北文献中心馆藏，资料号：605/001，第 52 页。

900 余万日元，占会社总收益的 15%。"① 详见表 7-24。

东北的铅矿主要是杨家杖子和青城子两矿。1935—1944 年，杨家杖子铅矿平均年产量为 50853 吨；1940 年 6 月至 1944 年 6 月，水铅矿产量为 433126 吨。青城子矿 1941 年开采量是 3800 吨，1943 年为 7500 吨，1944 年为 5500 吨；该矿还开采亚铅和黄铁矿等。除了上述两矿外，间岛延吉的天宝山、安东的桓仁矿山和岫岩矿山也都是铅矿开采地。

东北的钼矿也产于杨家杖子，1944 年的产量为 74% 品位的精矿 980 吨，全部被运往日本，供陆海军使用。石墨主要产于密山柳毛矿山，1943 年的产量为 22000 吨，大部分被运往日本，供制造电极用。

1924 年八幡制铁所购入的 23224 吨硅石中，旅顺的硅石为 5748 吨，占 24.7%，每吨单价 4.80 日元；龙头硅石为 2055 吨，占 8.8%，每吨单价 3.40 日元。日本国内所生产的硅石单价一般为 13.40 日元。②

表 7-23　　　　　1926—1930 年大连港苦灰石输出数量统计③　　　　　单位：吨

输出方向	年份				
	1926	1927	1928	1929	1930
日本	3116.6	2983.1	3789	3875	3000
朝鲜	47	157.6	99	29	42
中国关内	0.2	28.9	4	29	12

表 7-24　　　　　1907—1926 年满铁矿业收支统计④　　　　　单位：日元

年份	矿业收入	矿业支出	矿业利益
1907	1318891	746625	572266
1908	2702622	1659865	1042756

① ［日］佐田弘治郎：《南满洲铁道株式会社二十年略史》，南满洲铁道株式会社 1927 年版，吉林省社会科学院满铁资料馆藏，资料号：10233，第 220 页。
② 杜恂诚：《日本在旧中国的投资》，上海社会科学院出版社 1986 年版，第 181 页。
③ 杜恂诚：《日本在旧中国的投资》，上海社会科学院出版社 1986 年版，第 178 页。
④ ［日］佐田弘治郎：《南满洲铁道株式会社二十年略史》，南满洲铁道株式会社 1927 年版，吉林省社会科学院满铁资料馆藏，资料号：10233，第 220 页。

续表

年份	矿业收入	矿业支出	矿业利益
1909	4025765	2779946	1245819
1910	5748756	4081468	1667288
1911	6463649	4285547	2178102
1912	9193753	7347091	1846662
1913	14372232	12571681	1800551
1914	14075813	11851548	2224265
1915	12648120	10632562	2015558
1916	15972514	13889054	2083460
1917	20368463	15038407	5330056
1918	32597230	25474659	7122571
1919	61200547	47722742	12477805
1920	60670389	49296023	11374366
1921	40004029	34443475	5560554
1922	53139923	42556448	10585275
1923	63915116	51463243	12451873
1924	68694569	56950883	11743686
1925	68447274	59418781	9028493
1926（上半年）	33001820	27873459	5128361

　　由以上可知，满铁占领的东北矿业生产已经为日本创造了巨大的利益，也成为继铁路之后，日本在东北"投资"的第二大产业。日本侵略者通过占有东北的资源获得了巨大的利益，既实现了日本占领东北地区的目的，更重要的是为日本国内各项事业的发展提供了原料和资金的支持。

　　东北丰富的矿产资源在九一八事变后落入了日本人的手中。七七事变后，关内沦陷区的各种矿源也都被日本人劫夺。日本对中国矿业的全面霸占是他们实行"以战养战"政策的基础之一。

　　综上所述，我们可以看出满铁对东北其他矿产资源的调查与掠夺有如下几个特点。

第一，调查矿产种类丰富。日本对东北的金、铜、石灰石、铅、滑石、油页岩、苦土矿、耐火黏土、苦灰石、锰、银、石英等矿产资源都做了调查，这也反映出日本企图全面掠夺东北矿产资源的野心。

第二，调查数据不够详细。满铁调查部对这部分矿产资源的调查以金矿为主，调查目标主要集中在奉天省。由此可见，这些矿产资源相较于煤、铁并不是日本掠夺的重点。

第三，调查时间相对较短。满铁调查部对这部分矿产的调查时间相对较短，没有调查煤、铁资源的时间久。

第四，掠夺目标以金矿为主，掠夺数量相对较多。据资料记载，当时全国的金矿主要由东北供应。"1915 年全国产金额为二十万盎斯，其中十二万盎斯采自东北。"[1] 这些金矿资源几乎全部被日本占有。

由此可见，中国东北是天然产物最丰富的区域，每年"满蒙"贸易总额不下"七八万万日金"。这些贸易品中，每年纯粹运往日本的矿产物达四五千万元。[2] 在这一历史时期，日本对中国东北矿产资源的大肆侵夺，为其大规模经济侵略和军事占领东北起到了重要的作用。日本对东北的资源掠夺是以军事侵略为依托的，而资源侵略又为军事侵略提供动力，两者是互相配合的，这也是日本对华侵略战争的重要特征之一。

---

[1] 愈之：《中国之矿产》，《东方杂志》第 14 卷第 9 号，1917 年 9 月。
[2] 中美新闻社：《中国对外贸易之矿产》，《东方杂志》第 16 卷第 5 号，1919 年 5 月。

第八章

满铁矿产资源掠夺对中日两国产生的影响

日本掠夺东北矿产资源的数量相当巨大，而满铁是日本在东北拥有一切侵略权益的化身。日本侵略者以满铁为依托先后掠夺的东北的宝贵矿产资源不计其数，同时又通过满铁买卖各种矿产资源，攫取了高额的垄断利润。在掠夺过程中，为疯狂掠夺矿产资源，日本残酷压榨中国矿工。中国矿工不仅工资远低于日本矿工，而且还要忍受非人的待遇。日本方面，通过矿产资源的掠夺，不仅满铁得以发展壮大，也缓解了日本国内能源紧张的状况。掠夺东北矿产资源的所得利润加速了日本国内钢铁业、造船业、火车和电机制造业以及轻工业等多项事业的发展。

第一节 满铁矿产资源掠夺对中国产生的影响

一 满铁掠夺东北矿产资源统计

中国东北矿产资源丰富，日本帝国主义早已垂涎三尺，蠢蠢欲动。1905年日俄战争后，日本帝国主义取代了沙俄在中国东北南部的控制权，在大连成立了满铁，并以满铁为中心进行掠夺活动，依凭铁道附属地的行政权和各种企业的所有权以及驻扎在东北的军队和独立守备队的军事力量扩大侵略。

日本侵略者以满铁为依托先后掠夺的中国东北的宝贵矿产资源不计其数。由于档案和资料有限，我们无法全面准确地统计日本掠夺东北矿产资源的确切数据，但就目前所掌握的资料而言，日本掠夺中国东北矿产资源的数量已相当巨大。通过前文对史实的重现，我们可以得出以下结论。

（一）煤炭方面

煤炭是日本在华矿业投资的主要矿种。在侵华战争全面爆发之后，为维持战争需要，日本人拼命增加煤产量。九一八事变后，日本帝国主义侵占东北，把奉天地区作为战略后方，大肆掠夺奉天煤炭资源，变本加厉地在抚顺、阜新、本溪、北票、烟台等地掠夺开来。1931—1945年，日本共掠夺开采煤炭 17596 万吨。[①] 日本对抚顺的资源掠夺由来已久。1905 年，日本侵占抚顺煤矿后就大肆鲸吞、扩张和掠夺。到 1931年九一八事变前，已有采煤炭坑 12 处及附属工厂 13 座，使用华工 3 万多人，形成年产煤炭 800 多万吨的生产规模。1907—1931 年，抚顺煤矿（含抚顺露天、井下煤矿及烟台煤矿）生产煤炭约 9906 万吨。生产的煤炭，一部分供满铁内部自用，一部分销往中国华北、华中、华南各地，一部分输出日本、朝鲜。1908—1931 年，向日本输出煤炭约 1665 万吨，向朝鲜输出煤炭约 675 万吨。九一八事变后，日本加紧对抚顺煤炭的掠夺。1932—1944 年，抚顺煤矿（含抚顺、烟台、蛟河、老头沟、瓦房店煤矿）生产煤炭 11479 万吨。1932—1943 年，向日本输出煤炭 1716 万吨，向朝鲜输出煤炭 387 万吨。抚顺煤在日本用于煤气发生炉上，也被制铁业、化学工业、金属工业、其他窑业等所重用，对日本的工业发展作出了极大的贡献。1905—1945 年，日本在抚顺共掠夺 2.02 亿吨煤炭，获取了高达 26.8 亿日元的巨额利润。[②]

从 1931 年到 1945 年，日本共掠采阜新煤炭 2547.8 万吨。其中，九一八事变后至 1933 年春，由于阜新地区抗日怒火高涨，抗日义勇军控制阜新县城及海州地区达 16 个月之久，日本的"大新""大兴"公司仅象征性生产，年出煤量为四五万吨。1933 年 4 月至 1935 年末，日本在霸占阜新煤田全部开采权得逞后的初期，因忙于对阜新煤田进行全面调查，研究、确定掠采方案及开发新矿井，年产煤量未见增加。其大肆掠

---

① 辽宁省地方志编纂委员会办公室编：《辽宁省志·煤炭工业志》，辽宁民族出版社 1999 年版，第 4 页。

② 辽宁省委党史研究室编：《辽宁省抗日战争时期人口伤亡和财产损失》，中共党史出版社 2015 年版，第 46 页。

夺阜新煤炭是在阜新矿业所建立之后，即 1936 年 10 月至 1945 年 8 月。"满炭"阜新矿业所的建立，为"满炭"掠采阜新煤炭资源提供了组织保障。矿业所建立后，"满炭"先后在阜新矿区投建生产斜井 44 个、露天矿 3 座，并建立了与之配套的火药厂、选煤厂、发电厂、新义线铁路等，掠采煤炭能力迅速增强。1939 年 10 月 13 日，日产超万吨。1940 年，年产 337 万吨，居"满炭"系统各煤矿之首，占"满炭"总产量的 34%。1944 年，年产量达 456 万吨，为日伪时期产煤量最高的年份。①

1931 年，本溪地区年产原煤 50.92 万吨（其中，本溪湖煤矿 46.77 万吨，田师傅煤矿 0.5 万吨，牛心台煤矿 3.65 万吨）。此后，煤炭产量逐年增长，至 1944 年达到抗日战争时期煤炭产量的最高点，年产原煤 172.21 万吨（其中本溪湖煤矿 95.1 万吨，田师傅煤矿 61.83 万吨，牛心台煤矿 15.28 吨）。1931—1945 年，本溪地区共计生产煤炭 1616.63 万吨。② 关于本溪煤炭的掠夺使用情况，据《1931 年至 1943 年本溪湖煤铁公司自用及销售统计表》的统计：1931—1943 年，本溪直接发往日本的煤炭共计 17.6356 万吨，只占总产量的 1.75%。但是，由于本溪煤是主焦煤，主要用于冶炼钢铁，是炼铁所必需的原料，输往满铁所属的鞍山制铁所和由日本控制的朝鲜兼二浦制铁所的煤共计 272.3911 万吨，占总产量的 27.1%，再加上本溪湖煤铁公司本身留用炼焦的 394.8416 万吨，占总产量的 39.28%。合计 68.13% 的本溪煤炭由焦炭转化为生铁全部输往日本。而满铁转卖、东北及朝鲜零售和本溪湖煤铁公司杂用三项中，实际有很大一部分转到日本控制的企业，变成其他形式为日本侵略者所有。这样算来，至少有 80% 的本溪湖煤被日本侵略者掠走。1937 年，伪满实行第一次"产业开发五年计划"后，规定全东北的炼铁厂一律混用 30% 的本溪湖煤。从此，本溪煤炭便主要用于全东北炼焦制铁了。据本溪湖煤铁公司 1939 年的统计，本溪湖煤铁公司向鞍山昭和制铁所供煤 55 万吨，向朝鲜兼二浦制铁所供应煤炭 7 万吨，加上本溪湖煤铁公司自用炼焦煤炭 27 万吨，三者共计 89 万吨，占当年本溪湖煤

---

① 辽宁省委党史研究室编：《辽宁省抗日战争时期人口伤亡和财产损失》，中共党史出版社 2015 年版，第 47 页。

② 本溪市党史地方志办公室编：《本溪市志》第 2 卷，大连出版社 1998 年版，第 266 页。

矿产量的90%。除了抚顺、阜新、本溪外，朝阳及辽阳等地区的煤炭资源也遭到不同程度的掠夺。据张福全《辽宁近代经济史（1840—1949）》统计，从1932年至1945年，抚顺煤矿产煤9749.1万吨，阜新煤矿产煤2400.8万吨，本溪煤矿产煤1045.9万吨，北票煤矿（属今朝阳）产煤1063.3万吨，烟台煤矿（属今辽阳）产煤424.5万吨，这些煤大都被日伪掠夺和使用。[①]

1914—1924年，满铁售出的煤炭量每年都在百万吨以上，且逐年大幅度增加。11年里，满铁共售出东北煤炭总量近4000万吨，其中满铁内部消耗约37.36%，运往朝鲜和中间台湾约10.77%，掠往日本国内约10.34%，这些部分加起来约达总数的六成。随着日本政府军备扩大的需要，日本从东北掠夺煤炭的数量也在逐年大幅度增加，运往日本本土和东北地区就地使用的煤炭量也逐年增加。1936—1941年，东北产煤总量几乎翻了一番，从1936年的1367万吨增加到1941年的2419万吨，净增1052万吨，平均每年增加约210万吨。1941—1944年，虽然煤矿总产量仍在增长，但增长速率显著下降，每年增加量仅有47万吨左右，约为1936—1941年增长率的1/4。煤矿总产量增速降低的主要原因是煤炭主矿区的采掘已深入矿坑深部，而当时缺乏相关深部采掘设备。纵然如此，1944年的总产量仍达2559万吨。[②] 在沦陷区，日本所掠占的煤矿完全居于垄断地位，仅有的部分华商也因经营艰难，只得将矿权卖给日本人经营。

（二）铁矿方面

东北的铁矿多为贫矿，但蕴藏量极为丰富。日俄战争后，东北所产铁矿悉数作为满铁控制的几大钢铁企业的生产原料。九一八事变前后，日本人在东北将所掠铁矿尽数供应日本人的钢铁企业。战时的东北，日本人钢铁企业产量已达最高峰。东北的铁矿每年有数百万吨流向日本国内，多数用于支持日本国内军工企业的发展。如在东北铁矿储量居首位的鞍山铁矿，在被日本控制期间，所产铁矿石完全被日资企业鞍山制铁

---

① 张福全：《辽宁近代经济史（1840—1949）》，中国财政经济出版社1989年版，第493页。

② 张以诚、刘昭民编著：《中国近代矿业史纲要》，气象出版社2012年版，第133页。

所收购。日本通过"中日合办振兴铁矿无限公司"和"中日合办本溪湖煤铁公司"两家所谓"合办"的铁矿企业对奉天省鞍山和本溪地区的铁矿进行了疯狂掠夺。鞍山地区的铁矿自1930年生产规模扩大后，每年出产生铁达21万吨。[①]中日合办本溪湖煤铁公司1915—1920年累计销售生铁3万吨，1924年由于开发新技术，生铁销量由1923年的2.35万吨增至5.25万吨。到1930年，它对外销售的焦炭数量达12.9万吨，生铁7.36万吨，铁矿石14.1万吨。[②]

（三）金矿方面

1931年九一八事变至1945年抗日战争胜利的14年间，日本侵略者用尽一切办法掌控东北地区的金矿资源。首先是制定殖民主义政策。1933年，日本控制伪满政府先后出台了《金输出禁止法》和《产金买上法》，1937年公布了《重要产业统制法》。上述殖民主义政策的施行，使得东北地区的金矿资源完全被日本侵略者所控制。其次是组建专门会社掠夺黄金资源。1937年以后，"满洲矿业开发株式会社""满洲矿山株式会社"和"热河开发株式会社"等专事黄金生产管理和经营的会社先后开业运营。最后，日伪当局还设立了许多区域性的株式会社和矿业所等机构在各产金地直接管理黄金矿山。东北沦陷期间，奉天地区曾被开采过的金矿就有200多处。由各株式会社经营的较大金矿、伴生金矿、选矿厂、制炼所等计有16座。[③]1936年8月，日伪当局在奉天筹建国立金矿精炼厂，计划年处理金矿7万吨。翌年秋，在营口县分水建成日处理黄金矿石500吨的选矿厂，建竖井2个。"满洲矿山株式会社清原矿业所"侵占狗奶甸子金矿和苍石金矿后，于1937年在清原建一座日产150吨的选矿厂，还在狗奶甸子金矿与清原选矿厂之间架设一条空中索道运矿。到1939年，日采矿石量最高时达300吨，有生产工人1500人。1938年，"满洲矿山株式会社"建立苍石矿业所，下设王家大沟和下大堡两个坑口，年产黄金200余两。1939—1941年，"满洲矿山

---

① ［美］雷麦：《外人在华投资》，蒋学楷、赵康节译，商务印书馆1959年版，第367页。

② 本溪市党史地方志办公室编：《本溪市志》，大连出版社1998年版，第180页。

③ 辽宁省地方志编纂委员会办公室主编：《辽宁省志·黑色冶金工业志　有色金属工业志　黄金工业志》，辽宁民族出版社2001年版，第697页。

株式会社"在安东开办的黑山、元宝、六道沟、安东、五龙、五道沟、板石、东洋河8座金矿产金18274两。[①]"热河开发株式会社"在朝阳地区开办了五家子、青沟梁、孟家沟等金矿。1938年，东亚矿山公司在喀左县境内开办丛元号金矿，翌年又开办建平县瓦房店金矿，建有竖井25个，坑口遗址至1985年尚存。同年，奉天国立金矿精炼厂归属"满洲矿业株式会社"，更名为奉天制炼所（今辽宁省沈阳冶炼厂）。太平洋战争爆发后，日本出于侵略战争的需要，由"满洲矿山株式会社"出资收买了五龙金矿，改称五龙采矿所。从1941年到1945年抗日战争胜利时止，日本侵略者从五龙金矿共掠走高品位矿石7万多吨，仅1944年就掠走黄金5103两。"满洲矿业株式会社"在1934—1937年生产的黄金达28394两，奉天制炼所1942年（产量最高年份）一年电解生产成品金达27040两。五龙、分水、清原、盘岭、五家子、华铜、夹山、芙蓉8座金矿，在有据可查的1937—1944年，共生产黄金51693两。在东北沦陷的14年里，奉天省被日本掠走的黄金约10吨。[②]

（四）石油方面

日本侵略者在掠夺中国石油资源方面，其急迫程度较之煤炭掠夺有过之而无不及。石油匮乏是日本经济的最大弱点，也是日本军国主义准备战争和进行战争的一大障碍。日本帝国主义对东北石油资源的掠夺对象主要是抚顺的页岩油。奉天省档案馆馆藏档案资料统计，1930年抚顺制油厂生产的重油向日本输出2.75万吨，1931年输出3.9807万吨，占该厂总产量的99.1%；1932年输出4.2555万吨，占该厂总产量的98.3%；1933年输出5.1252万吨，占该厂总产量的93.6%；1940年从大连港输出到日本的重油达5.9165万吨，占该厂总产量的78.6%。[③]

铜、锰、铅、银、石灰石、耐火黏土等其他矿产合计每年也有数十万吨落入满铁手中。以耐火黏土为例，"满铁销售的耐火黏土数量从

---

① 辽宁省地方志编纂委员会办公室主编：《辽宁省志·黑色冶金工业志 有色金属工业志 黄金工业志》，辽宁民族出版社2001年版，第698页。

② 辽宁省地方志编纂委员会办公室主编：《辽宁省志·黑色冶金工业志 有色金属工业志 黄金工业志》，辽宁民族出版社2001年版，第698页。

③ 中共辽宁省委党史研究室编：《历史永远不能忘记——辽宁人民抗日斗争图文纪实》，辽宁人民出版社2005年版，第138页。

1925 年到 1931 年之间，以 1929 年的 60194 吨为最高，以 1925 年的 25797 吨为最低，平均 3.9 万吨，平均售价为每吨 6 至 7 元"[1]。

日本帝国主义侵占东北以后，不仅在东北的满铁垄断资本急剧扩张，而且日本新投入的资本也大量涌入。它们迅速地垄断了东北的军需工业、重工业和其他基础工业。但是，这些工矿业多半是原料工业，为日本经济服务。武部六藏任总务长官后，继续实行日本帝国主义的各项侵略政策。从 1940 年 8 月到 1945 年 8 月，日本掠夺了东北的大批物资，其中粮谷 3600 万吨，仅 1944 年就有 850 万吨；棉花 150 多万担，1945 年预定为 40 万担。在强征粮谷、棉花时，农民如果不能按摊派的数量出荷，警察就在房屋、场院和地下搜查并严刑拷打，逼迫农民用粮谷补足数量。有的农民怕催逼拷打就躲避出去，结果房屋竟被烧掉，还有的农民被逼无奈而寻死。其他资源还有：钢 70 多万吨，1944 年为 18 万吨；铁 300 多万吨，1944 年为 70 多万吨；煤 8500 余万吨，1944 年为 2100 余万吨。[2] 详见表 8-1。

表 8-1　　　日本在东北掠夺主要资源统计（1931—1945 年）[3]

资源	数量
煤炭/吨	2.4 亿
生铁/吨	1200 万
黄金/吨	22
粮食/吨	2.28 亿
木材/立方米	1 亿

日本因国土面积狭小，生产、生活等各项资源严重短缺，所以把中国东北的资源作为国内短缺资源的主要来源基地，企图把东北变为日本独占的殖民地。这样赤裸裸的侵略野心把东北人民推向了更苦难的深

---

① 苏崇民：《满铁史》，中华书局 1990 年版，第 255 页。

② 孙邦主编：《经济掠夺》，吉林人民出版社 1993 年版，第 331 页。

③ 张宪文主编：《日本侵华图志》第 7 卷《建立伪满洲国与对东北的殖民统治 1932—1945》，山东画报出版社 2015 年版，第 210 页。

渊。日本侵略者在东北的土地上以"经济开发"之名行侵略之实，疯狂掠夺各种矿产资源。

二 中国资源流失，社会动荡

日本帝国主义为使中国东北变成它永久的殖民地，一贯地推行骇人听闻的、极其野蛮残暴的屠杀政策。1932 年 9 月 15 日，奉天民众救国自卫军第十一路袭击日本经营的抚顺煤矿，击毙杨柏堡矿长日本人渡边宽一。第二天下午，日本守备队开到平顶山，包围了村庄。武装逼迫全村男女老幼至村西南洼地，用机枪扫射予以集体屠杀，然后将全村 700 余间房屋进行焚毁。这次血腥暴行，被害的中国人达 3000 余名。1933 年 10 月，日军第十师团一部约 2000 人并配属伪军 1 万余名，对吉海路两侧各县进行"讨伐"，仅磐石、伊通、烟筒山、永吉、海龙等城镇的不完全统计就有陈尸 2000 余具。1935 年，日军在五常"洙漠川一带在今春即被焚毁二百余里，屠杀民众七百余名"①，等等。日本帝国主义采用这种屠杀政策的目的，是妄图慑服中国人民的反抗精神和灭绝种族。更有甚者，日本侵略者还极其残忍地用细菌试验来杀害中国人民。臭名昭著的日本关东军"第七三一部队"和"第一〇〇部队"，早在九一八事变后不久就分别在中国东北成立。一名为"关东军防疫给水部"，设在哈尔滨附近平房；另一名为"关东军兽疫预防部"，设在长春附近的孟家屯。他们的任务是试验和制造各种细菌武器。日本细菌战犯石井四郎是主要主持者。这些细菌部队竟惨无人道地用大量的活人进行试验。这些被用来试验的人，多半是中国战俘、抗日爱国青年、无辜的工人、农民、学生，还有少量的苏联战俘。仅"第七三一部队"，从 1940 年至 1945 年，至少有 3000 名被试验的人死于非命。这支细菌部队远征关内散播细菌酿成的传染疫病广为流行，给中国人民造成的死亡岂止千千万万！而且，这种细菌试验贻害无穷。日本战败前后，东北的许多地方大面积发生鼠疫、霍乱、炭疽，瘟疫猖獗流行，死难者更是难以统计（见图 8-1）。日本侵略者残害中

---

① 李鸿文：《东北抗日游击战争史略》，吉林教育出版社 1990 年版，第 60 页。

国人民的罪行令人发指，罄竹难书。

图 8-1　流离失所、病倒街头的东北百姓①

　　日本帝国主义打着"经营满洲"的旗号，在东北实施政治上的侵略和经济上的掠夺。为了掠夺矿产资源，日本侵略者在东北进行了改筑铁路、修建工厂、地质调查、投资办厂等各种"开发"活动。这一系列的侵略活动，对中国东北乃至全中国都产生了极其深远的消极影响。

　　第一，日本侵略者在攫取矿产资源时采取了破坏性的开采方式，造成这些不可再生资源出现极大程度的破坏。满铁的抚顺煤矿在当时属于现代化的大企业，却依恃其拥有帝国主义特权不受中国法律约束，只顾多采矿产，肆意设计开采巷道，其矿井的设计、坑道的位置和设备都是不合理的。满铁将主要斜井和坑道设在煤层之内，导致 1917 年 1 月 11 日大山井内发生大爆炸，造成了世界罕见的死亡 917 人（其中中国人

---

　　①　伪满皇宫博物院编：《勿忘"九·一八"——日本侵略中国东北史实》，吉林美术出版社 2006 年版，第 236 页。

900 人）的大惨案。在这次爆炸之后，满铁以"尽量利用现有设备为着眼点"，提出分割采煤区，洒水和撒布岩粉，把坑井移设下盘中，使竖井井底达到下盘，另在上部新建一竖井专充排气之用。而到 1928 年 4 月 9 日，同样在大山井，满铁煤矿当局为了省钱和防止天然起火，将 1921 年千金寨西竖井旧址本应填埋的坑道故意存水。由于大山井的掘进工程测量不准，竟与西竖井在地下挖通，而煤矿管理者只是在两井相通处砌一砖墙敷衍了事，后积水过多冲倒砖墙，洪水涌入。① 日本侵略者这种不计后果的开采致使东北的矿产资源遭到严重浪费，同时也阻碍了战后东北矿产行业的复苏及可持续发展。

第二，日本侵略者通过满铁买卖各种矿产资源，攫取高额的垄断利润，造成了中国经济发展的滞后，使原本贫困的东北人民陷入了更深重的苦难命运。满铁是日本政府在东北拥有一切侵略权益的化身，当时满铁销售东北煤炭的收入仅次于铁路运输，是满铁的第二大财源。在争夺销售市场的角逐中，抚顺煤和一部分从日本进口的煤因成本低廉，满铁做了大幅度的降价营销。"1931 年销往上海的 360 余万吨煤中，抚顺煤和进口日本煤共 133.7 万余吨，占 36.9%，超过开滦煤（36.6%）位居第一。"② 另据资料记载，本溪湖炭的产量由 1911 年的 9.03 万吨增加到 1930 年的 62.31 万吨。1911—1930 年，日本大仓财阀从本溪地区共掠夺原煤 740.75 万吨，大部分运回日本国内。"1904—1945 年，日本帝国主义从本溪湖煤矿掠夺煤炭达 2236 万吨，榨取利润 3962 万银圆。"③ 铁矿的情况也是如此。资料记载："当时中国运往日本，每年炼铁 17 万吨，值银 530 万两；生铁 30 万吨，约值 100 万两银圆。" 1922 年前后，东北重要的铁矿区——本溪湖，每年炼铁 75000 吨，1930 年本溪湖煤铁有限公司资产达 1500 万日元，每日出铁矿石 500 余吨，主要向日本输出。④ 除了东北的铁矿外，日

---

① 苏崇民：《满铁史》，中华书局 1990 年版，第 286 页。
② 杜恂诚：《日本在旧中国的投资》，上海社会科学院出版社 1986 年版，第 169 页。
③ 《奉天省志·煤炭工业志》，奉天民族出版社 1999 年版，第 301 页。
④ 陈世鸿：《我国煤铁矿与日本国防及工业之关系》，《东方杂志》第 19 卷第 18 号，1922 年 9 月。

本从中国其他地区掠夺的铁矿约占总量的 35%。[①] 仅 1929 年，日本因注资东北而获取的"投资"利润达到 9433.4 万日元，同东北贸易相联系的利益达 9194.5 万日元，总计 18627.9 万日元。[②]

1937 年 1 月关东军司令部颁发的《钢铁业开发纲要》规定：

关于钢铁业，除促进东边道（系民国初年的行政区划，包括通化、临江、集安、桓仁等县）及其他地区富矿资源的开发外，还应以现在的昭和制钢所及本溪湖煤铁公司为中心，并考虑日本的钢铁供求状况，以年产生铁 253 万吨、钢锭 185 万吨（钢材 150 万吨）为目标，力求增加生产。

（一）使昭和制钢所及本溪湖公司生产铁与钢，使在东边道及其他地区开办的制铁所暂时生产生铁。

关于利用开原附近的铁矿问题，待调查研究后，可用于生产生铁，以代替炼钢用的废铁。

（二）日满两国为实行本计划，应采取下列措施：

1. 迅速调查东边道及其他地区的铁矿资源，根据实际情况，采取适当措施，修改其同昭和制钢所之间的分配量。

2. 须对属于本溪湖煤铁公司所有的本溪湖煤进行统制，使其每年再增产约 80 万吨，以充作全满炼铁所必需的黏结性煤，适当地配给各制铁所，供其配合使用。再者，须采取适当措施，开采田师傅沟等地的炼焦用煤。

3. 除每年向日本供应其钢铁供求计划所要求的生铁 63 万吨、钢（半成品）40 万吨外，所生产的钢铁超出满洲需要量的部分应向海外出口。关于此事，政府应给予适当的援助。

由于钢铁设备大事扩充而需要缩短作业时间时，应采取适当措

---

① 《北支铁矿·硫磺矿资源》，南满洲铁道株式会社地质调查所，1937 年，吉林省社会科学院满铁资料馆藏，资料号：24148。

② 杜恂诚：《日本在旧中国的投资》，上海社会科学院出版社 1986 年版，第 2 页。

施，规定日满缩短作业时间的比率。[1]

该文件明确规定了本溪湖煤铁公司的生产任务，"对属于本溪湖煤铁公司所有的本溪湖煤进行统制"，并且强制要求本溪湖煤须"适当地配给各制铁所，供其配合使用"。[2]日本侵略者以扩大权益为最高原则，通过满铁榨取东北矿产的高额利润。这一切经济利益的背后都源于日本政府侵略扩张的政治或军事需求。

第三，日本侵略者为疯狂掠夺矿产资源，残酷压榨中国矿工。1906年，日本大仓财阀开采本溪湖煤矿初期，全矿只有员工150人，其中职员18人，木工和机器操作工18人，中国采炭夫80多人，日本采炭夫30人。1908年炭坑扩建，矿工增加到1500人。1910年，本溪矿区已经开采和正在建设的矿井共3个，员工增至2000人。到1931年初，公司有职员208人，工人7527人。职员中，中国人93人，日本人115人。九一八事变后，中国职员几乎全部被赶出公司，由日本人取而代之。到1932年1月，公司的中国职员只剩6人。[3]

在工资待遇上，日本侵略者对中国矿工和日本矿工实行差别对待。中国的煤矿工人每天在井下从事12小时以上的繁重体力劳动，而工资却微乎其微。《中国十大矿厂调查》记载，1916年，中日合办本溪煤铁公司本溪湖煤矿中国采煤工平均日工资小洋0.5元，日本人为1.2元，是中国工人的2.4倍。1912—1916年，抚顺煤矿采煤工平均日工资为小洋0.36元。20世纪20年代，由于物价暴涨，煤矿工人工资有所提高。1921年，本溪湖煤矿中国工人日工资最高为小洋0.754元，最低为0.376元；日本工人日最高工资为2.083元，最低为2.072元。1929年，抚顺煤矿中国工人平均日工资为小洋0.60元，北票大兴公司采煤中国工人平均月工资为现洋16.5元，最高者为19.5元，最低者为15元。[4]

① 解学诗主编：《满铁史资料》第4卷《煤铁篇》第4分册，中华书局1987年版，第1372页。

② 中央档案馆、中国第二历史档案馆、吉林省社会科学院合编：《日本帝国主义侵华档案资料选编·东北经济掠夺》，中华书局1991年版，第312页。

③ 本溪市党史地方志办公室编：《本溪市志》，大连出版社1998年版，第25页。

④ 《奉天省志·煤炭工业志》，奉天民族出版社1999年版，第254页。

到 20 世纪 30 年代初期，东北主要城市中国工人的日收入，大连为 0.86 元，奉天为 0.90 元，安东为 0.90 元。而同一时期，同一座城市日本工人的日收入，大连为 3.19 元，奉天为 3.03 元，安东为 2.87 元，长春为 2.96 元。在中国东北，"日满人劳动者的工资比率虽因汇率的变动、供给关系的差异、劳动者的素质、调查时期的差异而发生变化，但大体上还是相当于四比一以至三比一之间"①。

这种工资的差距到 20 世纪 40 年代初则更为明显。以"昭和制钢所"为例："1939 年，昭和制钢所中国人制钢工的日收入最高为 0.81 元，最低为 0.54 元，平均为 0.61 元。而日本人制钢工的日收入最高为 4.50 元，最低为 1.80 元，平均为 2.28 元。日本人制钢工的最高收入是中国人制钢工最高收入的 5.6 倍，日本人制钢工的最低收入是中国人制钢工最低收入的 3.33 倍。"②

除此之外，在资源掠夺中，日本帝国主义还从日本国内输送大量壮丁来东北进行矿产采掘。详见表 8-2。

表 8-2　　1918—1923 年东北地区的中日铁矿矿夫及劳役人员统计③　　　单位：人

年份	日本人	中国人	合计
1918	10021	643603	653624
1919	97528	946124	1043652
1920	36890	1181675	1218565
1921	16715	650622	667337
1922	11770	426952	438722
1923	8177	681057	689234

从表 8-2 可知，当时仅开采铁矿的日本矿夫就有数万人。九一八事变后，在日本大力推行的"满洲移民"侵略政策中，对"矿业开发移

① 满铁经济调查会：《满洲经济年报》，改造社 1933 年版，第 439—440 页。

② 《各地各产业劳动者调查表》，辽宁省档案馆编：《满铁密档——满铁与劳工》第 2 辑第 5 卷，广西师范大学出版社 2003 年版，第 187 页。

③ 《关东厅第十八统计书（大正十二年）》，关东长官官房文书课，1924 年，吉林省社会科学院满铁资料馆藏，资料号：19946。

民"有明确规定。1932 年，日本开始向中国东北实施"武装移民"（又称"试验移民"和"特别移民"）。《满洲开拓政策基本要纲》是日本帝国主义为实现向中国东北大规模移民侵略而制定的具体移民政策，是日本"满洲移民"政策的"最高法典"。[①]《满洲开拓政策基本要纲》由"基本方针""基本要领"和"措施"三部分组成，并附有"附属书"和"参考资料"。其中，"基本要领"第二条规定了"开拓民的种类（见图 8-2）。

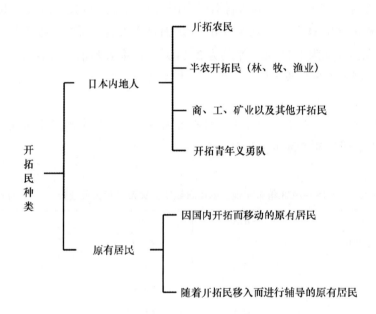

图 8-2　日本向中国东北移入的开拓民种类[②]

"矿业开拓民"作为日本移民计划中的一分子，很显然是以三十余年前日本对中国东北矿业的调查和掠夺为基础而制订的移民计划，只是在九一八事变前因中国人民的强烈抵制和反对，该移民计划被搁浅。

尽管如此，中国矿夫所占的比重仍远大于日本人。中国人作为廉

---

① ［日］喜多一雄：《满洲开拓论》，明文堂 1944 年版，第 252 页。
② ［日］天泽不二郎：《开拓政策的展开》，河出书房 1944 年版，第 283 页。

价劳动力为日本人掠夺中国的资源"服务",同时还要忍受非人的待遇。这些生活在社会最底层的中国矿工,饱受日本侵略者和封建把头的残酷压榨。他们收入低微,生活条件恶劣,而且经常挨打受骂,稍有反抗就会被置于死地。挣扎在生产第一线的中国矿工生命毫无保障,许多无辜的工人被埋葬在灾害频发的矿井和日本侵略者掘好的万人坑中。仅1906—1929年,本溪煤矿的死伤矿夫就多达1075人。全东北大小矿企无数,死伤人数远远超乎我们想象。工人们暗无天日地工作换来的是生产量的大幅度提高。而且,满铁在买卖所得矿产时,不断压低收购东北矿产的价格,抬高从日本出口到东北的矿产价格。日本侵略者以这样的方式使利润最大化,为满铁乃至日本国内攫取了巨大的利益。

表8-3　　　　　　　1932—1941年东北进出口贸易的国别比重①　　　　单位:%

年份	进出口	日本及其占领区	中国关内	苏联	印度	埃及	德国	英国	美国	其他
1932	进口	58.2	18.1	2.2	6.1	*	1.9	2.4	5.9	5.2
	出口	38.2	29.6	5.6	0.3	6.3	12.0	1.8	0.8	5.4
1933	进口	65.9	15.5	1.5	2.9	*	2.1	1.4	5.6	5.1
	出口	46.8	16	3.0	0.2	8.4	14.8	2.0	1.7	7.1
1934	进口	68.8	9.7	0.8	4.0	0.1	2.1	1.6	5.9	7.0
	出口	48.9	14.6	1.9	0.1	10.5	11.9	3.6	1.3	7.2
1935	进口	75.6	5.3	0.2	4.0	*	2.4	1.6	4.1	6.8
	出口	51.6	15.5	1.1	0.6	4.1	7.8	5.8	3.7	9.8
1936	进口	77.3	6.9	*	4.1	*	1.9	1.1	3.4	5.3
	出口	47.4	21.3	0.3	0.3	8.5	8.3	4.6	2.7	6.6
1937	进口	75.1	4.4	0.1	5.1	*	1.9	1.3	6.5	5.6
	出口	49.9	17.6	*	*	12.0	9.2	1.4	2.9	7.0

---

① 商务部国际贸易经济合作研究院编:《中国对外贸易史》(中卷),中国商务出版社2015年版,第236页。

年份	进出口	日本及其占领区	中国关内	苏联	印度	埃及	德国	英国	美国	其他
1938	进口	77.9	5.6	*	2.4	*	2.9	0.6	7.3	3.3
	出口	57.2	16.8	*	*	13.0	7.0	0.8	1.6	3.6
1939	进口	85.1	3.7	*	1.4	*	2.9	0.3	4.5	2.1
	出口	62.5	20.3	*	*	5.3	6.0	2.4	1.8	3.7
1940	进口	88.9	3.9	—	1.0	*	—	0.1	4.1	2.0
	出口	71.1	24.1	—	*	—	—	*	3.2	1.4
1941	进口	85.1	7.1		0.8	0.1		0.1	2.8	4.0
	出口	68.4	23.5	—	*	—	—		2.7	5.4

注：＊不足 0.05%。

从 1840 年到 1945 年，百余年的时间里，中国近代矿业走过了一条荆棘之路。近代矿业，作为近代中国社会经济的组成部分，它的发生、发展是有其特定历史环境的。近代中国，始终处于内忧外患之中，近代中国的矿业发展也不可能是一帆风顺的。日本帝国主义侵占东北的根本目的，是使它成为进一步扩大侵略的战略基地、商品销售和资本输出并获取超额垄断利润的场所、战略物资和工业原料以及农产品的稳定产地与供应地。

第二节　满铁矿产资源掠夺对日本产生的影响

一　满铁掠夺矿产资源所得利润

日本资源不足加上半封建农业造成的市场狭隘，促使日本资产阶级向殖民地半殖民地寻求原料和市场，满铁正是它们手中有力的工具。满铁利用铁路和港口将东北的矿产资源运往日本和世界各地，同时又为日本商品倾销创造出广大的市场。东北丰富的矿产资源极大地补充了日本资源的不足，使日本国内制造武器及军需用品的工厂得以迅速扩张，为战争做着准备。

奉天省是日本资本侵入东北的主要战场，其次是吉林省和黑龙江省。"对东北的贸易，从 1907 年大连港开放后大规模发展，这个地区在大战期间变成日本的垄断市场，贸易额增至战前的三倍。"① 相关资料记载："东北输入日本贸易总值 1914 年 31277000 日元，1916 年 33954000 日元，1918 年 100518000 日元，1919 年 162394000 日元，1920 年 196861000 日元。"② 煤炭是日本在东北矿产掠夺的主要矿种。1919—1931 年，抚顺煤炭运往日本共计 1533.7 万吨。

表 8-4　　　　　　　1907—1913 年抚顺、烟台煤矿利润率统计③

年份	资本/万元	盈利/万元	利润率/%
1907	65.6	56.4	85.93
1908	403.7	124.0	30.72
1909	673.3	152.8	22.69
1910	904.8	198.3	21.92
1911	1179.9	268.9	22.79
1912	1202.4	193.1	16.06
1913	1404.1	190.8	13.59

抚顺煤最大的销售市场是东北各地，其次是向日本出口。"1914—1924 年满铁运往日本国内的煤炭总量为 4139088.32 吨。仅 1929 年一年，日本从东北获取的利润高达 9422.4 万日元。"④

铁矿方面，"本溪湖煤铁矿的营业很发达，1916 年的盈余为 100 万元，分红时科长一职即可分得一千数百元，中日双方的总办和督办的酬劳在万元以上，股东分得的股息共约 60 万元"⑤。日本通过满铁掠夺的东北的铁矿也有相当大的数量被运往日本国内，运向日本国内的铁矿以鞍山和本溪湖的铁资源为最多。1926—1931 年，鞍山和本溪湖运往日本的生铁共计 1230185 吨。日本在中国铁矿生产中的垄断势力比在煤矿生

① ［日］守屋典郎：《日本经济史》，周锡卿译，生活·读书·新知三联书店 1963 年版，第 217 页。

② ［日］守屋典郎：《日本经济史》，周锡卿译，生活·读书·新知三联书店 1963 年版，第 196 页。

③ 汪敬虞编：《中国近代工业史资料》第二辑，科学出版社 1957 年版，第 383 页。

④ 杜恂诚：《日本在旧中国的投资》，上海社会科学院出版社 1986 年版，第 2 页。

⑤ 杜恂诚：《日本在旧中国的投资》，上海社会科学院出版社 1986 年版，第 171 页。

产中更强。有资料统计，1912—1937 年，日本通过自办、合办、借款以及军事占领所控制的铁矿产量占全国总产量的 99%以上。[①] 这种垄断势力在七七事变后有增无减。

在其他矿产方面，以 1927 年为例，运往日本的滑石约 25000 吨，耐火黏土约 40000 吨，苦灰石约 50000 吨。这些矿产资源多运往日本国内的八幡制铁所及其他重要工厂。"从 1901 年八幡制铁所开业起，十年之内，日本国内一共生产了生铁 1067000 吨，超过同时期内输入量 955000吨。但是钢材产量还只有 738000 吨，比输入量 2984000 吨差得很远。"[②]日本八幡制铁所对购买中国东北的苦灰石特别感兴趣。1924 年，其所购入的 67364 吨苦灰石中，中国东北出产的为 42364 吨，占 63%，而每吨单价仅为 1.67 日元，质优价廉；朝鲜产的苦灰石每吨单价 5.75 日元或6.32 日元，日本福冈产的苦灰石每吨单价为 5.75 日元，东北产的仅占其 1/3 还不到。[③] 1924 年八幡制铁所购入的 23224 吨硅石中，东北旅顺的硅石有 5748 吨，占 24.7%，每吨单价 4.80 日元，而日本国内所生产的硅石单价一般为 13.40 日元，单价约为旅顺硅石的 2.8 倍。[④] 这样的贸易带有很大的掠夺性，日本从中获得了巨大的利润。

日本在东北兴建铁路、开采矿山、设立工厂、开展贸易，其基本的动因就是追求利润最大化。这是由资本的性质决定的。相对发达的国家而言，近代中国资本短缺，劳动力价格低廉，资源丰富，资本收益率相对较高。1905—1930 年，日本在东北地区投资获取的利润总额达 109659万日元，其中绝大部分来自日本掌握运营的公司，贷款利息仅为 6338.4万日元，对总利润额贡献不足 6%。在日本掌握的公司运营利润中，企业总公司在东北的利润为 70534.4 万日元，其中满铁占比大部分，纯利润 46771.2 万日元，公司债的利息支付额为 14652.2 万日元（不包括付给英国的债权利息 8106.4 万日元）；总公司不在东北的企业利润为

---

① 严中平等编：《中国近代经济史统计资料选辑》，科学出版社 1955 年版，第 129 页。

② ［日］守屋典郎：《日本经济史》，周锡卿译，生活·读书·新知三联书店 1963 年版，第 138 页。

③ 杜恂诚：《日本在旧中国的投资》，上海社会科学院出版社 1986 年版，第 178 页。

④ 杜恂诚：《日本在旧中国的投资》，上海社会科学院出版社 1986 年版，第 181 页。

21772.8 万日元，私人企业的利润为 11013.3 万日元。[①]

二　日本经济增长，加速扩张

日本帝国主义早在明治维新时期就制定了五步征服世界的大陆政策，侵占中国东北只是其全计划中的一步。日俄战争后，作为战胜国，日本国内预期日本政府会像中日甲午战争结束后一样取得巨额赔款，一时间民众掀起了股票投机热潮。然而，1905 年 9 月签署的《朴茨茅斯条约》没有规定赔款，日本经济仍陷于萧条状态。情况到 1906 年下半年有了转变：一方面，市场外资输入使金融市场逐渐缓和，政府增发纸币使得物价上涨；另一方面，日本政府确定铁道国有方针，对朝鲜和中国东北市场进行垄断在即。于是，"1906 年 6 月以满铁的成立为起点，再一次掀起了兴办企业的热潮。虽然这一轮热潮在 1907 年就发生了顿挫，但是到 1908 年上半年新成立和扩充的公司资本就已达 19 亿日元，其中 1906 年 10 亿日元，1907 年上半年 5 亿日元。这成为日本战后发展的起点"[②]。1923 年，日本发生了里氏 7.9 级的"关东大地震"。日本政府实行政府直接补偿，让日本银行实行救济性再贴现的灾区支票对灾区进行救济。由此，日本银行背负了高达 4.3 亿日元的"救灾票据"。为了摆脱经济危机和转移社会矛盾，日本统治阶级决定对内加强法西斯军国主义统治，对外发动侵略战争。对革命力量的镇压，是法西斯发动侵略战争的前兆。1929 年，爆发于美国而席卷整个资本主义国家的"经济大萧条"迅速波及日本。"1929 年至 1931 年，日本工业总产值下降了32.9%，按月度计算，从危机前的最高点到危机中的最低点，煤产量下降 36.7%，钢产量下降 47.2%，造船生产下降 88.2%。在危机年代里，日本对外贸易，出口下降了 76.5%，进口下降了 71.7%。"[③] 面对日益深重的经济危机与社会矛盾，日本政府中以陆军为主力的法西斯势力趁机

---

① 杜恂诚：《日本在旧中国的投资》，上海社会科学院出版社 1986 年版，第 2 页。

② ［日］守屋典郎：《日本经济史》，周锡卿译，生活·读书·新知三联书店 1963 年版，第 164 页。

③ 四川大学历史系世界现代史教研室编：《世界现代史论文集》，四川大学历史系、四川社会科学院历史所 1981 年版，第 357 页。

抬头，利用英美经济危机、中国内战，加大了入侵中国的步伐。

日本在东北的统制政策是依靠"满业"等日本垄断财阀来推行的。1937年12月，日本新兴财阀——日本产业会社总裁鲇川义介与日本军部勾结，在中国东北建立了"满洲重工业开发株式会社"（简称"满业"）。"满业"成立后，很快取代了满铁的地位，成为日本帝国主义在中国东北的主要国策公司。它接收了满铁大部分重工业企业，如昭和制钢所、同和汽车、满洲石油、满洲煤矿、满洲铝矿等。除此之外，日本又陆续新建了满洲飞机、满洲汽车、满洲镜工业、舒兰煤矿、珲春煤矿、满洲矿山、满洲特殊矿、满洲重型机械、密山煤矿等企业。

除了"满业"之外，日本的其他财阀如三井、三菱、住友、安田、大仓、浅野、日产、日窒等也纷纷侵入东北，新建钢铁、煤矿、电气、化学、金属、窑业、纺织等企业，为日本帝国主义侵略中国、企图称霸世界提供大量的军事物资。据统计，到1941年，日本在东北的企业达1896家，其中矿业148家，工业1748家。在这种掠夺性的开发下，东北工业特别是与军事有关的重工业得到迅速发展。"从1933年到1944年，煤增长144%，电力增长2023%，生铁增长173%，钢增长2250%，水泥增长110%，其他如棉纱、棉布、火柴等都有增长。"[①] 太平洋战争爆发前，日本所需38种重要军需原料有24种由中国东北供应。太平洋战争爆发后，中国东北供应给日本的战争物资则更多。1942年，东北生产的钢材占日本全部钢产量的1/3，日本所需生铁，一半以上由东北供给，铝产量的44%由东北生产。日本没有石油资源，而东北的石化工业，为其侵略战争提供燃料和动力。

这一时期，日本对东北的贸易总体还是呈上升趋势。据日本方面资料的统计，东北与关内及日本贸易的比重情况如表8-5所示。

表8-5　　　近代东北对关内与对日贸易比重情况（1908—1930年）　　　单位:%

类别	年份					
	1908	1913	1918	1923	1928	1930

---

① 史全生主编：《中华民国经济史》，江苏人民出版社1989年版，第353页。

| 中国关内 | 46.6 | 40.2 | 36.2 | 34.6 | 27.1 | 291 |
| 日本 | 26.8 | 28.7 | 37.2 | 34.6 | 31.6 | 32.2 |

这些资料表明，在该时期，日本对中国东北的贸易增长高于关内对东北的贸易。"一战"之后，在贸易比重方面，日本开始高于中国关内。在输入贸易方面，中国关内和日本对东北皆是上升趋势，但日本的增长速度高于中国关内，对东北的输出在日本输出贸易中占有比较重要的地位。至 20 世纪 20 年代后期，东北在日本输出贸易市场中的重要地位仅次于美国、中国关内及印度。其中，满铁侵占东北的矿产资源为日本带来了巨大的利益。

第一，通过矿产资源的掠夺，满铁得以发展壮大。满铁营业后实行增产政策，满铁矿业的收益随之有所增加，如第一年度矿业收益为 572266 日元，1914 年就增至 2224265 日元。这样，出售煤炭和其他矿物所得的矿业收入在满铁总收入中占 30% 左右，与铁路收入一起成为满铁收入的两大来源。① 有了丰沛的资金支持，满铁进而在工业、商业、电气业、航运业等方面都有所发展。

第二，缓解了日本国内能源紧张的状况，支持了八幡制铁所等军工企业的发展，为军事战争提供了武器原料支持。日本从东北攫取的丰富矿产资源极大地满足了日本国内对能源的需求，缓解了日本国内能源紧张的状况。日本国内的军工企业，尤其是昭和制钢所、八幡制铁所等都是为满足战争需要而成立的。"国营八幡制铁所自 1906 年以来得到大规模扩建，1907 年由海军和三井资本及英国资本三家联合在室兰建起日本制钢所。此外，铃木商店、三菱、住友、大仓等财阀资本的制铁所也在日本国内或殖民地相继办起，但日本百分之七十以上的铁和百分之九十以上的钢都产自八幡和日钢，而且几乎全部是军用。"② 这些军工企业的存在，为日本政府发动战争提供了强有力

---

① ［日］铃木隆史：《日本帝国主义对中国东北的侵略》，吉林省伪皇宫陈列馆译，吉林教育出版社 1996 年版，第 141 页。

② ［日］井上清：《日本帝国主义的形成》，宿久高、林少华、刘小冷译，人民出版社 1984 年版，第 293 页。

的支持。

第三，掠夺矿产资源获得的利润，促进了日本多项事业的发展。日俄战争后，日本国内出现了狂热的战争繁荣——通货膨胀、物价和股票价格腾贵、企业纯利润增加、输出产业和造船等产业发展与扩大等现象同时出现。纸币发行量从 1914 年到 1918 年增加了近 3 倍，而且有保存在国内外的现金做保证，金融空前和缓。物价与股票价格也增加了好几倍，加上金融和缓的帮助，在从事股票、船、铁、铜、棉纱、生丝等方面投机的人中产生了许多暴发户。在轻工业方面，由于中国东北市场的扩大，经营织布的棉纺厂显著增加。对中国的棉纱输出，由 1907 年的 2600 万日元增至 1913 年的 6900 万日元，且逐年发展，把英国纱从中国市场赶走，与印度纱争霸。棉布则向中国东北及其他地区、朝鲜和印度输出。在三井物产的倡导下，由大阪纺等 5 家公司组成棉布输出组合，赶走了素来在东北销售的美国棉布，实行垄断。[①] 民营钢铁业因和军部的需要结合起来而有所发展，神户制钢公司、住友铸钢、日本制钢公司、轮西制铁公司和日本钢管公司等都在这一时期成立并发展壮大。钢铁业随着铁价的高涨，在 1917 年后迅速扩展。根据当时生铁的平均市价，1914 年为 49 日元，1916 年 10 月涨到 93 日元，1917 年 10 月涨到 308 日元，1918 年 10 月又涨到 461 日元，实涨 8 倍以上。从 1914 年到 1918 年，圆钢也从 75 日元涨到 426 日元，钢板则从 85 日元涨到 939 日元。[②] 日本国内的造船业发展很快，海军工厂的造舰能力也比日俄战争前有显著提高。在 1906 年到 1915 年登记的海军舰船中，日本国内制造的占 80.8%。又增设了长崎、川崎等大造船厂，并增加资本，使其规模和制造能力迅速增进。[③] 在机械工业方面，除了造船业外，火车和电机制造业也有一定程度的发展。火车制造业方面，从日俄战争后川崎造船所开始制造机车和客货车以来，日本国产火车数量迅速增加，到 1912

① ［日］守屋典郎：《日本经济史》，周锡卿译，生活·读书·新知三联书店 1963 年版，第 169 页。

② ［日］守屋典郎：《日本经济史》，周锡卿译，生活·读书·新知三联书店 1963 年版，第 206 页。

③ ［日］守屋典郎：《日本经济史》，周锡卿译，生活·读书·新知三联书店 1963 年版，第 173 页。

年大体上达到了自给的程度。电机的生产量在当时电气事业的勃兴期迅速增加，从制造小容量的电机发展到制造发动机、变压器等大容量的电机。化学工业的发展完全是被军事上的需要推动的。在日本政府的优厚保护下，1916 年成立日本染料公司，1917 年成立日本甘油工业公司。制碱工业方面，1916 年旭玻璃公司开始用氨制法生产，1915 年保土谷制碱公司开始用电解化生产，它们都走上了工业化道路。①

综上所述，日本通过掠夺东北的矿产资源，不仅使国内能源紧张状况得到了缓解，而且利用这些矿产资源生产武器，也使国内的军工企业得以发展和扩建。同时，日本政府在东北的大本营——满铁也通过铁路和矿业的收益，在工业、商业、电器业和航运业等方面有了一定发展。由此可见，日本帝国主义侵占东北，其目的是使之成为日本垄断的商品和资本输出地、获取高额利润的场所，以及战略物资、工业原料和粮食的稳定产地。同时，中国东北也是日本帝国主义借以弥补其资源、财力之不足希冀独占的殖民地和进一步扩大侵略的战略基地。

---

① ［日］守屋典郎：《日本经济史》，周锡卿译，生活·读书·新知三联书店 1963 年版，第 204 页。

参考文献

一 专著

蔡谦：《近二十年来之中日贸易及其主要商品》，商务印书馆 1936 年版。

蔡雅正等编：《中日贸易统计》，中华书局 1933 年版。

常城、崔丕：《世界列强与东北》，中国大百科全书出版社 1995 年版。

陈本善主编：《日本侵略中国东北史》，吉林大学出版社 1989 年版。

陈丰祥：《近代日本的大陆政策》，台北：金禾出版社 1992 年版。

陈觉：《东北路矿森林问题》，商务印书馆 1933 年版。

陈重民：《今世中国贸易通志》，商务印书馆 1924 年版。

丁名楠等：《帝国主义侵华史》，人民出版社 1961 年版。

杜君、吴蓓、王金艳主编：《中国近现代史基本问题研究》，吉林大学出版社 2010 年版。

杜恂诚：《日本在旧中国的投资》，上海社会科学院出版社 1986 年版。

顾明义等主编：《日本侵占旅大四十年史》（上、下卷），辽宁人民出版社 1991 年版。

关捷主编：《日本侵华政策与机构》，社会科学文献出版社 2006 年版。

何炳贤：《中国的国际贸易》，商务印书馆 1939 年版。

胡荣铨：《中国煤矿》，商务印书馆 1935 年版。

纪辛：《矿业史话》，社会科学文献出版社 2000 年版。

姜念东、伊文成、解学诗等：《伪满洲国史》，吉林人民出版社 1980 年版。

孔经纬主编：《清代东北地区经济史》，黑龙江人民出版社 1990 年版。

孔经纬：《中国经济史略（明清至抗战前）》，吉林人民出版社 1958

年版。

林庆元、杨齐福：《"大东亚共荣圈"源流》，社会科学文献出版社 2006
年版。

凌耀伦、熊甫、裴倜：《中国近代经济史》，重庆出版社 1998 年版。

刘惠吾、刘学照主编：《日本帝国主义侵华史略》，华东师范大学出版社
1984 年版。

刘培华、程道德、饶戈平：《帝国主义侵华简史》，黄山书社 1985 年版。

陆仰渊、方庆秋主编：《民国社会经济史》，中国经济出版社 1991 年版。

马韵珂：《中国矿业史略》，开明书店 1932 年版。

潘喜廷等编写：《红色的矿山——本溪煤矿史》，辽宁人民出版社 1962
年版。

彭琪瑞等：《中国粘土矿物研究》，科学出版社 1963 年版。

全国矿冶地质联合展览会编：《全国矿业要览》，全国矿冶地质联合展览
会 1936 年版。

施良：《东北的矿业》，东方书店 1946 年版。

苏崇民：《满铁史》，中华书局 1990 年版。

孙健：《中国经济通史》，中国人民大学出版社 1999 年版。

孙敬之主编：《中国经济地理概论》，商务印书馆 1983 年版。

汤尔和著，哈尔滨满铁事务所编：《北满概观》，商务印书馆 1937 年版。

佟冬主编：《中国东北史》，吉林文史出版社 1998 年版。

屠哲隐编：《日本在南满》，南京书店 1932 年版。

万峰：《日本资本主义史研究》，湖南人民出版社 1984 年版。

汪敬虞：《十九世纪西方资本主义对中国的经济侵略》，人民出版社 1983
年版。

汪敬虞主编：《中国近代经济史（1895—1927）》，人民出版社 2000
年版。

王成敬：《东北之经济资源》，商务印书馆 1947 年版。

王承礼主编：《中国东北沦陷十四年史纲要》，中国大百科全书出版社
1991 年版。

王继栋：《抚顺西露天矿大事记（1901—1985）》，抚顺西露天矿内部印

刷，1989 年。

王魁喜等：《近代东北史》，黑龙江人民出版社 1984 年。

王维新：《东北在我国经济上的价值》，外交月报社 1934 年版。

王芸生编著：《六十年来中国与日本》，生活·读书·新知三联书店 1982 年版。

吴承明编：《帝国主义在旧中国的投资》，人民出版社 1956 年版。

伍启元：《中日战争与中国经济》，商务印书馆 1940 年版。

解学诗：《隔世遗思——评满铁调查部》，人民出版社 2003 年版。

徐梗生：《中外合办煤铁矿业史话》，商务印书馆 1947 年版。

薛子奇、刘淑梅、李延龄：《近代日本"满蒙政策"演变史》，吉林人民出版社 2001 年版。

詹自佑：《东北的资源》，东方书店 1946 年版。

张洪祥主编：《近代日本在中国的殖民统治》，天津人民出版社 1996 年版。

张雁深：《日本利用所谓"合办事业"侵华的历史》，生活·读书·新知三联书店 1958 年版。

章鸿钊：《中国地质学发展小史》，商务印书馆 1955 年版。

周开庆主编：《民国经济史》，台北：华文书局 1967 年版。

朱偰：《日本侵略满蒙之研究》，商务印书馆 1930 年版。

［俄］罗曼诺夫：《帝俄侵略满洲史》，民耿译，台湾学生书局 1981 年版。

［美］雷麦：《外人在华投资》，蒋学楷、赵康节译，商务印书馆 1959 年版。

［日］阿部勇：《満蒙の石炭と我国燃料問題》，中日文化协会 1930 年版。

［日］江口圭一：《日本帝国主义史研究：以侵华战争为中心》，周启乾、刘锦明译，世界知识出版社 2002 年版。

［日］江上照彦：《満鉄王国興亡の四十年》，サンケイ出版社 1980 年版。

［日］井上清：《日本帝国主义的形成》，宿久高、林少华、刘小冷译，

孙连璧校，人民出版社 1984 年版。

［日］笠木良明：《极东の矿产业》，丰盛堂印刷所 1928 年版。

［日］铃木隆史：《日本帝国主义对中国东北的侵略》，吉林省伪皇宫陈
　　列馆译，吉林教育出版社 1996 年版。

［日］铃木隆史：《日本帝国主义与满洲》，周启乾译，台北：金禾出版
　　社 1998 年版。

［日］马场明：《日露戦争後の満州問題》，原书房 2003 年版。

满史会：《满洲开发四十年史》，东北沦陷十四年史辽宁编写组译，
　　1988 年。

［日］门仓三能：《北支铁矿·硫磺矿资源》，丸善株式会社 1941 年版。

《南满洲ニ於ケル帝国ノ矿业权》，满洲日日新闻社印刷所 1914 年版。

［日］浅田桥二、小林英夫：《日本帝国主义对中国东北的统治——以十
　　五年战争时期为中心》，东北沦陷十四年史吉林编写组译，1994 年。

［日］若槻泰雄：《日本的战争责任》，赵自瑞等译，社会科学文献出版
　　社 1999 年版。

［日］三上安美：《满蒙に於ける日本の投资状态》，东亚印刷株式会社
　　1928 年版。

［日］上加世田成法等：《满洲ノ矿业》，经济调查会第一部 1933 年版。

［日］守屋典郎：《日本经济史》，周锡卿译，生活·读书·新知三联书
　　店 1963 年版。

［日］田中作：《吉林省の矿产》，东亚印刷株式会社 1922 年版。

［日］樋口弘：《日本对华投资》，北京编译社译，商务印书馆 1959
　　年版。

［日］依田熹家：《日本帝国主义和中国（1868—1945）》，卞立强、陈
　　生保、任清玉译，北京大学出版社 1989 年版。

［日］佐田弘治郎：《南满洲铁道株式会社二十年略史》，南满洲铁道株
　　式会社 1927 年版。

［日］佐田弘治郎：《南满洲铁道株式会社十年史》，满洲日日新闻社印
　　刷所 1919 年版。

［苏］B. 阿瓦林：《帝国主义在满洲》，北京对外贸易学院俄语教研室

译，商务印书馆 1980 年版。

［英］罗素：《中国问题》，秦悦译，学林出版社 1996 年版。

二　档案资料

［日］保田宗治郎：《南满洲二於ケル帝国ノ矿业权》，满铁矿业部矿务
　　课，1914 年，吉林省社会科学院满铁资料馆藏，资料号：14448。

《北支矿业一般调查资料》，满铁调查部，1937 年，吉林省社会科学院
　　满铁资料馆藏，资料号：17146。

［日］柴部一之：《日本内地二於ケル抚顺炭及本邦炭二关スル调查》，
　　满铁临时经济调查委员会，1930 年，吉林省社会科学院满铁资料馆
　　藏，资料号：14708。

［日］池田早苗、［日］池田活夫：《吉林省磐石县烟筒山附近黑铅矿产
　　地调查报告》，满铁产业部矿业课第一采矿系，1937 年，吉林省社会
　　科学院满铁资料馆藏，资料号：14479。

［日］池田早苗：《锦州省锦西县及兴城县满俺矿产地调查报告》，满铁
　　产业部矿业课第一采矿系，1937 年，吉林省社会科学院满铁资料馆
　　藏，资料号：14478。

《东部内蒙古矿产调查复命书》，关东都督府民政部庶务课，1916 年，
　　吉林省社会科学院满铁资料馆藏，资料号：14452。

［日］福富八郎：《满洲年鉴》，满洲日日新闻社大连支店，1939 年，东
　　北师范大学图书馆东北文献中心馆藏，资料号：4-051/002。

《抚顺炭坑》，东京印刷株式会社大连出张所，1910 年，东北师范大学
　　图书馆东北文献中心馆藏，资料号：557/005。

《抚顺炭矿概要》，满铁抚顺炭矿，1914 年，吉林省社会科学院满铁资
　　料馆藏，资料号：14710。

《抚顺烟台两炭坑二关スル细则会议报告书》，满铁，1911 年，吉林省
　　社会科学院满铁资料馆藏，资料号：14716。

［日］弓场盛吉：《北满洲の燃料问题》，满铁哈尔滨事务所调查课，
　　1925 年，吉林省社会科学院满铁资料馆藏，资料号：14791。

［日］古田传一：《鞍山制铁所事业概观》，满铁鞍山制铁所庶务课，

1930 年，吉林省社会科学院满铁资料馆藏，资料号：14573。

《关东厅第十八统计书（大正十二年）》，关东长官官房文书课，1924 年，吉林省社会科学院满铁资料馆藏，资料号：19946。

黄著勋：《中国矿产》，商务印书馆 1930 年版，东北师范大学图书馆东北文献中心馆藏，资料号：Y-458.9/004。

《火石岭矿调查报告》，满铁经济调查委员会，1928 年，吉林省社会科学院满铁资料馆藏，资料号：24141。

［日］吉沢甫：《北支矿山调查报告（第四队）》，满铁产业部矿业课矿产调查系，1938 年，吉林省社会科学院满铁资料馆藏，资料号：14445。

《近代中国大事年表（1840—1941）》，吉林省社会科学院满铁资料馆藏，资料号：19561。

《经常费决算书（昭和六年度）》，本溪湖煤铁有限公司，1931 年，吉林省社会科学院满铁资料馆藏，资料号：14567。

［日］九里正藏：《滑石ニ关スル调查》，满铁营口驿货物取扱所，1931 年，吉林省社会科学院满铁资料馆藏，资料号：14474。

［日］九里正藏：《菱苦土矿ニ关スル调查》，满铁营口驿货物取扱所，1931 年，吉林省社会科学院满铁资料馆藏，资料号：14475。

［日］久保山雄三：《石炭大观》，公论社，1942 年，吉林省社会科学院满铁资料馆藏，资料号：14628。

［日］菊田直次：《满洲に於ける外人经济势力状况》，满铁庶务部调查课，1924 年，吉林省社会科学院满铁资料馆藏，资料号：17670。

林廼信、［日］古藤顺次郎：《奉天省清原县清原附近铜矿调查报告》，满铁调查局矿床地质调查室，1934 年，吉林省社会科学院满铁资料馆藏，资料号：14472。

《满铁矿床地质研究汇报（第 1 号）附录》，满铁调查局，1944 年，吉林省社会科学院满铁资料馆藏，资料号：16789。

《满铁社员消费组合十年史》，满铁社员消费组合本部，1929 年，吉林省社会科学院满铁资料馆藏，资料号：10124。

《满洲产业调查资料（矿产）》，关东都督府，1906 年，吉林省社会科学院满铁资料馆藏，资料号：14449。

《满洲国防资源调查第六班（杂矿物）报告》，满铁经济调查会，1936
年，吉林省社会科学院满铁资料馆藏，资料号：13083。

《满洲国防资源调查第四班（石炭）报告》，满铁经济调查会，1936年，
吉林省社会科学院满铁资料馆藏，资料号：13081。

《满洲国防资源调查第五班（铅、银、亚铅矿）报告》，满铁经济调查
会，1936年，吉林省社会科学院满铁资料馆藏，资料号：13082。

《满洲国防资源调查第一班（铁矿）报告书》，南满洲铁道株式会社经济
调查会，1936年，东北师范大学图书馆东北文献中心馆藏，资料号：
4-226.6/008。

《满洲矿产资源调查联合会委员会议事录》，满铁产业部矿业课计画系，
1937年，吉林省社会科学院满铁资料馆藏，资料号：14454。

《满洲矿业开发株式会社设立方策》，满铁经济调查会，1936年，吉林
省社会科学院满铁资料馆藏，资料号：17065。

《满洲、蒙古、西比利亚、支那矿产物分析表》，满铁地质调查所，1924
年，吉林省社会科学院满铁资料馆藏，资料号：14467。

《满洲重要炭矿调查报告》，满铁调查部第四调查室，1940年，吉林省
社会科学院满铁资料馆藏，资料号：14654。

《南方统计要览》，东亚研究所，1942年，东北师范大学图书馆特藏馆
藏，资料号：4-045/003。

《南满铁道株式会社第十回营业报告书》，满铁调查部，1911年，吉林
省社会科学院满铁资料馆藏，资料号：10039。

《南满洲矿产地及矿产统计一览》，满铁地质调查所，1929年，吉林省
社会科学院满铁资料馆藏，资料号：14457。

《南满洲矿产调查复命书（第一）奉天、吉林街道两侧地带》，关东都督
府民政部庶务课，1917年，吉林省社会科学院满铁资料馆藏，资料
号：14450。

《南满洲铁道株式会社三十年略史》，满洲日日新闻社印刷所，1937年，
吉林省社会科学院满铁资料馆藏，资料号：10234。

《南满洲铁道株式会社事业成绩》，满铁，1912年，吉林省社会科学院

满铁资料馆藏，资料号：20066。

《全国工场矿业总览》，中外产业调查会，1931年，吉林省社会科学院满铁资料馆藏，资料号：23587。

《日本矿山总览》，日本书房，1940年，吉林省社会科学院满铁资料馆藏，资料号：24140。

商事系：《各国の对支投资机关》，满铁庶务部调查课，1929年，吉林省社会科学院满铁资料馆藏，资料号：17813。

《世界矿产统计（1925—1940）》，东亚研究所，1942年，吉林省社会科学院满铁资料馆藏，资料号：24143。

《舒兰炭矿调查》，满铁抚顺炭矿总务局庶务课调查系，1941年，吉林省社会科学院满铁资料馆藏，资料号：22323。

《松岛栄美雄，菱苦土矿工业调书》，满铁地方部商工课，1936年，吉林省社会科学院满铁资料馆藏，资料号：14453。

《铁矿》，地质出版社1978年，东北师范大学图书馆馆藏，资料号：P62/003。

王恒升、侯德封：《辽宁省葫芦岛附近锦西锦县一带地质矿产》，实业部地质调查所、国立北平研究院地质学研究所，1931年，吉林省社会科学院满铁资料馆藏，资料号：14473。

虞和寅：《东北矿产物之分布》，东北矿业记手稿，1928年，吉林省社会科学院满铁资料馆藏，资料号：23594。

虞和寅：《奉天本溪湖煤矿调查报告书》，矿业报告手稿，1928年，吉林省社会科学院满铁资料馆藏，资料号：22260。

虞和寅：《抚顺煤矿报告》，农商部矿政司，1926年，吉林省社会科学院满铁资料馆藏，资料号：14706。

虞和寅：《东北矿业记第八帙·吉林火石岭子裕东煤矿调查报告》，1929年，吉林省社会科学院满铁资料馆藏，资料号：22254。

《杂矿物调查资料》，满铁调查部，1937年，吉林省社会科学院满铁资料馆藏，资料号：17165。

《昭和六年满洲产业统计》，满铁经济调查会，1933年，东北师范大学图书馆东北文献中心馆藏，资料号：605/001。

《支那地质调查报告类集》（第3卷），台湾总督官房调查课，1927年，吉林省社会科学院满铁资料馆藏，资料号：16757。

［日］トルガシエフ著，　［日］军司义男译：《北满之石炭（1928年）》，哈尔滨事务所庶务课，1928年，吉林省社会科学院满铁资料馆藏，资料号：14662。

《资本主义国家的矿物原料资源》，财政经济出版社1956年版，东北师范大学图书馆东北文献中心馆藏，资料号：458.9/007。

《自大正三年度至大正十三年度石炭贩卖高累年比较表》，满铁兴业部贩卖课，吉林省社会科学院满铁资料馆藏，资料号：20374。

总统府统计局编：《第二十三回日本统计年鉴》，日本统计协会每日新闻社，1972年，东北师范大学图书馆特藏馆，资料号：046/014。

三　报刊及资料汇编

陈真编：《中国近代工业史资料》（第三辑），生活·读书·新知三联书店1961年版。

褚德新、梁德主编：《中外约章汇要（1689—1949）》，黑龙江人民出版社1991年版。

刁书仁主编：《清代民国吉林档案史料选编·涉外经济贸易》，吉林文史出版社1995年版。

《东北经济统计月报（物价篇）》，国民政府东北行辕经济委员会经济调查研究处，1946年。

东北物资调节委员会：《东北经济小丛书》，京华印书局1948年版。

关捷、谭汝谦、李家巍主编：《中日关系全书》，辽海出版社1999年版。

吉林省社会科学院《满铁史资料》编辑组编：《满铁史资料》，中华书局1979年版。

雷殷：《中东路问题》，台北：文海出版社1988年版。

辽宁省档案馆编：《"九一八"事变档案史料精编》，辽宁人民出版社1991年版。

辽宁省档案馆、辽宁社会科学院编：《"九一八"事变前后的日本与中国东北——满铁秘档选编》，辽宁人民出版社1991年版。

辽宁省档案馆编：《满铁的设立——满铁档案选编》，辽海出版社 1998 年版。

满铁调查课：《满洲贸易详细统计》，台北：文海出版社 1988 年版。

南满铁道株式会社：《满铁资料汇报》，南满铁道株式会社，昭和年间。

南满铁道株式会社：《支那矿产时报》，南满铁道株式会社地址调查所，昭和年间。

彭泽益编：《中国近代工业史资料（1840—1949）》第四卷，中华书局 1962 年版。

外务省：《日本外交年表主要文书》，原书房 1976 年版。

汪敬虞编：《中国近代工业史资料》第二辑，科学出版社 1957 年版。

武汉大学经济学系编：《旧中国汉冶萍公司与日本关系史料选辑》，上海人民出版社 1985 年版。

严中平等编：《中国近代经济史统计资料选辑》，科学出版社 1955 年版。

中东铁路管理局：《远东报摘编》，1910 年 7 月 21 日—1921 年 2 月 27 日。

中国银行总管理处：《东三省经济调查录》，中国银行总管理处 1919 年版。

中央档案馆、中国第二历史档案馆、吉林省社会科学院合编：《日本帝国主义侵华档案资料选编·东北经济掠夺》，中华书局 1991 年版。

四　地方志书

《黑龙江省志·地质矿产志》，黑龙江人民出版社 1994 年版。

《黑龙江省志·总述》，黑龙江人民出版社 1999 年版。

《吉林省志·重工业志·煤炭》，吉林人民出版社 1993 年版。

《辽河志》，吉林人民出版社 2004 年版。

《营口市志》，中国书籍出版社 1992 年版。

鞍山市史志办公室编：《鞍山市志·鞍钢卷》，沈阳出版社 1997 年版。

本溪市党史地方志办公室编：《本溪市志》，大连出版社 1998 年版。

杜景琴主编：《抚顺县志》，辽宁人民出版社 1995 年版。

抚顺市社会科学院、抚顺市人民政府地方志办公室编：《抚顺市志·工业卷》，辽宁民族出版社 2003 年版。

高士心主编：《通化市志》，中国城市出版社 1996 年版。

辽宁省地方志编纂委员会办公室编：《辽宁省志·煤炭工业志》，辽宁民
　族出版社 1999 年版。

王树才主编：《漠河县志》，中国大百科全书出版社 1993 年版。

杨守文主编：《长春市志·煤炭工业志》，吉林文史出版社 1993 年版。

　　五　论文资料

　　（一）期刊论文

安成日：《略论日本帝国主义在我国东北的"经济开发"》，《东北亚论
　坛》1995 年第 3 期。

安生：《满铁"附属地"与日本帝国主义的经济侵略》，《现代日本经
　济》1990 年第 2 期。

陈崇凯：《论帝国主义对近代中国经济的掠夺》，《河北学刊》1990 年第
　4 期。

陈景彦：《论一战至"九一八"前日本对中国的经济侵略及其特征》，
　《日本研究》1994 年第 2 期。

陈勇勤：《〈"满洲国"的终结〉披露的日本"开发满洲产业"》，《长白
　学刊》2007 年第 2 期。

崔艳明：《满铁调查与日本侵华战争》，《民国档案》1998 年第 1 期。

丁长清：《从开滦看旧中国煤矿业中的竞争和垄断》，《近代史研究》
　1987 年第 2 期。

丁晨曦：《日本侵华的重要工具——南满洲铁道株式会社》，《大连教育
　学院学报》1996 年第 2 期。

董长芝：《日本帝国主义对东北工矿业的掠夺及其后果》，《中国经济史
　研究》1995 年第 4 期。

杜恂诚：《旧中国的中日合办企业》，《学术月刊》1982 年第 7 期。

杜恂诚：《日本在旧中国投资的几个特点》，《学术月刊》1984 年第
　7 期。

杜艳华：《试析日本长期侵华的经济原因》，《史学集刊》2000 年第

2 期。

傅笑枫：《清末日本在中国东北的工矿业投资》，《现代日本经济》1989
　　年第 10 期。

高成龙、高乐才：《论日本民族在伪满洲国的地位》，《清华大学学报》
　　2011 年第 3 期。

高乐才：《日本帝国主义对吉长铁路的攫取与侵华战略》，《东北师大学
　　报》1989 年第 5 期。

高秀清：《"九一八"后日本对中国东北经济侵略论析》，《社会科学战
　　线》1993 年第 5 期。

郭念唐、杨文瑞、康士力、孙毅：《帝国主义对中国的经济侵略》，《河
　　北师范大学学报》1985 年第 8 期。

何均：《帝国主义在旧中国的资本积累》，《近代史研究》1985 年第
　　4 期。

霍有光：《外国势力进入中国近代地质矿产领域及影响》，《中国科技史
　　料》1994 年第 4 期。

霍有光：《中国近代银铅矿开发概貌》，《西安地质科学》1994 年第
　　1 期。

季秀石：《日本对我国东北经济侵略和掠夺政策的变迁及其实施》，《史
　　林》1986 年第 2 期。

姜茂发、吴伟、李兆友：《"满铁"在华时期经济掠夺问题新探》，《黑
　　龙江社会科学》2010 年第 6 期。

焦润明：《日本自近代以来对东北资源与财富的掠夺》，《辽宁大学学报》
　　2005 年第 9 期。

荆蕙兰、李浩：《南满铁道株式会社与大连城市港口经济的拓展》，《历
　　史教学》2010 年第 16 期。

井上清：《九一八事变前后日本对中国东北的侵略》，《历史教学》1956
　　年第 12 期。

孔经纬：《论东北经济史在中国经济史中的地位》，《吉林大学社会科学
　　学报》1985 年第 4 期。

李国平：《战前东北地区工矿业开发与结构变化研究》，《中国经济史研

究》1998 年第 4 期。

李海涛：《近代中国第一次全国铁矿调查活动初探》，《中国矿业大学学报》2011 年第 3 期。

梁华：《近代外国在华直接投资结构分析》，《西北师大学报》（社会科学版）2008 年第 5 期。

刘芳：《浅谈满铁资料的价值与利用》，《图书馆学研究》2004 年第 4 期。

刘万东：《1905—1945 年日本侵略者对我国东北煤炭资源的掠夺》，《辽宁大学学报》1987 年第 6 期。

娄向哲：《近代中国对外经济关系简论》，《南开学报》1996 年第 2 期。

娄向哲：《论近代中日贸易对日本经济发展之影响》，《历史教学》1995 年第 12 期。

娄向哲：《贸易条件与民国初年中日贸易》，《南开经济研究》1993 年第 3 期。

娄向哲：《民初中国东北对日贸易述论》，《南开经济研究》1992 年第 4 期。

卢征良：《近代日本煤在中国市场倾销及其对国煤生产的影响》，《中国矿业大学学报》2010 年第 6 期。

吕明军、韩雁来：《论近代东北的对外贸易及影响》，《辽宁大学学报》（哲学社会科学版）1991 年第 1 期。

吕秀一、聂奎全：《日俄战争后的日本〈帝国国防方针〉与中国东北》，《延边大学学报》2012 年第 2 期。

曲从规：《漠河金矿与李金镛》，《中国社会经济史研究》1983 年第 12 期。

史桂芳：《近代日本的亚洲观及其对中国的侵略》，《长白学刊》2002 年第 5 期。

宋燕：《日俄战后至"九一八"事变前日本对中国东北的经济侵略及后果》，《东北亚论坛》2003 年第 9 期。

苏崇民：《关于 1907—1931 年满铁利润问题的探讨》，《现代日本经济》1987 年第 2 期。

苏崇民：《满铁——侵略、掠夺中国东北的机构》，《现代日本经济》
1991 年第 2 期。

苏崇民：《满铁设立是日本经略中国大陆的重要开端》，《东北亚论坛》
1998 年第 4 期。

苏全有、荆菁：《对近代中国煤矿史研究的回顾与反思》，《河南理工大
学学报》2011 年第 1 期。

孙石月、宋守鹏：《甲午战争对日本在华投资的影响》，《山西师大学报》
1989 年第 1 期。

孙玉玲：《"九一八"前日本帝国主义对东北的资本输出》，《社会科学
辑刊》1988 年第 2 期。

孙玉玲：《满铁资料的整理与研究》，《农业图书情报学刊》2000 年第
5 期。

佟静、赵一虹：《略述日本帝国主义对东北工矿业的掠夺》，《辽宁师范
大学学报》1998 年第 5 期。

王渤光：《日本对抚顺煤田的侵占与掠夺》，《社会科学辑刊》1995 年第
5 期。

王广军：《论近代日本对阜新煤炭资源开发权的攫取》，《辽宁大学学报》
2008 年第 5 期。

王晶、牛玉峰：《日寇对我国东北煤炭资源的猖狂掠夺》，《社会科学战
线》1997 年第 1 期。

王力：《20 世纪初期中日煤炭贸易的分析》，《中国经济史研究》2008 年
第 3 期。

武向平：《三十年来日本满铁研究现状述评》，《日本问题研究》2012 年
第 3 期。

肖柄龙：《满铁对东北经济侵略的作用及其基本特征》，《学习与探索》
1987 年第 2 期。

谢小华：《日俄战争后东三省考察史料（上）》，《历史档案》2008 年第
3 期。

谢小华：《日俄战争后东三省考察史料（下）》，《历史档案》2008 年第
4 期。

徐绍清：《论"九一八"事变后日本对东北贸易政策的变化》，《社会科学战线》2001 年第 5 期。

许毅、隆武华：《近代中国的外国在华投资》，《财政研究》1996 年第 10 期。

薛毅：《近代中国煤矿发展述论》，《河南理工大学学报》2008 年第 4 期。

薛子奇、于春梅：《近代日本满蒙政策的演变》，《北方论丛》2003 年第 1 期。

阎伯纬：《历史上的"南满洲铁道株式会社"简述》，《历史教学》1981 年第 6 期。

阎振民、王雅新：《满铁攫取鞍山铁矿基本手段分析》，《沈阳大学学报》2001 年第 1 期。

杨宗亮：《清末民初日本对华投资研究拾遗》，《史学月刊》2002 年第 11 期。

姚永超：《1906—1931 年日俄经济势力在东北地区的空间推移》，《中国历史地理论丛》2005 年第 1 期。

叶彤：《九一八事变前〈盛京时报〉的报道策略》，《新闻传播》2009 年第 9 期。

衣保中、林莎：《论民国时期东北区域经济发展的基本态势》，《理论探讨》2011 年第 2 期。

衣保中：《论清末东北经济区的形成》，《长白学刊》2001 年第 5 期。

易显石：《东北地区在近代中日关系史上的历史地位》，《日本研究》1991 年第 4 期。

易显石：《近代日本与中国东北述论》，《日本研究》1989 年第 4 期。

余明侠：《李鸿章在中国近代矿业史上的地位》，《社会科学战线》1990 年第 1 期。

臧运祜：《近现代日本亚太政策的演变与特征》，《北京大学学报》2003 年第 1 期。

张东刚、柳文：《近代日本投资需求变动的宏观分析》，《文史哲》2003 年第 6 期。

张凤鸣：《九一八事变前日本经济势力向黑龙江地区的扩张》，《黑龙江社会科学》2001 年第 6 期。

赵兴胜、傅光中：《近代国外对华投资研究述评》，《近代史研究》1994年第 3 期。

赵云鹏：《满铁、满铁档案资料和满铁史研究》，《档案学通讯》1994 年第 5 期。

庄红娟：《近代日本的对华资本输出原理》，《上海经济研究》2005 年第 12 期。

（二）学位论文

范立君：《近代东北移民与社会变迁（1860—1931）》，博士学位论文，浙江大学，2005 年。

郭艳波：《清末东北新政研究》，博士学位论文，吉林大学，2007 年。

李海涛：《近代中国钢铁工业发展研究（1840—1927）》，博士学位论文，苏州大学，2010 年。

王林楠：《近代东北煤炭资源开发研究（1895—1931）》，博士学位论文，吉林大学，2010 年。

后　　记

关于近代日本对中国东北各种资源大肆掠夺的问题，日本方面一贯狡辩将其定性为"经营开发"。这一观点能够长期存在的根源在于资源的流量与流向没有明确，以致日本右翼学者用资源的"开发"现象掩盖资源流失的本质。这是日本侵华史研究极为重要的问题，值得深究。

本书是在我博士学位论文的基础上经过大量修改、补充史料而形成的，也是我多年来研究中日关系史的一个总结。在攻克近代东北矿产资源流失问题的过程中，我不断地深入钻研。近年来，我在东北矿产资源调查、日本侵华问题研究等方面开展了包括资源储量、开采方式、相关企业的性质与目的、资源流失数量及流向等大量研究工作，为写作本书做了丰富的知识储备。

感谢我的博士生导师高乐才教授，在本书的选题、思路、结构、史料运用及后期修改等所有环节都倾注了教授的大量心血。在撰写书稿时，教授在专业方面更给予我悉心的传授及资料的赠予。

感谢吉林省社会科学院邵汉明院长对本书的关注与指导。

感谢吉林省社会科学院历史研究所黄松筠所长为本书的问世所做的一切努力，包括大纲的设立、内容的充实及修改完善，等等。没有所长的支持与帮助，本书不会如此顺利地完稿。

感谢吉林省社会科学院满铁资料馆的孙彤老师和景壮老师。他们在我进行资料搜集时给予我无私的帮助，在此深表谢意。

感谢国家社会科学基金项目（批准号：17KZD001）提供的研究资助，也感谢课题组成员的密切协助。

　　感谢吉林省社会科学院领导及同事的支持，感谢家人的体谅和包容，今天我所取得的成果离不开身边每一个人的关心与爱护。我更加荣幸能在今后的工作中继续从事相关研究，感谢生命中的每一次遇见。

李雨桐

2022 年春